持续共赢

商业生态构建方法论

戎珂　施新伟 / 著

中信出版集团 | 北京

图书在版编目（CIP）数据

持续共赢：商业生态构建方法论 / 戎珂，施新伟著. -- 北京：中信出版社，2024.3
ISBN 978-7-5217-6384-3

I.①持… II.①戎…②施… III.①商业管理 IV.①F712

中国国家版本馆CIP数据核字(2024)第036161号

持续共赢——商业生态构建方法论

著者：戎珂　施新伟
出版发行：中信出版集团股份有限公司
（北京市朝阳区东三环北路27号嘉铭中心　邮编　100020）
承印者：河北鹏润印刷有限公司

开本：880mm×1230mm　1/32　印张：14.25　字数：330千字
版次：2024年3月第1版　印次：2024年3月第1次印刷
书号：ISBN 978-7-5217-6384-3
定价：79.00元

版权所有·侵权必究
如有印刷、装订问题，本公司负责调换。
服务热线：400-600-8099
投稿邮箱：author@citicpub.com

目录

推荐序一　塑造未来的行动指南 / 詹姆斯·F. 穆尔　VII
推荐序二　以无界生态共创无限可能 / 周云杰　XI
推荐序三　软件定义一切，生态持续共赢 / 江大勇　XV
自序　XIX

01 理论分析篇

第一章　我们为什么需要商业生态系统　003
线性系统：供应链与价值链的发展　005
网络系统：平台的出现　006
立体系统：商业生态的兴起　009
商业模式的演化路径　016

第二章　我们对商业生态系统的认识有多深　020

商业生态系统　021

商业生态系统结构　024

商业生态系统研究流派　028

区域创新生态　040

商业生态系统新兴流派　041

商业生态系统的未来研究　046

第三章　如何解构和认知商业生态系统　051

6C 框架解构商业生态系统　052

6C 框架的内涵　054

6C 框架的应用举例　061

02 方法论解析篇
075

第四章　如何培育商业生态系统　077

商业生态系统培育方法论的总体逻辑　078

商业生态培育方法论的具体步骤　081

商业生态培育方法论总结　112

03 案例研究篇

第五章 ARM 培育商业生态系统的现实案例 117

ARM 简介　118

手机芯片生态培育：出奇制胜　121

嵌入式系统生态培育：开疆拓土　128

服务器生态培育：铩羽而归　130

ARM 的生态范式选择　133

ARM 生态扩张至新的行业　134

生态培育总结　136

第六章 英特尔培育商业生态系统的现实案例 147

英特尔简介　148

PC 产业生态培育　149

服务器产业生态培育　156

手机业务　160

移动计算产业　162

英特尔的生态范式选择　168

英特尔向新行业、新地区的生态扩张　169

生态培育总结　170

第七章　联发科培育商业生态系统的现实案例　181

联发科简介　182

VCD 与 DVD 生态培育　186

移动 2G 手机生态培育　190

智能手机行业　194

智能汽车行业　201

联发科的生态范式选择　202

联发科生态扩张至新的行业　203

生态培育总结　203

第八章　华为培育商业生态系统的现实案例　213

华为简介　214

华为 5G 生态培育　216

智能手机生态培育　223

计算行业生态培育　229

华为生态范式选择　234

华为向新行业新地区的生态扩张　236

生态培育总结　236

04 落地实践篇
243

第九章　如何培育计算产业生态　245

计算产业生态发展背景及现状　247

计算产业生态培育　255

计算产业生态发展趋势　270

计算产业培育的关键启示　275

第十章　如何培育人工智能产业生态　277

AI 产业生态发展背景及现状　279

AI 产业生态培育　292

AI 产业生态发展趋势　312

AI 产业培育的关键启示　317

第十一章　工业互联网产业生态培育　319

工业互联网生态发展背景及现状　321

工业互联网生态培育　331

工业互联网生态发展趋势　345

工业互联网生态培育的关键启示　349

第十二章　国家数字生态　352

国家数字生态发展背景及现状　355

中国的数字生态培育　364

中国数字生态发展趋势　374

国家数字生态培育的关键启示　377

05 未来趋势篇

第十三章　从商业生态到人本生态——海尔的探索　381
生态矛盾：整体与个体　382
人本生态：在商业生态中实现个体价值　387

第十四章　源于工业文明，迈向数字文明　403
工业文明向数字文明演变的背景　404
工业文明向数字文明演变的方向　406

参考文献　417
后记　429

推荐序一

塑造未来的行动指南

詹姆斯·F. 穆尔　商业生态系统理论创始人

自我首次提出"商业生态系统"概念以来,三十多年匆匆而过。在这几十年间,我们见证了企业在全球经济中运营和互动的方式发生了深刻的变革。如今,我们深刻认识到,公司不再是单独行动的独狼,而是在由供应者、竞争者、客户和监管者构成的复杂网络中求发展、谋出路。这一理念从根本上重塑了我们对产业组织和战略管理的认知。时至今日,我们面对着从气候变化到社会不平等的一系列全球性挑战,生态系统思维与人们的生活从未如此息息相关。

基于商业生态系统培育的五大要务,这本书的作者提供了一套行之有效的方法论——VSPTO:商业生态系统培育需要提出一个富有吸引力的愿景(vision);需要鼓励大胆的解决方案(solution),

直面问题本质；在商业生态系统中，成员们（partner）集思广益、各展所长，形成新的强大联合体；在共赢中互信（trust），进而达成更长远、更深入的合作；成员们彼此协作（operation），为商业生态进一步发展奠定基础，新构建的生态也为企业发展描绘出更广阔的图景。

人类社会正处于时代发展的十字路口。全球人口已然突破80亿大关，但仍有许多人的物质生活并不富足，他们还在与环境恶化和贫富差距的恶果做斗争。这些挑战驱使人们重新描画生产、分配、消费商品和服务的图景，要求人们重新思考人与自然的关系，将企业转变为生态管理和社会福祉的代理者。

这本书由商业生态系统领域两位杰出的学者撰写，阐释了如何运用生态系统思维的力量和潜能来应对全人类共同面临的挑战。读者将从书中了解到，各行各业的龙头企业是如何遵循合作、创新和可持续性原则，获得商业成功、做出社会贡献的。

我们现在所面临的挑战，其内涵之复杂、规模之庞大前所未有。要解决这一系列挑战，必须创造一种创新的协作方法，使专业技术和知识领域碰撞，创造出"1+1>2"的解决方案。这本书展示了不同领域、学科齐头并进的创新是如何催化变革的，展示了电信、能源、交通等领域的规模建设是如何充分施展人类集体创造力与智慧，让我们赖以生存的地球与人类社会不断焕发新生机的。

此外，这本书强调，创建赋能个人、社区进行价值共创的平台至关重要。现今时代，技术似乎常常被视为限制而非解放人类生产力的因素，这本书所展示的方法和案例或许可以作为灯塔，照亮数字平台和实体平台，并促生更具参与性的经济社会发展之路。这本书警醒人们，在向更持续、更公平的世界转型的过渡阶段，我们所拥有的最核心的资源正是人类的创造力、凝聚力和集体行动力。

本质上,这本书是向新时代领导力和管理领域发出的宣言,不仅从战略必需层面,也从道德责任层面考验着企业领袖和学者,审视构建商业生态系统的迫切性。放眼未来,这本书指导我们如何运用商业生态系统思维,让人类文明更具韧性和包容性,让地球的自然局限与潜能可以更加协调地发挥作用。

在开始这段旅程时,让我们先从这本书包含的故事和经验中汲取灵感,再投身于商业生态系统的培育吧!让社会经济更加繁荣,为地球上的万千生灵谋求福祉。前路固有千难万险,变革仍然大有可为!

推荐序二

以无界生态共创无限可能

周云杰　海尔集团董事局主席、首席执行官

向生态进发，已成为当下诸多企业应对时代挑战的共识。

"商业生态系统"的概念虽早在1993年就已由詹姆斯·F.穆尔博士提出，但始终未成为主流。穆尔博士曾多次与海尔交流，通过调研海尔的生态探索，了解海尔的生态实践，他认为：海尔能够让每个人自由自主去发挥。在这样的生态体系中，每个人都能够进行自己的贡献，海尔是组织和生态系统创新的领导者。

从1993年到当下，已三十余年，穆尔博士自己也提过商业生态从理论到实践的路走得并不快，大家需要摸着石头过河。戎珂教授的这本著作，从方法论的角度，为企业如何构建商业生态系统提供了切实可行的路径，这种务实的作品让希望向生态转型的企业有了抓手。

作为全球首个也是唯一的物联网生态品牌，海尔在2019年正式进入生态品牌战略阶段，从理论到实践全面推进商业生态系统的构建。我们不断打破企业、行业边界，不断颠覆组织模式，通过高端品牌、场景品牌、生态品牌的三级品牌战略持续进化，实现了场景替代产品，生态"复"盖行业。从我们的实践经验来看，想构建一个动态开放、共创共赢、无边界的生态，我认为，要遵循以下原则。

搭建无边界的生态：企业应该致力于构建身份无界、知识无界、地域无界的开放生态，打破价值创造和价值分享的界限，重塑人与人、人与物、物与物、人与组织、组织与组织之间的价值关系。

坚持共创共享的合作机制：企业应当坚持"人的价值最大化"，激发每个个体的创新活力，让消费者变成产消者，全流程参与、体验，让生态伙伴在企业自身的生态中共创价值、共享价值。未来是生态经济时代，包括海尔在内的企业，为用户提供的不再仅仅是产品价值，更应该是体验迭代的生态价值。没有哪一个人、哪一个企业，甚至哪一个行业可以单凭自身的力量创造出用户体验的迭代，通过搭建生态经济体系，企业可以联合生态各方共同服务用户、创造价值，并通过与用户的无穷交互，推动生态各方的无穷进化。

聚焦"三生"的无穷进化，创造无限可能：生态经济的特征是"生态订单、生态收益、生态品牌"的无穷进化；我们相信，当更多界限被打破、更多的个体和组织的创造力被激发时，新的价值也将不断涌现和持续裂变，共创美好生活的无限可能、产业发展的无限可能，犹如热带雨林生态，绿荫繁茂、生生不息。

按照这些原则,海尔目前已经初步构建起两大赛道的生态体系,一是在智慧住居赛道,打造了引领全球的智慧住居生态,容纳了跨行业、跨领域的生态合作伙伴,拉通全链路的、深度融合的生态系统。

二是在产业互联网赛道,抓住数字经济机遇,打造了引领全球的数字经济生态。正如这本书中所引用的海尔卡奥斯COSMOPlat工业互联网平台的案例。海尔卡奥斯COSMOPlat工业互联网平台与各行各业的生态伙伴联合跨行业、跨领域发展,该平台提供平台化、模块化的聚合能力支持,构建出跨行业、跨领域、跨区域立体化赋能的工业互联网生态。

展望未来,如此书所言,商业生态系统的发展需要更加重视人的价值,传统的商业生态系统将逐渐向人本生态演变。对人本生态系统的探索和创新不是对既有商业模式的简单补充,而是一种全新的尝试,将商业生态系统和人本生态系统完全融合起来。海尔也将继续遵循这个路径,以"人单合一"为导向,通过构建无界生态打造物联网时代的创新商业模式和新引擎,创造出传统商业模式和商业生态系统所无法创造的终身用户和生态价值。

推荐序三

软件定义一切，生态持续共赢

江大勇　openEuler 委员会主席
开放原子开源基金会理事长助理
中国科学院软件研究所副总工程师

和戎珂老师因为 openEuler（欧拉系统）相识，为了探讨清楚基础软件开源生态模式，原计划几个月的合作项目实际进行了两三年，其间不断地产生新的想法，不断地有新的问题要回答，不断地从分歧到达成共识。至今记得，我们第一次见面时相互是"听不懂"的，虽然说的是同一种语言，描述的是同一个世界，但看问题维度不同，认知是需要"翻译"的。戎珂老师对新事物的敏感、对学术的严谨、对我的包容，让我甚为感慨。请我为这本书作序，我起初是很惶恐的，我熟悉的是产业，是商业，对于学术、研究是不懂的，但戎珂老师坚持，那我就讲讲这几年构建产业生态的所感所想吧。

2019年5月一个特殊的日子，由于特殊的原因，我所从事的产业接到产业链上几乎所有国际知名企业的律师函，告知我们不能再继续合作。这让我们认识到现代的科技竞争已经不再是单点技术、单个产品的竞争，而是技术体系、生态体系的竞争，谁掌握了生态，谁就掌握了未来。

从那刻起，为了产业的存续，我们开始构建最基础的生态体系，基础软件（操作系统、数据库、编译器等）从零起步，把别人几十年走过的路在几年内走完。我也重新认识到生态的力量，生态的加速度让我震惊，生态的价值让我慎重审视。拿欧拉系统作为例子，仅仅四年的时间，从零做到中国年度新增36.8%的市场份额，从零做到200余万用户，从最初的四家伙伴发展到1400+合作伙伴，从最初的几百发展到17000+开发者，全球130多个国家和地区、1700多个城市下载使用……生态的发展是超常规的，特别在后期是倍数级、指数级增长的。

智能时代，"软件定义世界，开源吞噬软件"，开源共建已经成为全球企业和产业创新的主导模式。通过开源社区这一协作模式，快速汇聚全世界最聪明、最有创意的大脑，快速迭代、探索、试错；通过开源社区这个创新平台，将产学研用打通，形成技术、生态、商业的正循环，这个生态体系就会产生自加速的效果。新时代，生产要素、生产力和生产关系都变化了，商业成功的模式也变了，各行各业的商业生态在当前的大环境、大背景下要怎么建？产业界迫切需要方法论作为指导，从偶然成功到成功概率更大，再到确定性。

经过多年一线调查和研究，戎珂创造性地提出"商业生态系统培育方法论"，明确给出商业生态系统培育的五步方法论，包括生态基础、生态阶段、生态培育决策（VSPTO）、生态范式、生态转型，特别是领袖合作伙伴战略（leading partner strategy，LPS）是生态培育决策中的关键。全书20余万字，有理论分析，有实践总结，值得大家潜心阅读。

再次祝贺戎珂老师团队卓有成效的研究工作，感谢他们为产业界、学术界带来新的思考！

2024年2月9日除夕于北京

自序

从 2008 年开始，本人一直深度关注商业生态研究。通过对 ARM（安谋）、联发科、英特尔等企业的多年跟踪调研，逐步提出了商业生态的结构、演化、培育等理论。时间很快进入 2019 年，中美贸易争端出现，国内多家企业被美国断供芯片，而其中某知名公司被断供后，主动发邮件联系我，希望深度合作，培育自研芯片的商业生态。至今，历经多轮项目合作，我们的商业生态培育方法论已真正落地。

当前正面对逆全球化趋势及新冠肺炎疫情后经济复苏等带来的挑战，任何国家和企业皆不能独善其身。随着新兴数字技术如人工智能、物联网、5G（第五代移动通信技术）等的不断更新迭代，市场需求的不断变换，新兴产业的不断涌现，很多行业正面临更加动态、不确定的商业环境。为实现可持续发展，无论企业、产业或国家，都需要从一个更加复杂、动态和宽泛的商业系统考虑，这便是商业生态系统的视角。与此同时，"共赢"思想更易于被各利益相关者接纳，因此，本书应运而生。本书特别归纳总结出一套

"商业生态系统培育方法论",以期能够为企业、行业和国家推动新兴产业发展提供系统化、专业化的实践指导,助力当前及未来数字经济健康、可持续的高质量发展。

本书从理论分析、方法论解析、案例研究、落地实践、未来展望五个层次展开,系统解读了什么是商业生态系统,以及如何培育商业生态系统等理论、方法和实践应用问题,并通过微观企业、中观行业、宏观经济三个尺度的典型案例阐释了如何应用方法论培育商业生态系统。如图 0-1 所示,全书共分为五部分,共十四章,具体如下。

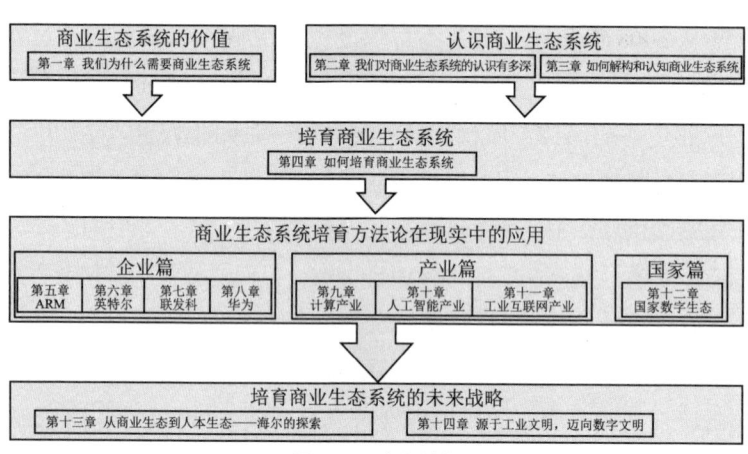

图 0-1　全书结构

首先,第一章回答"我们为什么需要商业生态系统"。主要溯源商业发展演化规律,提炼商业模式的演化路径,并从宏观、中观和微观层面分析商业生态系统的战略重要性,阐述研究意义。

其次，通过第二章和第三章回答如何认识和解构商业生态系统。分别对商业生态理论和商业生态培育理论做学术史分析。其中，第二章主要界定商业生态系统的研究范畴，解剖商业生态系统的结构，并对不同学派做比较研究；第三章主要提出"6C"理论框架，为全书的核心内容"商业生态系统培育方法论"做理论储备。

再次，第四章是全书的核心内容，该部分明确给出商业生态系统培育的五步方法论，包括生态基础、生态阶段、生态培育决策（VSPTO）、生态范式、生态转型。其中，VSPTO具体指生态愿景、解决方案、合作伙伴、生态信任、生态运营，其中领袖合作伙伴战略是生态培育决策的关键。本章详细解析各步骤的理论依据、核心内涵，以及应用逻辑和机制。

接下来是实践应用，包括三部分，分别以案例的形式从企业、产业和国家三个尺度阐述如何应用商业生态系统培育方法论。其中，企业篇包括第五章至第八章，分别选取国内外具有典型代表意义的ARM、英特尔、联发科、华为作为案例，对企业所在核心行业的商业生态培育展开分析；产业篇包括第九章至第十一章，分别选取计算产业、人工智能产业、工业互联网产业作为案例，对不同产业的商业生态培育方法展开分析；国家篇是第十二章，选取当前最前沿的国家数字生态作为案例展开分析。

最后，展望未来，商业生态系统并不是静态的，而是会随着时代发展不断演变，但培育方法论仍值得借鉴和不断加以应用。本书最后一部分包括第十三章和第十四章，分别着眼商业生态培育发生动态变化的两个来源，即商业生态本身的变化，以及数字文明时代带来的外部客观环境变化。其中，第十三章主要阐述当前商业生态系统存在的问题，提出人本生态的未来演化方向；第十四章立足工业文明，面向数字文明，分析数字文明时代商业生态系统各个层面面临的变化，进而提出商业生态系统培育方法论的发展方向。

我们希望把十多年商业生态的理论研究，以及多年和业界知名企业战略合作的成果积累分享给大家。在复杂多变的数字经济时代，新兴产业的发展需要大家协同合作，需要中长期的战略规划。本人于 2016 年回国，一直想学以致用，希望我们开发的"VSPTO"商业生态培育方法论能够为数字经济时代我国产业发展战略布局，以及为我国企业提升国际竞争力做出一点贡献。

戎珂

于清华园

2023 年 9 月

01 理论分析篇

商业生态系统理论是一个相对年轻的理论，最早可以追溯到1993年詹姆斯·F. 穆尔在《哈佛商业评论》发表的文章。然而，该理论随后便席卷全球，在学术界、产业界等都产生了重大影响。本书首先从理论上回溯商业生态理论，主要回答三个问题：我们为什么需要商业生态系统？我们对商业生态系统的认识有多深？如何解构和认知商业生态系统？这三个问题分别在第一、二、三章进行阐释。

第一章

我们为什么需要商业生态系统

早在工业革命之前，供应链模式便已随着人类生产的发展而逐渐成熟。工业革命期间，运输及通信技术的突破使得供应链挣脱了空间的束缚而飞速发展。这一时期的生产关注产品的质量、价格，以及交付的有效性和效率（Ferdows，1997；Shi & Gregory，1998）。当前，新一轮信息技术革命正掀开数字时代的巨幕。作为数字时代的交易中介，网络平台发展一日千里，信息流、商品流、资金流的高效匹配为商业生态的形成酝酿条件。同时，新兴技术不断更新换代，全球进入数字时代，ChatGPT等AI（人工智能）工具的出现颠覆了人们对技术的想象，这不仅带来了生产条件的日新月异，也带来了商业发展环境的不确定性。因此，资源广覆盖、链接多层次、整体强韧性的商业生态模式应运而生，并逐渐被各大传统制造及新兴互联网头部企业加以应用，成为社会各界关注的焦点之一。

线性系统：供应链与价值链的发展

信息技术革命前，从原材料开始，一步步加工直到制成最终产品售出——这样的供应链、价值链是企业组织生产的重要方式，强调专业化分工。传统经济以单边市场为主，以供应链模式运行，经过设计研发、生产制造、运维管理，到达终端卖家或服务商，再与消费者进行交易。

总体而言，供应链是一个线性系统，强调专业化分工，产品的生产流程连接研发商、原料商、生产商、分销商和用户，生产端的企业承担产品开发、提供原料、生产商品、对接卖方的功能。价值链则是以需求方为核心，关注下游需求如何被满足、消费者效用如何得到实现。从企业的角度看，供应链常常讨论成本最小化，讨论如何让企业赚取利润；从买方的角度看，价值链常常着眼于如何实现买方效用的最大化，讨论如何满足买方的需求；同样，与企业需要管理供应链相对应，企业需要明确自身的价值链及定位。

尽管供应链、价值链一直以来都在企业生产中占据重要地位，但它仅限于管理有序、可控的事件链。因此，传统价值链理论缺乏解释企业在实践中所经历的动态和不可预见事件的能力（Sherer，2005）。在此基础上，价值网络理论出现，强调"网络"的作用：网络可以通过非生产环节的弱连接覆盖企业本身难以甚至无法触及的领域，提供企业生产端缺乏的资源（Birley，1985），新进入者不仅可以调整生产价值链，也可以通过管理新兴价值网络来进行创新，取得竞争优势。事实上，价值网络已经是"平台"的雏形，变动不居的网络结构与内容、更加多元的参与主体和更加动态的主体间交互，都已经充分体现出平台的特征。

网络系统：平台的出现

在信息技术发展的推动下，新的组织方式也顺势而起。与供应链或价值链相比，平台以网络状辐射大量产品或服务的生产商和消费者，平台上的主要参与者要么提供产品和服务，要么提供需求，要么参与信息匹配。平台的出现，使得企业不再拘泥于以产品为核心的供应链和价值链，转而重视和平台交互，采取平台战略，建设以平台为依托的双边市场。平台模式与供应链模式侧重专业化分工（刘和戎珂，2015）不同，前者注重平台的网络效应，如今的淘宝、苹果应用商店、优步（Uber）、滴滴等都是平台的典型案例。

自 2000 年以来，随着互联网的迅速发展和商业应用，越来越多基于平台的商业模式得到发展，如媒体、宽带、付费电视、在线视频和软件、视频游戏等。在以价值链为中心的企业时代，企业可以从信息不对称中创造价值。然而，在基于平台的业务时代，随着信息变得可用，供应商可以直接与客户联系。平台模式的重点在于在线市场中双边平台的网络效应（Rochet & Tirole, 2003），即供需两端用户得到的效用往往取决于供需双方的数量和质量（Armstrong, 2006）。经平台网络联结在一起的各类用户（包括供应商和消费者），在平台的大数据运算匹配机制下进行交互，用户越多、用户质量越高、匹配机制运行越好，越能吸引新用户的进入。因此，平台模式鼓励平台内用户进行交互（张小宁，2014；周迪等，2019），促使两类或多类用户在平台上互相影响、彼此吸引，从而通过双边用户交互扩张的直接网络效应和多边用户间的间接网络效应获取利润，使平台逐步壮大。在信息技术革命以前，多边市场有交易中介、媒体、支付工具、软件平台等类型（刘启和李明志，2008）。而数字经济的兴起为多边市场平台的在线网络化提供可能，并使之逐渐发展为成熟的经济形态——平台经济（Casadesus-Masanell & Campbell，2019）。以滴滴出行为例，平台公司通过大数据分析等方式确定对司机和顾客的收费标准，整合线上支付系统、实时地图等资源降低交易成本、提升匹配效率；同时，间接网络效应不断吸引新用户，包括司机和顾客。

平台企业面对的市场不再是传统的单边市场，而是双边，甚至是多边市场。多边市场（双边市场）的经典理论定义认为，平台企业能通过调整对各方消费者收费的价格结构改变交易量，利润产生于平台上的各方互动，这种市场就是双边市场（Rochet & Tirole，2003；Zhu & Iansiti，2012）。所以与重视专业化分工的传统供应链企业相比，基于网络效应的平台企业在价格机制（Rochet & Tirole，2003）、信息结构（Hagiu & Hałaburda，2014）和竞争模式（Armstrong，2006）上具有非常明显的区别。传统双边市场的定价模型（Armstrong，2006；Rochet & Tirole，2003）正是以用户的效用函数为基础、以不同竞争模式为背景构建的；传统供应链的产品价格只会影响该产品的交易规模；而多边市场中的价格结构重于价格水平，平台企业对用户的定价对该类型用户规模的影响不仅在于价格与支付意愿的匹配，还通过单边网络效应放大或缩小了这一效应，甚至还能改变平台对其他类型用户的吸引力，即交叉网络效应。此外，多边市场的市场结构以平台为中心，平台企业能够主导信息的发布、处理、交换，或为其提供设施，借此降低用户的信息搜寻成本，提高市场匹配效率。单边市场供应链各个环节只有供需企业双方，而多边市场下，平台拥有多方用户，不同类型的用户能够直接接触，且用户存在多属行为，可以同时选择不同的平台

（李允尧等，2013）。

　　事实上，平台模式下的价值正是建立在网络效应的基础之上，由供应商、客户等各种利益相关者共同创造，产品和服务的价值随着使用人数的增加而增加。如果核心企业的平台拥有来自供需双方的更多用户，那么它将获得更多的利益。例如，在 ICT（information and communications technology，信息通信技术）行业中，基于选择的多样性，加入生态系统以提供互补性的互补者越多，平台对消费者的价值就越高。因此，供需双方之间的网络效应是维持平台业务的关键。平台网络效应现在也已经被管理学界用于重组行业，寻求降低合作伙伴之间的交易成本，从而促进行业层面的创新。

　　向平台模式转型的过程始于消费端，是消费端的数字化；随着数字技术更加成熟，生产端也开始更多地向数字化转型，平台化趋势向上拓展到生产领域，出现生产型平台。其中，网络效应仍然在供应链各类企业之间的交互中发挥着重要作用，同时平台所提供的共性技术更是作为重要的生产要素影响企业的生产。平台已成为许多科技行业的核心基础，不仅支持新产品和服务，在推动行业发展的同时，还将反作用于企业战略、塑造新的商业模式：互联网不仅将平台线上化、赋能平台模式，更改造了整个市场的信息传递机制；在更新换代极快的软件行业，平台的网络效应已经不足以应对变幻莫测的市场环境，更多样的合作方、更广阔的社会资源、更强大的战略灵活性和企业韧性正成为如今软件企业的追求。随着企业逐渐转向商业生态模式，平台以其现成的资源、信息互补性，摇身一变成为向商业生态模式过渡的重要载体，"基于平台的生态系统"（见图 1-1）开始走进大众视野。

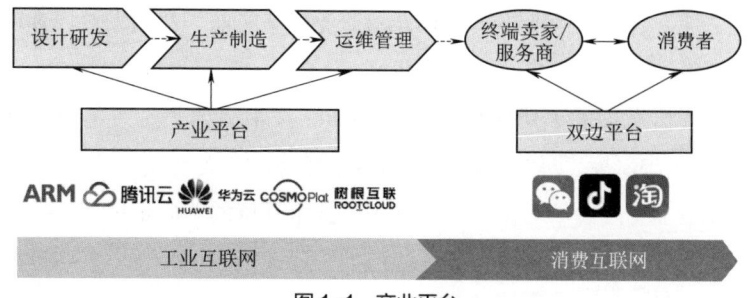

图 1-1 产业平台

立体系统：商业生态的兴起

当前及未来商业环境特征

当前处于全球新冠肺炎疫情后期，地缘政治冲突愈演愈烈，逆全球化趋势凸显，技术飞速革新换代，这使得每个国家的企业都身处 VUCA[①] 时代（戎珂、石涌江等，2013；吴晓波等，2019）。与此同时，互联网时代的客户越来越需要多元多维的、差异化的、集成的解决方案，而不是标准化的产品和服务。随着新技术如人工智能、物联网、5G 等不断更新迭代，新兴产业正不断涌现，很多行业开始面临更加动态的、不确定性的商业环境。在这样复杂的动态环境中，企业必须学会持续地适应外在环境，使自己的产品或者服务也能够不断发展演化；为此，很多企业以平台、行业联盟等组织为基础，进行抱团、形成战略联盟，以追求企业的可持续增长和提高企业竞争力。这一趋势所带来的挑战并不能由一家企业或者一条供应链解决，而是需要一个更加多元、动态和宽泛的、能赋能企业的商

---

① 易变性（volatility）、不定性（uncertainty）、复杂性（complexity）、模糊性（ambiguity）。

业系统，这便是商业生态。在介绍商业生态之前，我们先对当今市场的不确定性问题进行深入的研究。

技术发展的不确定性。当前的新兴技术诸如人工智能、工业互联网、5G等，尽管其技术应用对于经济社会发展领域是可控的，但技术本身发展不均衡，从而带来了技术环境的不确定性。

从具体的技术来看，人工智能的创新速度飞快，技术成熟度曲线中一半以上的技术（如边缘人工智能、计算机视觉、决策智能和机器学习等）将在未来3~5年成为主流技术。人工智能市场仍处于逐步发展阶段，其中位于技术萌芽期的人工智能创新占据着很大的比例，终端用户仍然在不断突破当前人工智能的边界，比如在2022年底重磅登场、惊艳全球的ChatGPT，人工智能的不断创新也为人工智能技术的未来蒙上不可知的面纱。

通信技术的发展同样日新月异，5G和4G相比，具有高速率、大宽带、广覆盖、低时延、多连接的特点：5G网络的传输速度比4G的快10倍以上；带宽能提高到4G的2~4倍甚至以上；覆盖范围也拓展到更崎岖的高山峡谷、4G时网络品质不好的家用卫生间、地下车库等空间；5G的低时延甚至能够运用在无人车领域，可以对制动和车控做出反应，瞬间把信息发送到车上；5G支持的每平方公里可接入设备也是4G的10倍。5G通信技术的发展使得海量设备、平台的同时接入成为可能，在工业控制、车联网、远程医疗等方面有广阔的应用前景，蜂窝通信技术开始从服务消费者为主向服务工业智能制造转变，万物互联的工业互联网成为制造业的新议题。

技术迭代的不确定性与商业模式更迭息息相关。一方面，技术复杂度的提升将阻碍单个企业的发展，使得企业对商业生态系统的需求更加紧迫（余江等，2021），这一点对弱小企业而言尤为重要（应瑛等，2018）。另一方面，未来技术发展方向的不明确又将为技术商业化、研发合作等环节设置阻碍（Chesbrough & Rosenbloom，2002），这不仅提高了企业间合作沟通的成本，还为行业内合作互信带来新的困难（Zott & Amit，2008；吴晓波等，2019）。随着全球范围内信息技术的发展和数字经济的兴起，技术迭代的不确定性使得个体企业生存越发艰难，也为企业的可持续发展规划带来了巨大的障碍。因此，生态系统作为一个成员，流动比产业联盟更灵活，囊括范围又广于产业链的商业组织形态，更有利于企业应对技术迭代带来的挑战。

市场应用的不确定性。技术发展的不确定性、商业活动中知识等无形资源的增加，以及消费者需求的不确定性，都加剧了产业形成初期主导设计缺乏、供应网络落后的问题（戎珂、吴金希等，2015），从而带来市场应用的不确定性。市场应用的不确定性让现有产品、服务的前景难以预估，增加了企业对供应链内外部交易的风险和成本，也对企业的技术研发、消费者的获取等能力提出了更大的挑战。

人们普遍认为，在未来，互联网将令连接无处不在、随时随地。移动设备从通信设备发展为丰富的社交、娱乐、支付设备，未来也可能移除边缘计算，只需联网便能完成所有运行（戎珂、石涌江等，2013）；汽车也从单一的交通工具，演化成承担着场景融合的载体，在智能驾驶技术的加持下，无人车的未来将有无限可能。然而，由于市场的不确定性，企业在研发设备时并不能预见未来的潮流，只能在投入有限的情况下调整研发方案，为设备添加尽可能丰富的功能（戎珂、石涌江等，2013）。

宏观环境的不确定性。除供应链内在特征及其配置因素以外，市场、技术、竞争对手行为、重大社会事件等外部现象也会对系统形成干扰，带来战略设置的风险（吴晓波等，2019），从而造成宏观环境的不确定性（戎珂等，2010）。而商业生态系统中的合作企业能够更好地根据环境变化进行协同合作，以应对宏观环境的不确定性（吴晓波等，2019）。

全球性新冠肺炎疫情给经济全球化发展带来新挑战。2020年以来，新冠肺炎疫情突如其来并急速演变发展，疫情快速传播到全球各大主要经济体，疫情的蔓延及各国控制疫情的措施严重影响了国际贸易和投资等活动，干扰了现行全球产业链的正常运转，给商业全球化发展带来了两个挑战。

一方面，新冠肺炎疫情导致全球产业链多环节受阻，导致地区贸易保护主义出现和逆全球化趋势。疫情发生以来，各主要国家间缺乏互信与合作，导致保护主义进一步成为主流，全球产业链、供应链受阻。同时，一段时间的油价暴跌带来的股价下跌也对全球经济造成重大冲击，民众在社会稳定、医疗卫生等方面受到的损失最终也将通过宏观经济反映出来（何诚颖等，2020）。在这种情况下，越来越多的企业试图通过供应链多点布局的方式，分散疾病灾害、地缘政治等突发事件带来的风险。与此同时，全球主要国家在疫情防控期间缺乏互信，也导致各国进一步考虑加强产业链安全和国家安全，从而加剧了产业链本土化倾向。

另一方面，各国在社会制度、意识形态、经济发展模式等方面的一系列严重对立和冲突，成为此次疫情最大的次生灾害，从更深层次加剧了逆全球化趋势。新冠肺炎疫情期间，普通民众整体遭受福利损失，企业倒闭和失业率攀升加剧社会动荡，国家间的冲突进一步增多，都为反全球化趋势性回潮提供了新的催化剂。除疫情本身外，当今世界在种族、文化、宗教等方面的严重对立和冲突正成为长期损害国家互信、制约国家间制度性合作和经济全球化的最大隐患。因而，全球性新冠肺炎疫情带来的影响不仅仅在企业层面，它还使新兴行业及国家都面临新的风险和挑战。机遇总是和风险并存，而商业生态系统战略能为应对全球性新风险和挑战提供新的思路。

然而，疫情结束后各项制度的开放，又带来了经济复苏。同时，疫情结束后，封闭的"城门"重新打开，曾经朝不保夕的工厂正式复工，当初提心吊胆的居民携家出行，经济复苏，社会一派盎然生机。新冠肺炎疫情对经济的重创固然余威未尽，但市场仍然灵敏地感应到社会的向好并迅速做出反应，身处其中的企业也需要及时应对"后疫情时代"的新挑战和新变化。

正是由于这些不确定性的存在，企业需要建立一个商业生态系统。数字经济时代多元、多变的市场需求，变幻莫测的国际格局，无法预测的外生冲击（如新冠肺炎疫情）都对企业的韧性提出了挑战；而信息时代强化了经济全球化以来各国经济相互依存关系的同时，各国政府、国际组织机构等却往往无法保障制度、规则的一致性和稳定性，这又给企业合作关系的信任基础带来了新的威胁。商业生态系统的企业群体共同进化、共同应对外部环境不确定性，为参与者之间持续性的合作共赢关系提供了更大的试错空间和更坚固的信任保障（Wulf & Butel，2017），这既能使各参与者增强面对当下冲击的韧性（bouncing back），也能保障其未来的可持续创新发展（bouncing forward）。当然，如果商业生态系统不能应对不确定性，也同样会面临被淘汰的结局（Moore，1993）。

商业生态概述

由于平台的网络效应,大量各类型的利益相关者聚集在平台周围,为商业生态系统的孕育提供了天然的场所。在平台的用户基础上,商业生态系统拓展所联结的参与者类型,把消费者、生产商、互补者、研究机构、政府等多元主体都囊括在内。学界对其结构、范式、要素、成员等静态要素(Adner & Kapoor,2010;Gueler & Schneider,2021;Iansiti & Levien,2004;Kapoor & Lee,2013;Moore,1993;戎珂、吴金希等,2015),以及平台生态生命周期、企业战略变迁、生态伙伴如何协同演化等动态问题(Ceccagnoli 等,2012;Gawer & Cusumano,2002;戎珂、林等,2013)均有所研究。

在讨论商业生态系统之前,我们先来看看生物学上的生态系统。它包括物种之间竞争相同的资源、能量传递、物质循环,并形成复杂的网络,如食物网,以适应不同的外在环境。与之类似的,在商业中,商业生态强调企业不是作为单一行业的成员,而是跨行业的、是一个完整商业生态系统的一个组成部分(Moore,1993)。一直以来,成功的企业都需要根据外在环境的变化快速、有效地演化发展。数字时代的创新型企业更难以适应市场变化的节奏,日益增加的技术复杂性也意味着市场需求往往通过合作组织网络来满足(Adner & Kapoor,2010),因此,它们还需要吸引具备各类资源的合作伙伴,包括供应链伙伴、客户、金融资本等(Moore,1993)。IT(信息技术)行业就是一个很好的例子,苹果公司的组织、技术、产品和消费者网络大规模互联,它在操作系统、芯片等领域的生态布局随着市场发展不断演化(Iansiti & Richards,2006)。

商业生态系统，尤其是健康的生态系统，可以通过发起（initiating）、识别（identifying）和整合（integrating）利益相关者在生态系统中创造价值来重塑价值，并为参与其中的公司带来竞争优势（戎珂、吴金希等，2015）。商业生态系统的概念也被认为能够更好地解释多边商业竞争，因为它模糊了原有边界、开放原有封闭系统、整合多方资源（魏江等，2021）。显然，竞争不再局限于单个公司，因为公司现在依赖商业伙伴网络；因此，竞争已经转化为商业生态系统之间的系统间竞争（Gawer & Cusumano，2002；刘、戎珂，2015；戎珂、胡嘉伦等，2015；戎珂、吴金希等，2015）。

商业生态系统中的利益相关者可以紧密耦合或松散耦合，有些被组织成紧密的价值网络或平台，而另一些仍然是分散的。这些松散耦合的利益相关者可以通过特定的战略愿景被动员起来，并嵌入新的价值链。作为回报，所有新创建的业务将扩展嵌入式生态系统的资源池，相应的利益相关者与生态的联结便更加密切，能够更灵活、有效地获得生态系统的其他资源。从这个角度来看，商业生态系统成功的关键是利益相关者之间共同进化，从而共同为客户创造商业价值。

商业生态系统中的企业不仅合作和竞争，而且围绕一个互利的共同目标发展，即支持新产品和服务以满足客户需求的新创新。"共同进化"一词源于生物学，指两个或多个生态上相互依存但独立的物种之间的连续变化，它们的进化轨迹随着时间的推移会交织在一起。在商业生态系统中，一家公司的发展将影响其他公司的发展。因此，商业生态系统的核心是以互利的方式共同进化，其中共同进化可以解释为采用生物学隐喻。一个公司如果不了解整个商业生态系统的影响就进行战略规划，等于忽略了其运营所在的网络环境的现实，而在进化过程中，生态系统中的核心企业对该公司的影响更大。学者们还将共同进化机制解构为三大支柱——共同愿景、共同设计和共同创造，以提高对生态系统利益相关者进化本质的理解（刘、戎珂，2015）。总而言之，竞争业务已经从公司发展到价值链和平台之后的商业生态系统级别（戎珂、林勇等，2013）。

商业模式的演化路径

传统经济中企业采取产品战略，网络经济的出现促使企业启动平台战略，而以云计算、人工智能、大数据等新兴技术为驱动的数字经济则要求企业从平台战略转型到生态战略（如图1-2所示）。目前，平台经济已经跨越了双边平台的模式，经历了消费型平台（双边平台）（Rochet & Tirole，2003）、生产型平台（产业平台）（Gawer & Cusumano，2002）、平台生态（Ceccagnoli et al.，2012；Gawer & Cusumano，2002；戎珂、林等，2013）的演变。在平台生态形成的过程中，平台企业通过生态型并购等手段进入了消费互联网和产业互联网的方方面面，成为生态的主导者（魏江等，2021），其生态伙伴包括股东、用户、供应链合作企业、政府、社会组织、媒体等；谷歌、苹果、阿里、腾讯、美团等公司纷纷基于原有平台模式扩张生态版图，涉足的业务逐渐多元、完整，囊括了交易、社交、娱乐、高新技术等多元化业务。平台企业带来了网络效应，而当企业形成平台生态时，企业用户结构得到了进一步的拓展，带来了互补效应。

图1-2揭示了商业发展中商业模式的演化路径，其具体经历了三个阶段（戎珂等，2018）。

图 1-2 商业模式演化（动态）

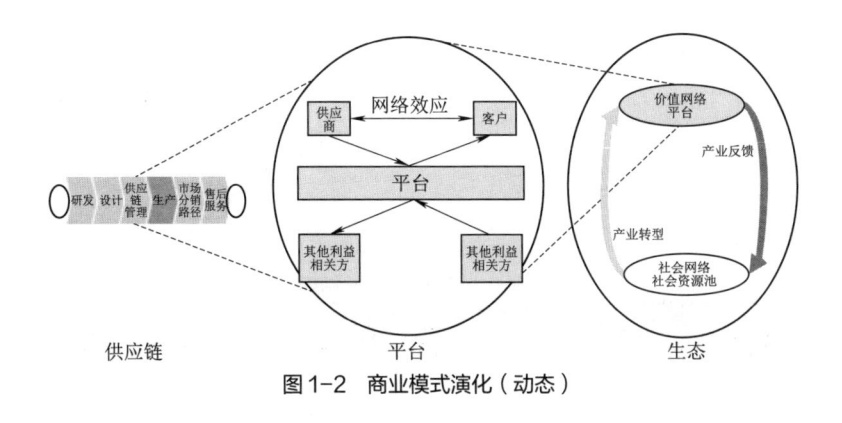

就商业模式演化结构而言（如表 1-1 所示），在第一阶段的全球价值链中，企业与企业之间的合作基于信息的互通，主要指上下游企业的产品、经营情况等特定信息，聚焦专业化的价值创造机制；而信息获取要通过特定的市场调研及商业合作等，因此获取成本高。

在第二阶段平台兴起的发展模式中，网络效应在价值创造中发挥关键作用，而如何使网络效应发挥作用，关键在于信用，具体指平台用户的守信、诚信程度。这里的信用基于用户过去的行为记录，并且需要量化大量数据，比如支付宝的芝麻信用，因而获取成本同样相对较高。

到了第三阶段，企业不仅需要关注当前价值网络或者平台的价值创造，还需要关注未来可以实现价值创造的社会资源池，简单来说，企业需要关注的是围绕企业自身的生态可持续发展。企业从平台战略转型到生态战略的 STEP 模型（戎珂等，2018）提供了企业从平台战略到生态战略的一种描述，具体包括用户结构（structure）、拓展交易层级（transaction tier）、优化商业赋能（enablement）和提升模式绩效（performance）四方面。企业从平台转向生态的过程中，信任（生态伙伴对核心企业及生态整体的相信程度）扮演至关重要的角色。这个信任基于对核心企业能力的认可，也是对生态整体发展的认可（具体内容本书后续章节会重点展开）。

表1-1 商业模式演化结构

商业模式	供应链-专业化分工	平台-网络效应	生态可持续发展
合作基础	信息	信用	信任
定义	上下游企业的产品、经营情况等特定信息	平台用户的守信、诚信程度	生态伙伴对核心企业及生态整体的信任
获取来源和方式	特定的市场调研、商业合作等	基于用户过去的行为记录，需要量化大量数据，比如支付宝的芝麻信用	基于对生态整体的发展、对核心企业能力的认可
特点	·获取成本高 ·适用范围极具针对性	·获取成本较高 ·适用范围较广	·获取成本具体视信任类别而定 ·适用范围很广

综上，本章主要介绍了商业模式从垂直分工的供应链模式到注重网络效应的平台模式，再到强调互补与共同进化的生态模式的演变过程。传统经济时代，企业强调成本的最小化与专业化分工，聚焦于自身产品和服务的优化，采用供应链模式。随着信息技术的发展，一些具有资源匹配能力的企业逐渐开始联结各个供应链与需求方、服务提供方，并形成具有网络效应的"平台"。进一步，技术迭代和宏观环境的不确定性不断对企业的灵活性、韧性，以及与合

作伙伴的信任基础发出挑战，部分企业凭借自身优势（匹配能力、资源禀赋、核心技术等），不仅在产业链内形成合作关系，更是将政府、高校、用户等不参与价值创造的主体视作社会资源池，最终利用其组建出生态模式系统。因而，商业生态系统理论及其研究成果对于身处其中的企业、新兴技术行业，以及新兴市场国家都具有划时代的战略意义。

第二章

我们对商业生态系统的认识有多深

本部分内容系统梳理了有关商业生态系统的定义、结构、学术流派和培育策略的研究，总结提炼了有关商业生态系统的相关特征、关键要素以及商业培育战略特点。

商业生态系统

经济学与生态学有许多明显的共同特征，它们都研究动态的、有机的，有生产、交换、资本存量和储存方法的系统（Hannon，1997）。然而，生物生态系统和商业生态系统还是有些差异的。首先，在商业生态系统中，参与者是有目的性的，能够精确地规划和描绘未来（Iansiti and Levien, 2004）。其次，商业生态系统的目标是集成各种关键性要素资源，为企业提供创新，而自然生态系统中的物种仅仅是想要生存（Iansiti and Levien, 2004）。因此，这意味着商业生态系统中的企业需要彼此分享命运。成为商业生态系统成员的好处包括有机会结成战略联盟，在网络中共同成长，避免行业的其他潜在入侵者的恶性竞争。在商业生态系统的背景下，协同进化发生在相互关联的组织之间，因此相互影响。所以，商业生态系统从根本上说是一个动态结构，在时间维度上不断进化和发展。

根据穆尔（1993）的定义，商业生态系统是涵盖多个行业的一个概念，其中的公司围绕创新、协同合作和竞争来支持新产品的发展，满足客户需求，并将成果投入下一轮的创新。另一方面，扬西蒂和莱维恩（2004）认为，生态系统是一个松散的网络，由供应商、分销商、外包商、相关产品和服务的制造者、相关技术的提供者，以及其他对企业产品的创造和传递产生影响或受其影响的组织构成。在这个生态系统中，不同的企业处于不同的生态位，当一个生态位发生变化时，其他生态位也会相应地发生变化。目前得到学界高度认可的定义指出，商业生态指由相互交织的各类组织、企业和个人共同支撑的一个经济共同体，是整个商业世界的有机组织（Dias Sant'Ana et al.，2020；Faissal et al.，2018；戎珂等，2018）。商业生态的成员包括政府、行业协会、供应商、主要生产商、竞争对手、客户等一系列利益相关者（Iansiti and Levien，2004；Moore，1993），这些生态伙伴在整个生态的共同演化中，分享愿景，发展解决方案，相互建立信任，从而形成命运共同体。生态系统的核心企业在整个过程中起到关键的主导、协调和促进作用（戎珂等，2015）。

然而，供应链和商业生态这两个概念在业界存在一定程度的重叠。传统的供应链理论是一种产业体系理论，它通过在生产和营销职能之间交换信息，整合从供应商到最终用户的关键业务流程，以解决行业从业者在管理整个供应链（从供应商到最终客户）的过程中面临的问题。这一理论旨在为行业从业者提供解决方案，使其更好地管理供应链（Lambert & Cooper，2000）。企业供应链管理的不确定性已被视为影响供应链有效性的关键阻碍之一，主要涉及三个方面：第一，企业的本质特征，如行业属性、产品特性等，会导致需求、过程和供应的波动（Srinivasan et al.，2011）；第二，企业供应链配置的基本因素，如研发、从生产到销售等的各环节，会对其供应造成潜在干扰（Zhang, & Gregory，2011）；第三，市场、技术和竞争对手的行为等外部现象会进一步扰乱企业的供应链系统（Srinivasan et al.，2011）。然而，对供应链不确定性的研究可能会忽视培育新的市场，反而侧重于维持现有市场的生产和供应。不同的是，商业生态系统理论既针对当前市场，也关注未来新市场（Moore，1997）。

例如，当微软在 2005 年推出新版移动操作系统时，比尔·盖茨曾说谷歌是想创建一个真正的生态系统，包括运营商、制造商和开发商。2007 年，谷歌公布其更深远的移动战略，并发布了安卓。安卓是一种基于 Linux 内核的操作系统，在开放手机联盟下发布。该联盟由约 30 家技术和移动行业的领导者组成。在谷歌的领导下，这些公司将共同创造更开放的手机环境和更好的客户体验，将手机变成功能强大的移动计算机。我们可以看到，微软、诺基亚和谷歌各自的智能移动终端操作系统都在走同样的路，它们的策略也有相同的特点。基本上，它们投入资源以获得移动通信领域的领导地位，由于来自不同部门的不同参与者之间存在复杂关系，无论是合作伙伴还是竞争对手，都为其提供标准化技术。而此类价值网络是主要参与者推广其旗舰操作系统的机会，因此被称为"商业生态系统"。

如今已步入数字经济时代，数字经济的核心结构包括数据要素、数字技术、数字产业化、产业数字化、数字化治理。可见，数字经济不仅涉及从数据要素到数字产业的全产业价值链，还需要各方主体积极配合，协同实现数字产业价值。相对于传统供应链结构和产业结构，数字经济具有新要素、新组织、新模式和新格局等特征，而随着数据要素和数字技术赋能传统生产要素，数字经济也呈现出更加复杂、动态演变的结构特征，趋向于一个商业生态系统。

商业生态系统结构

根据戎珂和石涌江（2004）对商业生态系统的梳理，本书将从静态画像和动态画像两方面分析商业生态系统。

静态画像

商业生态系统的静态画像包括结构要素（structural factor）、机制要素（infrastructural factor）和演化要素（evolutionary factor）。

首先，从结构要素层面看，商业生态系统需要囊括功能角色、解决方案平台和扩展资源三个要素。扬西蒂和莱维恩（2004）认为商业生态系统是由大量相互依赖、命运共享的参与者组成的松散联系的群体。因而，核心企业需要不同类型的战略合作伙伴参与来实现其在生态网络中的领导策略。功能角色可以分为价值网络和社区网络两个层面。其中，价值网络指核心企业当前的供应链体系，而社区网络反映的是当前潜在的以及未来可能会成为其供应链伙伴的网络。因而，社区网络能体现当前核心企业的可扩展资源。

其次，从机制要素的视角看，商业生态系统需要涵盖核心业务流程、网络治理以及赋能机制三个板块。核心业务流程主要涉及当前价值网络里的治理环节；网络治理指的是对当前潜在网络伙伴的治理；而赋能机制体现的是潜在的社会资源如何赋能当前的价值网络，促进价值再创造以及相关创新活动。

最后，从演化要素的视角看，商业生态系统的静态分析需要考虑企业的新愿景和适应性解决方案两个层次。连接企业的当前价值网络和社会网络需要核心企业提出新的愿景。形成新的愿景是商业生态系统演化的驱动力。巴蒂斯泰拉（Battistella）等人（2013）指出核心企业可以通过不同的方式寻求战略合作，例如共同定义相关行业领域的技术标准，促进相关业务及技术的落地实践，支持行业科研活动，向公共政府建言献策等。然而这些都需要核心企业与整个社区积极共享长期可持续的最终目标或共同愿景。商业生态系统非常复杂，因为从本质而言，它是由不同类型的实体企业组成的，所以核心企业很难用正式的合同、联盟或其他协议等说服合作伙伴朝着同一方向前进，但可以试图通过非正式的方式，例如构建共赢的生态愿景来吸引合作伙伴加盟。因此，更好的办法是鼓励合作伙伴分享对未来的愿景，由此驱使它们共同前进。此外，通过收集社区网络提供的扩展资源和信息，核心企业也可以获得可行的适应性解决方案来应对市场的新需求和挑战。核心企业有了新的创意后，需要与生态系统中的利益相关者积极互动，包括扩展企业、政府、不同行业的企业等，来设计不同的产品，这些产品在市场上经历优胜劣汰，最终存活下来的将会演化出新的行业。

动态画像

传统企业战略理论研究的重点是如何让一个独立的企业适应外部环境的变化，并制定相应的战略措施，以实现其理想的发展目标和发展速度。然而，基于商业生态系统理论的研究需要探讨如何通过建立或优化企业所处的整个系统，实现与其他相关组织相协调的发展，尤其是促进整个商业生态系统的整体繁荣，形成多向、多级、网络状的发展体系。现有的管理理论主要关注企业内部知识的创造和共享，以及价值网络内部成员之间纵向的知识共享。然而，基于商业生态系统理论的知识管理更加注重系统成员间多维的知识共享。因此，如何促进系统成员的协同进化以推动企业的价值创新，如何将纵向的价值共享转变为多维的价值共享，以及如何通过共创实现整个商业生态系统的协同进化等，都是需要深入研究的重要问题。

图 2-1 展示了商业生态系统的动态画像，包括价值网络和泛社区网络（属于结构要素和机制要素）、行业愿景和行业反馈（属于演化要素）。商业生态系统的动态画像关注内部各部分之间的互动过程，主要聚焦于价值网络与泛社区网络之间的互动。具体而言，商业生态系统的动态结构分析要考虑核心企业如何通过接入和转换嵌入社交网络的资源池来建立价值网络（侯杰等，2012；戎珂等，2018）。

资源池包括有形资源（如资金和基础设施）以及无形资源（如信息和建议），它们都对企业的价值网络产生反馈作用。核心企业通过接入社交网络中的本地资源来创造价值，例如人力资源、风险资本和本地基础设施等。从本地资源到实际商业和产品的价值创造过程，可以看作从社交网络到价值网络的转变过程。这种转变不仅为核心企业创造价值，还会影响特定区域提供的资源池。这样的反馈循环最终将嵌入丰富的社交网络资源池，这些资源池将能够在下一次转变中由核心企业或其他合作伙伴进行重组。例如，戎珂等人（2015）以 ARM 为例，研究了在一个陌生的国外市场，在产品不确定性高且缺乏网络资源的情况下，核心企业如何培育商业生态系统以促进企业的发展。他们提出了一个三阶段的业务生态系统创建框架，包括孵化互补合作伙伴、确定领先合作伙伴和整合生态系统合作伙伴。此外，刘和戎珂（2015）通过对大中华区、英国和美国的跨国移动计算公司进行深入定性研究，探讨了协同进化过程的性质及其对复杂产品开发的影响。研究包括共同愿景、共同设计和共同创造三方面，这些方面在推动移动计算行业商业生态系统的复杂产品开发的协作创新方面发挥着不同但同等重要的作用。

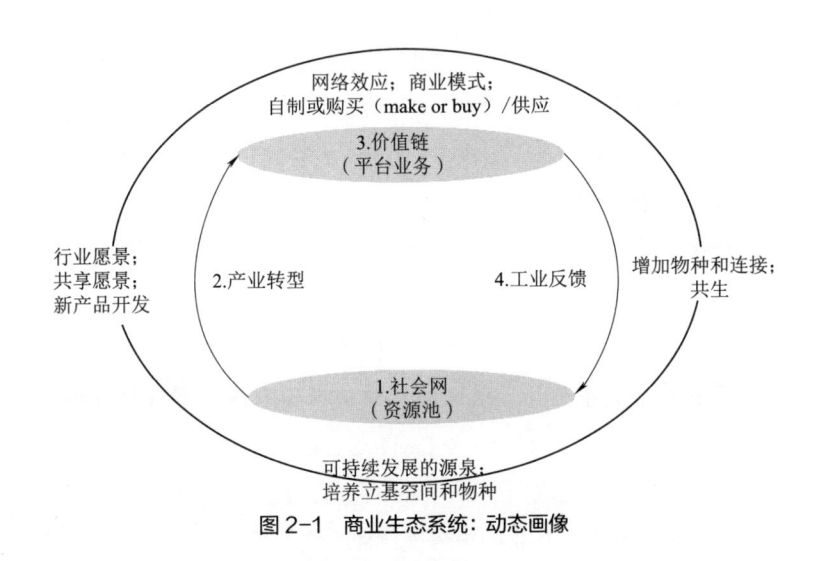

图 2-1　商业生态系统：动态画像

商业生态系统研究流派

鉴于客观世界的系统性和复杂性,商业生态已经成为一个日益融合的研究领域。通过研究商业生态系统理论,我们可以全面思考系统内的各种因素,以便更好地发现、解决成员企业和利益相关者在宏观和微观层面的战略角色以及未来发展方向等问题。商业生态系统视角对于更深入地了解企业的本质和运行机制十分有用,这也是在更好地发挥商业生态系统的价值。将商业生态意识纳入企业管理过程,可以促进核心主体与利益相关者关系的转变。总的来说,商业生态系统理论为企业研究带来了新的视角、思路和方法。商业生态是一个母体,以企业为核心,并发散出平台生态、创业生态、生态量化、生态国际化等多种流派。

戈麦斯等人(Gomes et al., 2018)通过系统地回顾1993—2016年的文献,发现其中存在一个转折点,即从商业生态系统转变到创新生态系统。从1993年到2016年,23年的时间被划分为23个相等的时间段,每个时间段都有一个单独的引文网络。该网络以时间通道(时区视图)呈现聚合共引网络,以跟踪知识域随时间的演化。这个文献回顾将文献大致分为三组。

第一组聚焦商业生态系统,更多阐明了商业生态系统里伙伴之间的网络关系,并且这样的关系是不局限在一个行业范畴的(Moore, 1993; 1996; Iansiti & Levien, 2004)。例如,微软的商业生态系统包括系统集成商、开发服务公司、独立软件供应商、培训师、小型专业公司、互联网服务提供商、商业顾问、媒体商店、应用程序集成商和许多其他相关公司。

第二组聚焦创新生态系统,侧重于创新以及支持创新的一组组件(上游)和补充(下游),并将生态系统视为合作安排。通过这种安排,企业将各自的产品组合成一致的、面向客户的解决方案(Adner,2006)。相关文献的重点在于理解相互依存的参与者之间如何进行互动,创造和商业化则被认为对最终的创新起着重要作用。相反,如果生态系统内的协调不够充分,创新就有可能失败(Adner,2012;Adner & Kapoor,2010;Kapoor & Lee,2013)。在这里,生态系统概念在于把握其核心产品、组成部分及其补充产品/服务之间的联系,从而共同为客户创造价值增长点(Jacobides Cennamo & Gawer,2018)。

第三组聚焦平台生态系统,相关研究侧重于一类特定的技术平台,以及平台赞助者与其补充者之间的相互依赖关系。从这个角度来看,生态系统由平台的赞助商和所有补充供应商组成,这些补充使平台对消费者更有价值(Ceccagnoli,Forman,Huang & Wu,2012)。平台生态系统指采用"中心辐射"形式,通过共享或开源技术及技术标准(对于IT相关平台,可以是编程接口或软件开发包),将一系列外围公司连接到中央平台,超越单一行业界限包含所有相关参与者的网络。

从企业能力视角来看,大卫·蒂斯(2007)认为生态系统代表了企业必须应对的环境,它影响企业的动态能力,从而影响企业建立可持续竞争优势的能力。在生态系统里,不同级别相互依赖的组织形成了社区,这些组织松散地相互联系,并在合作伙伴与其商业环境之间共同进化。因此,在企业层面,能力理论试图分析企业的内部特征以帮助它们保持竞争优势,商业生态系统理论提供对周围环境的广泛见解,以帮助它们做出明智的战略决策，而在产业层面，能力理论旨在帮助它们做出明智的决策。从企业的微观角度来看，行业内企业在保持网络能力方面具有竞争优势，商业生态系统理论则指出了基础设施对行业发展的重要性。在商业生态系统的分析层面，能力理论显然还没有将其理论边界扩展到包括企业和行业与政府等支持组织之间的互动，但很明显，它们的理论要素是可以使用的，并用于分析商业生态系统。例如，扬西蒂和理查兹（2006）表明平台提供商执行了商业生态系统中的关键作用，包括促进创新和效率。商业生态系统的价值已经从产品价值转移到网络价值（Hearn & Pace，2006）。例如，英特尔通过积极补贴市场战略伙伴来确保其支持的平台在行业中的领先地位（Gawer & Henderson，2007）。

此外，从不同学科的视角，当前的生态文献也可以大致分为以下几类（如表 2-1、图 2-2 所示）。

商业生态

商业生态系统是一个有机整体，包含消费者、生产者、供应商、其他互补机构等成员，成员之间的互动推动了整个生态共同演化。商业生态系统的生命周期可分为诞生、扩张、主导和自我更新等阶段（见表 2-2）（Moore，1993；1996；Iansiti & Levien，2004；戎珂、胡嘉伦等，2013；戎珂、林勇等，2013；戎珂、石涌江等，2013；刘和戎珂，2015；Parente et al.，2019）。

表 2-1 商业生态系统研究概况

研究流派	商业生态	创新生态	平台生态	创业生态	区域创新生态
理论视角	演化经济学	运营管理	产业组织	创业理论	区域经济学
关键点	共同演化	系统结构	双边平台/平台结构/外部平台	利益相关者和机构环境	产业集群
研究结构	生命周期，共同演化	商业生态系统模块能力	定价策略，效用功能，网络效应，平台生态创新	创业机会发现与追求，商业模式创新，创业机会集群外部轨迹	产业集群，国家创新体系，区域创新生态
学者代表	詹姆斯·穆尔，石涌江，彼得·威廉森（Peter Williamson），戎阿	拉胡尔·卡普尔（Rahul Kapoor），罗恩·阿德纳（Ron Adner），卡利斯·鲍德温（Caliss Baldwin），陈劲，柳卸林	扬西蒂，迈克尔·库苏马诺（Michael A. Cusumano），安娜贝尔·加韦（Annabelle Gawer），朱峰，陈威如	埃科·奥蒂奥（Ekko Autio），南比桑·斯皮格尔（Nambisan Spigel），陈劲，加西恩，伊丽莎白	克里斯托夫·弗里曼（Christopher Freeman），本特-奥克·伦德瓦尔（Bengt-Ak Lundvall），柳卸林，魏江，余江

表2-2 商业生态系统演化阶段

阶段	合作性挑战	竞争性挑战
诞生阶段	与客户和供应商合作,共同定义新的价值主张,围绕种子创新的提议展开	保护初期想法免受外部干扰,与早期客户、关键供应商和重要渠道保持密切联系
扩张阶段	与供应商、合作伙伴合作,扩大供应范围并实现最大市场覆盖率	击败有类似想法的替代方案,确保自己的方法成为主导主要细分市场的标准
主导阶段	为未来提供令人信服的愿景,鼓励供应商和客户共同努力,不断提高完整报价	保持对生态系统中参与者的强大议价能力,包括关键客户和有价值的供应商
自我更新	与创新者合作,将新的观点引入现有生态系统	维护较高的进入壁垒,防止新创者建立替代生态系统;维持较高的客户转换成本,以争取时间将创新融入自身的产品和服务

(来源:Moore,1993,信息经过整理)

以一部手机为例,它主要经历五个场景,包括科技装备市场、芯片制造市场、系统单芯片市场、智能系统市场和产品解决方案市场。这五个场景在不同的阶段都构成了竞争与合作的竞合关系,涉及各种利益相关者。对应的每个场景都有一个商业生态系统,因此在一个企业或产品的商业系统中,各利益相关者需要相互交流,并共同追求一个目标,以实现价值最大化。以阿里巴巴为例,该公司最初只是一个企业对企业(B2B)的交易平台。而后,通过引入客户对客户的平台,它进入了一个不同的生态系统。为了促进平台交易,它引入了更多利益相关者,例如支付宝,使得生态系统的结构变得更加复杂和多样化。这些利益相关者被综合起来,成为平台交易的核心业务。

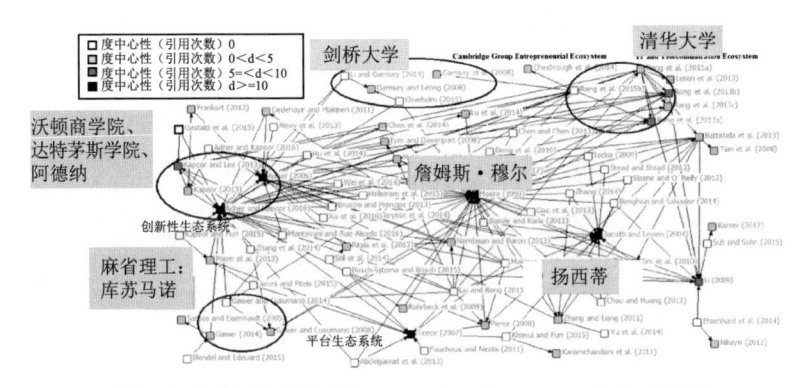

图2-2　生态研究群组（Vasconcelos Gomes，et.al，2016）

从学术流派来看，戈麦斯等人（2016）在创新权威期刊《技术预测与社会变革》（*Technological Forecasting & Social Change*）上回顾了商业/创新生态的历年研究，梳理出该领域的主要研究群组，包括詹姆斯·穆尔、库苏马诺、扬西蒂、戎珂等。除上文梳理过的戎珂之外，其他代表性学者从不同角度探讨了商业生态这一概念。代表性学者之一彼得·威廉森（2012）强调生态系统比传统伙伴关系更大、更多样化、更流动，并提出六大关键因素，包括确定价值创造点、定义差异化的合作伙伴角色、激发合作伙伴投资、降低交易成本、促进网络间共享学习、有效捕获利润，以成功利用生态系统优势。雅可比等人（2018）也承认此类商业生态的出现，并建议进一步研究生态系统背后的动态治理等问题。类似于雅可比等人的方法，戎珂等人（2018）建议更多地了解角色动态及其相互作用，而不是仅仅关注角色结构本身。一个能管理利益相关者并确保它们朝着共同愿景行动的机制是健康商业生态的驱动力。此外，戎珂也从生态的国际演化视角探讨了数字型公司在国际化过程中因为行业和商业模式差异导致的生态性整合责任（戎珂等，2020）。基于演化经济学视角，陈劲等人（2014）提出了企业技术创新体系的四代演化模型：第一代是"内部研发为中心的创新体系"，第二代是"基于协同/整合的创新体系"，第三代是"高度基于战略管理导向的企业创新体系"，第四代是"创新生态体系"；并探讨了各代模型之间的相互联系和区别，以及在企业创新尤其是央企创新中的作用。

创新生态

鲍德温（2012）认为，阿德纳和卡普尔（2010）以及扬西蒂、莱维恩（2004）等学者提出的商业生态系统就是分布式创新系统。商业生态系统包含许多公司、个人和社区，虽然它们可能是独立的，但是由于技术系统不断发展和演化，它们也可能相互关联。因此，鲍德温（2012）认为，在不久的将来，组织设计专家需要解决的主要问题之一是如何管理所处生态系统的分布式创新系统。为了回答这个问题，组织设计专家必须考虑，如何在许多自治企业中以有利于它们的生态系统及组织设计自己的企业或社区的方式，对产权、人员和活动进行分配。因此，基于运营管理视角，商业生态系统的创新可以通过产品或过程的模块化来实现，因为模块化可以降低环境变化带来的风险，并促进整个生态的进化。以物联网生态系统为例，莱米宁（Leminen）等人（2018）认为，物联网商业模式遵循从封闭到开放、反向到封闭的演进路径，同时组织和事物的网络将共享价值而不是交换价值。此外，他们还确定了四种物联网商业模式——价值链效率、行业协作、横向市场和平台，并讨论了新商业模式出现的三个演进路径：为行业协作开放生态系统，在多种服务中复制解决方案，以及随着技术的成熟回归封闭的生态系统。

一家企业的竞争优势取决于它有能力比竞争对手创造更多的价值（Porter，1985），而更大的价值创造依赖于公司是否能成功地创新（Adner & Kapoor，2010）。例如，空中客车公司（以下简称"空客"）面临的挑战不仅仅是将这些组件与机身集成，还要为客户提供功能完备的飞机。为了使航空公司高效地使用飞机，其他许多参与者也面临额外的创新挑战，这些参与者并不在空客的直接供应链中。例如，机场等供应商需要投资和开发新的基础设施，以容纳超大型的A380飞机；监管机构需要指定新的安全程序；而培训模拟器制造商也需要开发新的模拟器，以培训机组人员。因此，A380创新生态系统不仅包括作为核心创新者的空客，还包括其上游供应商、下游买家和互补者。关键在于，仅仅考虑空客是否以及如何成功解决其内部创新挑战是不够的。为了让A380飞机创造价值，其他所有生态系统合作伙伴也需要解决自己的创新挑战。

陈劲（2017）在全面回顾创新系统研究范式和经典组织能力理论的基础上，提出了"基于核心能力的企业创新生态系统"（core competence-based firm innovation ecosystem）模型，强调企业创新生态系统的成功、竞争优势的获取，关键在于实现企业内部核心能力打造及外部创新生态系统建设的平衡和协同。柳卸林（2022）针对基于产业的创新生态，提出了一个理解创新生态系统的新框架，并深入分析了宏观层面的国家和区域创新生态系统、中观层面的产业创新生态系统和微观层面的企业创新生态系统，并探讨了三者的结构及竞争力的关系。

平台生态

扬西蒂和莱维恩（2004）认为，企业组织可以扮演不同的角色来提高在生态系统中的绩效，并为生态系统战略分析提供一个框架。其中，三种常见的战略角色是：网络核心者（keystone）、支配主宰者（dominator）和利基者（niche）。具体来说，网络核心者控制关键的生态系统枢纽，与其他伙伴合作创造价值并与贡献者分享价值；支配主宰者纵向或横向整合，成套拥有和控制关键生态系统，获取最大价值；利基者专注于细分领域并开发专门的资产和能力。

从产业组织的视角来看，商业生态系统被理解为围绕核心技术而形成的供应商和客户之间的关系网络，并以获得商业成功和生存为目的（den Hartigh and Asseldonk，2004）。扬西蒂和莱维恩（2004）强调商业生态系统的每个成员最终都会分享整个网络的命运，而不管该成员的表面实力如何。

此外，也有相当一部分研究集中于平台创新。加韦和库苏马诺（2014）定义了两种类型的平台，一种是企业内部平台（internal platforms），或者是产品平台，即平台作为一组资产，以一种共同的结构被组织去开发生产一系列衍生产品；另一种是外部平台（external platforms），或者说行业平台，指本平台企业的产品、服务或者技术被提供给与行业相关联的企业（或者说所在商业生态圈的企业），用来生产、开发自身的互补产品、技术或服务。戎珂等人（2013）发现商业生态系统中"平台"的概念包括三个主要功能，即交互接口、价值创造和网络构建。交互接口意味着生态系统成员可以将该界面作为一种工具包来打造自己的产品；价值创造意味着该平台使生态系统合作伙伴能够共同创造价值；网络构建意味着，由于平台让合作伙伴共同创造价值，它们将构建特定的网络模式来与竞争对手的生态系统竞争。因此，企业在平台生态系统中进行跨产业的合作与演化，有助于驱动产业创新。同时，平台生态系统中的企业不能再采用独立策略，需要考虑环境的波动与创新，以及生态中的角色和关系。

平台生态主要由平台所有者与第三方互补者组成，现有研究大多认为，互补者的参与及活跃度对于平台生态整体的成长、创新和绩效具有重要的正向影响（Boudreau and Jeppesen，2015；Ceccagnoli，Forman，Huang，and Wu，2012；Kapoor and Lee，2013；Parker and Van Alstyne，2017）。平台的独特之处在于它们通常与"网络效应"关联，也就是说，平台的用户越多，平台对所有者和用户的价值就越大，因为越来越多的用户网络访问量，可使平台获得越来越多的互补性创新（Gawer and Cusumano，2014）。为了满足异构用户的需求并利用间接网络效应，平台所有者经常寻求来自企业外部资源的互补性来促进第三方创新，从客户、研究公司、商业合作伙伴到大学（Linder et al.，2003）。这种互补性的创新方法催生了平台生态系统模型，即产生互补性的创新网络，从而使平台更有价值（Gawer & Cusumano，2002）。例如，为鼓励互补性创新，微软、IBM 和思爱普等 IT 硬件和软件平台的所有者通常为其平台生态系统的成员制订合作计划（Ceccagnoli et al.，2012）。因此，平台所有者制定规则，去吸引、培育和治理第三方互补者，是平台生态发展的重要问题（Gawer and Cusumano，2014）。帕尼科（2020）研究的是用户的生态系统创新性（互补的新颖性和质量）和生态系统规模（互补/互补的数量），以及基于需求的规模经济的偏好，对平台提供者和生态系统中的互补者之间战略互动的影响机制。戎珂等人（2022）发现，电子商务平台引入真实的社会关系披露这一创新举动，可以促进电子商务平台的转化率和销售率，鼓励社交媒体平台和电子商务平台之间的合作。

同时，一部分研究关注平台生态的创新机制与绩效。与传统供应链的创新相比，由于多边市场、网络效应、第三方互补者等的特殊结构，平台生态的创新机制表现出了显著的差异。现有研究指出，平台生态的创新机制打破了企业边界，其创新的重要来源是外部互补者，也就是从内向创新转变为外向创新（Gawer and Cusumano, 2014; Parker, Van Alstyne, and Jiang, 2017）。进一步地，随着数字化进程的不断深入，开源创新成为数字经济发展中涌现出的新型创新组织模式和运行机制。余江等学者（2021）在辨析开源创新和开放创新概念差异的基础上，进一步对开源创新的系统结构及开放机理等进行分析，提出开源创新具有技术兴趣驱动与商业需求牵引并存的双生态系统结构，该系统结构呈现出突出的去中心化特征且依赖市场化的多层次协调治理机制。此外，开源创新以其独特的系统结构和治理机制实现了创新参与者、创新资源、创新过程、创新决策及创新成果的全球开放。开源创新理念对我国的基础软件产业发展、数字基础设施建设，以及增强我国产业全球竞争力、促进后发赶超等具有重要的启示意义。

创业生态

南比桑和巴隆（2013）指出创新生态系统已成为创业的重要背景，企业家面临一系列独特的挑战，需要平衡生态系统领导者设定的目标和优先事项，以及新企业的目标和优先事项。此外，创业生态系统已成为解释区域内高增长创业持续存在的流行概念，但作为一个理论概念仍然不成熟，人们很难理解它们的结构和对创业过程的具体影响（Spigel，2017）。不同于传统的产业集群，奥蒂欧（Autio）等人（2018）提出了创业生态系统的结构模型，如图 2-3 所示。

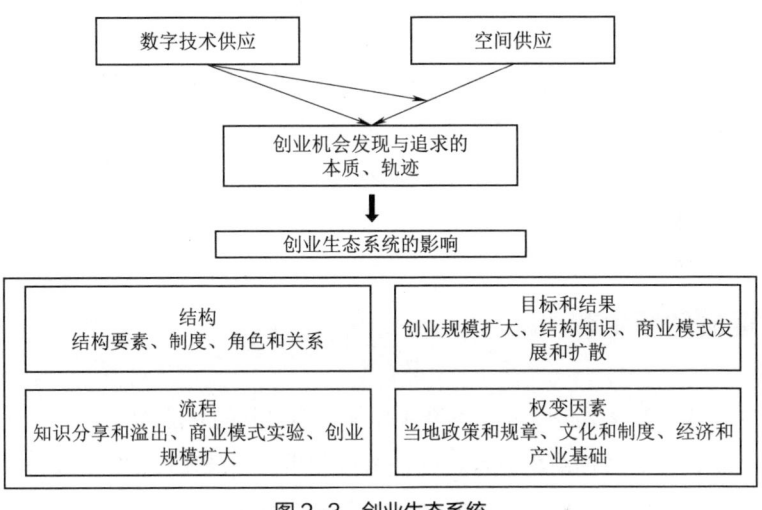

图 2-3　创业生态系统

创业生态系强调数字供应，突显围绕创业机会的发现和追求，强调商业模式创新，注重自愿的横向知识溢出效应，以及创业机会的集群外部性（Autio，Nambisan et al.，2018）。奥德雷奇（Audretsch）等人（2017）提出了一个复杂的初创企业模型，其中包括区域创业与发展指数（REDI），以及创业生态系统的六个领域，即文化、正规机构、基础设施和便利设施、信息技术、大熔炉、需求，共同捕捉城市社会经济、制度和信息环境的背景特征。石先蔚（2023）基于对过去 30 年创新与管理期刊的分析，识别出创新研究三个生态系统研究的谱系,并提出了一个扩展边界模型,展示了生态系统概念如何从元组织视角和在经济理论基础上拓展创新研究,为理解创业生态提供了新视角。

余江等人(2018)通过对比传统创业和数字创业的特点,发现数字平台的开放性和自我发展性降低了创业学习成本和资源获取门槛,而数字平台的开放治理模式则为异质性和动态性的创业团队形成提供了基础。面对我国海量、异质性用户的市场,创业者需要不断提升企业核心能力,政策制定者需要制定动态、前瞻性的数字创业服务政策,以共同推动我国数字创业生态的培育和优化。

区域创新生态

随着数字化的发展,创新主体和群体之间的互动模式发生了巨大变化,区域创新生态也逐渐成为商业生态系统研究的一个分支。自伦德瓦尔(1985)提出"创新系统"概念之后,"国家创新系统""区域创新系统""产业创新系统""集群创新系统"等相关概念应运而生。作为一种独特的产业组织形式,产业集群的创新行为和过程与单个企业相比,具有一定的独特性。这种特点主要集中在产业集群内部的创新系统上。相比于国家创新系统和企业创新系统,集群创新系统的内部要素、结构和联结模式的特殊性,为其在全球范围内的迅速发展提供了基础。弗里曼和索特(1997)首次提出了国家创新系统这一概念,即创新系统中的技术赶超不只是个别技术的赶超,而是依赖技术经济范式的转变、国家对技术创新的集成能力、集聚效率和适应性效率。柳卸林(2003)分析了区域创新体系研究的内涵，从区域创新治理、区域专业化、区域专有因素和创新的核心边缘四方面阐述了为什么要建立区域创新体系。魏江（2014）在考察创新系统演进历史的基础上，揭示出集群创新系统的内涵以及其独特的内部结构和要素联结模式，构建了新的创新系统范式。

关于我国区域创新生态的建立，不少学者提出了自己的观点。柳卸林（2015）通过对多个案例的研究，发现创新的成功建立在生态系统的基础上。我国的科技管理模式通常低估了创新生态的重要性，应该从培育更具竞争力的创新生态系统入手，提高国家科技管理的效率和产业创新的能力。张越等人（2020）研究了我国以数据生产要素为支撑的制造企业数字化转型模式与创新生态发展机制，并深入分析了制造业数字化创新发展的"技术驱动机制"、"平台主导机制"和"数据推动机制"。余江等人（2019）重点关注中国核心技术体系构建问题，系统反思中国关键核心技术突破的挑战与瓶颈，强调了创新生态，尤其是上、中、下游研发伙伴协同合作的产业生态在核心技术突破中的关键作用。柳卸林等人（2022）分析了中国区域创新能力研究的意义和演化历程，并建立了一套综合的创新能力指标体系，对中国的区域创新能力进行了基本评估。

商业生态系统新兴流派

随着商业生态系统研究的发展，领域内也衍生出了若干新兴流派。表 2-3 总结了生态研究的三个子领域，即生态国际化、生态量化和生态治理的研究范式、理论视角、关键点、研究结构，以及代表性学者。

表2-3 商业生态系统新兴流派概况

生态研究流派	生态国际化	生态量化	生态治理
理论视角	国际商务	战略管理	组织治理
关键点	机构不确定性/资源缺乏	生态评估	突出张力
研究结构	探索、建立、嵌入	商业生态健康、生态评价指标、生态评估模型	技术生态系统、数字创新生态系统
代表性学者	威廉森、约翰松（Johanson）、瓦尔内（Vahlne）、戎珂	扬西蒂、莱维恩、埃里克·登·哈蒂格、纳塔莉·伯福德、李家涛、陈亮	卡梅隆·塞纳莫、乔纳森·瓦勒姆、约斯特·里特韦尔、魏江

生态国际化

长期以来，国际商务理论一直关注传统供应链视角下的跨国企业，认为跨国企业在进入外国市场时，由于对东道国不熟悉，会面临外来者劣势，需要企业具有特定优势来克服（Hymer，1976；Zaheer，1995）。乌普萨拉（Uppsala）模型进一步发展了关于跨国公司渐进式国际化进程的动态视角（Johanson and Vahlne，1977）。在这里，心理距离被认为是国际化的主要障碍，导致跨国公司开始进入与母国更相似的市场（Johanson and Vahlne，1977）。这些观点后来被扩展为商业网络观点，强调了商业伙伴网络和外国市场关系的重要性（Johanson and Vahlne，2009；1990）。因此，约翰松和瓦尔内（2009）提出了从外来者劣势到外部性困境（Johanson &

Vahlne, 2009）的范式转变，后者指的是外国进入者由于缺乏对东道国当地商业网络和相关关系资本的利用而产生的成本。这意味着与国际扩张相关的挑战更多的是由关系的特殊性和网络的特殊性驱动，而不是由国家的特殊性所驱动（Johanson & Vahlne, 2009）。戎珂等人（2015）探讨了在陌生的外国市场，特别是在产品不确定性高且没有网络资源的情况下，企业如何培育商业生态系统并实现增长。戎珂等人（2022）进一步指出，由于当地生态系统的系统性跨行业差异，数字企业在国外市场发展时将面临我们称为"生态系统整合责任"（LoEI）的不同成本和挑战。生态系统整合责任的性质不同于传统的企业在进入海外市场时所面对的外来者劣势和外部性困境，因为不是通过简单了解与东道国国家间经济或心理距离来克服 LoEI 所带来的挑战；而克服这一挑战需要投资于能促进当地生态系统共同发展的生态利益相关者，包括特定于每个业务的用户、补充者和机构参与者。企业所面临的 LoEI 水平取决于其行业特征和商业模式：与本地用户、互补者和机构的整合水平。这些特征影响企业在国际化方面的成功和在全球市场的集中度。

数字平台和生态系统（DPE）的出现对国际商业的理论和实践具有重要意义，它们成了跨国企业创造和获取价值的场所。南比桑等人（2019）指出，数字平台和生态系统提供了新的国际化方式，促进了知识和关系的建立，同时也为全球客户提供了创造和交付价值的新方式。李家涛等人（2019）关注数字平台在国际商务中的生态系统特定优势，提出了一个包含用户、补充产品供应商和平台公司的框架，探讨数字平台如何利用其生态系统特定优势来扩展其国际业务。佩伦特等人（2019）对中国国有跨国企业在机构制度薄弱、不稳定且充满挑战的刚果民主共和国（以下简称"刚果（金）"）开拓市场并开展业务进行了探索。研究发现，在进入刚果（金）后，跨国企业通过参与集体行动并与业务中的关键利益相关者在其商业生态圈共同演化进行发展，这些利益相关者包括母国和东道国政府、其他国有企业、私营企业，以及当地社区。研究还发现，跨国企业在刚果（金）的商业生态系统演化经历了三个阶段，即探索阶段、建立阶段和嵌入阶段，克服了不确定性带来的风险。

生态量化

从战略管理的视角来看，生态量化是商业生态领域崛起的一个重要流派。生态量化的起源可以追溯到扬西蒂和莱维恩（2002）的研究，他们首次系统地提出了评估商业生态健康的框架，同时也回答了以下问题：第一，生态评估的对象或范畴是什么？第二，要达到什么样的生态评估效果？

扬西蒂和莱维恩（2002）认为，评估对象不是企业本身，也不是静态的生态伙伴，而是动态交互的生态伙伴。哈蒂格和维舍尔（Visscher）（2006）在扬西蒂和莱维恩的基础上将生态健康归纳为两类：生态伙伴健康，主要根据如税前总资产报酬率和总资产增长率等财务指标衡量；网络健康，主要看合作伙伴数量和多元性等方面的指标。拉皮等人（2017）通过回顾以往的文献，提出了商业生态系统健康状态评估模型，该模型用于评估生态发展的某一个阶段。这个模型的优点在于对生态的解构有了进一步的理解，特别是在合作伙伴层面，开始意识到生态动态演化的重要性。但是，它的缺点在于只有合作伙伴层面的指标，缺乏衡量生态动态演化的指标。戎珂（2020）在前人的基础上提出了一个新的生态评估模型（SEE model），它能更好地衡量生态的培育成效。该模型考虑了三个维度。一是生态是否有效果（effectiveness），即是否能够形成生态网络效应（interactivity）。生态网络效应旨在反映生态网络的多样化水平和各类生态伙伴之间彼此交互、信任的水平。二是生态是否有效率（efficiency），该维度聚焦于经济层面的投入产出，即在生态有效的基础上是否具备良好的生态财务能力。三是生态可持续（sustainability），即在生态有效的基础上可持续地做好。这包括旨在反映整个生态网络抗击外部冲击和风险水平的生态健壮能力（robustness）和聚焦于创新层面投入产出的生态创新能力。伯福德等人（2021）提出的理论框架将生态系统结构的三个层次——本地组件相互依赖、组件集群和中心组件——与公司绩效联系起来，评估了在对生态系统的协调结构造成负面冲击后，组件选择对公司绩效的影响。总的来说，量化生态的研究仍处于初级阶段，需要进一步的探索和研究。

生态治理

随着商业生态组织治理研究的发展，近年来生态治理（ecosystem governance）流派也逐渐火热。一部分研究聚焦于技术生态系统。基于平台的技术生态系统是围绕稳定的产品系统，组织独立参与创新的新形式。瓦勒姆等人（2014）从生态治理视角对智能手机、游戏、商业软件等技术生态系统进行研究，确定了技术生态系统的三个突出张力：标准 - 品种、控制 - 自主、集体 - 个人。技术生态系统需要稳定性和同质性以利用对标准组件的共同投资，但它们也需要可变性和异质性来满足不断变化的市场需求。塞纳莫（Cennamo）等人（2017）研究平台生态系统的进化动态，聚焦于生成性（generativity）对平台治理的影响。"生成性"指的是生态系统促进自主、异构公司互补创新的能力——将平台的使用范围和价值扩展到用户。然而,太大的生成性也会阻碍生态系统的价值创造。基于视频游戏行业的证据,塞纳莫等人(2017)提出生成性对激励生态系统成员开发可提高用户满意度的产品具有积极(系统声誉)和消极(搭便车)效应。约斯特·里特韦尔等人(2019)聚焦于平台赞助商如何管理其生态系统的整体价值,并在整个生态系统中协调价值创造,发现平台赞助商不只是推广"同类最佳"的补充品,还以解决生态系统价值复杂权衡的方式战略性地投资互补品。

魏江、赵雨菡(2021)聚焦于数字创新生态系统,从数字创新生态系统的特征及治理困境入手,构建数字创新生态系统治理的理论框架,从关系机制、激励机制、控制机制三个方面,构建了基于数字平台构建、数字技术应用及数字资源协同的创新生态系统治理机制。

商业生态系统的未来研究

随着经济的不断发展,商业生态的研究也在不断更新。总结来看,商业生态是一种跨行业的概念,其中包含多个行业。当前,商业生态囊括了多个行业和多个利益相关者,适用范围非常广。我们已经可以看到很多类型的生态,例如数据生态等。延续现有的商业生态系统研究视角,戎珂等人(2018)对于商业生态系统未来的研究关键趋势进行了总结(见图2-4)。此处仅进行简要概述,关于未来生态的具体内容将在后文详细展开。

图 2-4　商业生态系统未来研究

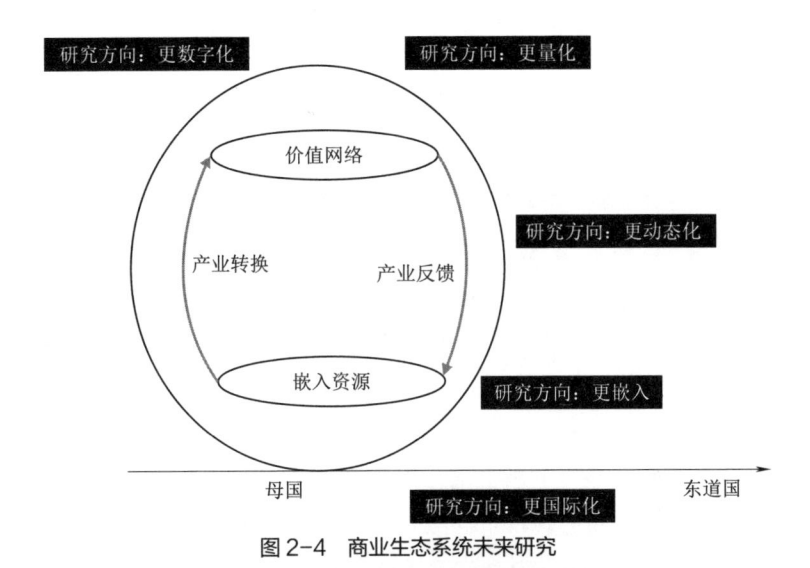

第一，未来研究应该关注生态系统动态化，而不是生态系统的静态结构分析，因为前者体现了生态系统与利益相关者互动的本质。商业生态系统的结构一直在演变，生态系统中的合作模式同样需要协同演化。以前的研究着重解决商业生态的静态结构关系问题，研究对象主要涉及平台、不同角色的功能，以及生态整体的结构特征指标（Adner，2017；Adner and Kapoor，2010；Kapoor and Lee，2013；Gawer and Cusumano，2014；Iansiti and Levien，2004），研究重点仍放在平台结构、供应链结构的层次上。然而，商业生态系统的利益相关者关系极为复杂，难以仅通过静态结构进行刻画，而且关键在于这些结构和互动关系在持续演变。全面了解商业生态系统的动态演化过程有助于进一步突破企业和行业的边界，构建高兼容性的商业生态。延续穆尔（1993）等学者的演化经济学视角研究商业生态的动态演化，主要在于理解如何开发并与其他合作

伙伴分享生态系统愿景，探索如何在合作伙伴的参与下培育商业生态，确定核心企业如何充分利用嵌入式资源从而可持续地维护生态系统，并确定共同演化的关键机制。

第二，在生态系统中，研究者应该进行更多的关系嵌入研究，而不是以价值主导为逻辑的研究。其中，生态系统研究应该更多地关注创新的资源，嵌入资源以获得更大的网络效应、更多的连接和共同创造价值的机会。以前的研究主要针对商业生态的价值创造和价值获取过程（Adner and Kapoor, 2010; Ceccagnoli et.al., 2012; Clarysse et.al., 2014），这类研究在一定程度上忽视了嵌入式资源的重要性。嵌入式资源的作用体现在通过触发更强的网络效应（Suarez, 2005）以及提供更广泛的机会来赋能商业生态。石先蔚和石涌江（2017）提出，未来嵌入式资源将作为潜在合作伙伴，在一定条件下可能进入直接产生价值的产业价值网络或平台，替换、更新已有的合作主体和商业模式。未来对嵌入式关系的研究，应当着重探索如何调动嵌入式资源以更新现有的商业生态，了解关键利益相关主体及其在社会资源池中的交互关系，同时研究如何培育嵌入式资源池，并使其与现有或新的商业模式保持动态平衡。

第三，未来的研究应更国际化，而不是局限于本地的某项特定技术。更动态的机构和跨文化环境将允许利益相关者以更复杂的方式进行互动。例如，在国外市场创业时，发展生态系统利益相关者和培养当地合作伙伴至关重要（戎珂等，2015）。在本国构建商业生态后，许多企业会尝试探索全球市场，但大量企业在与当地企业的竞争过程中陷入败局，例如在中国，优步（中国）被滴滴收购，易贝（eBay，美国线上拍卖及购物网站）因为阿里巴巴退出了中国市场，高朋（Groupon，美国团购网站）在团购方面被美团打败等。

戎珂、康正瑶等人（2022）指出，这种情况可能与所谓的生态系统整合责任有关，因为当地生态系统的系统性跨行业差异导致了外来公司需要面对新的成本和挑战。数字平台和生态系统（DPE）的出现对国际商业的理论和实践具有重要意义，它们成了跨国企业创造和获取价值的场所（Parente et al., 2019）。平台企业的成功除了自身的技术和企业战略，来自生态系统的其他利益相关者的贡献也起到至关重要的作用，不过这种当地的网络效应因国家而异。因此，外来企业面对的挑战不仅是当地在位企业的强大势力，更有当地生态系统和网络资源的挑战。因此，对商业生态系统的进一步研究也应更多地关注生态的国际化，通过分析商业生态系统出海过程中面临的困难和挑战，探索基于商业生态系统的商业模式和业务的国际化路径。

第四，未来研究更量化。评估生态的效率、健康等指标需要对生态进行量化。扬西蒂和莱维恩（2002）作为早期的量化生态研究者，首次提出了系统性商业生态健康评估体系，该体系用来评估生态伙伴的动态交互。量化生态试图回答"如何评价生态"，从而为生态的优化指明方向。然而，目前学界对生态评估的框架莫衷一是，对衡量指标也无定论，同时也忽略了生态动态演化的过程，缺乏对生态长期发展变化的量化理解。因此，对商业生态系统的量化研究还需要进一步系统化、具体化，用发展的眼光评估生态系统的演化，为生态结构功能的优化提供更大助益。

第五，未来研究更数字化。随着 AI、云计算、5G 等新型数字技术的产生与发展，全球经济步入数字时代。高广度、低时延的移动互联技术为商业生态系统的培养提供更有力的技术支持的同时，也改变了商业生态系统所处的经济环境，给它带来了更大的外界不确定性，对商业系统的韧性提出了更大挑战。区域创新生态、创业生态等领域已经出现了和数字经济相结合的研究，这些研究强调了数据生产要素在企业数字化转型和商业生态数字化转变中的赋能机制（张越等，2020），分析了数字供应在商业模式创新、强化创业机会的集群外部性（Autio et al., 2018；余江等，2018）中的积极作用，同时指出数字时代的平台经济开放性治理还能为异质性和动态性创业提供良好的依托环境（余江等，2018）。随着数字经济时代的到来，数字化将渗入各行各业，商业生态理论研究也需要更系统地分析数字经济对商业生态模式的影响，探究数字技术为商业生态培育和治理方式带来的巨大转变。

第三章

如何解构和认知商业生态系统

上一章通过梳理商业生态的定义、结构、学术流派和培育策略等相关研究，宏观地展现了当前人们对于商业生态系统的认知。要想深入了解商业生态系统本身，形成商业生态培育理论的基础架构，仍需要更进一步对商业生态进行系统性的解构。在上一章的基础上，本章将讲述商业生态系统的基本框架——6C商业生态理论框架（以下简称"6C框架"），并以企业案例佐证，帮助大家系统性理解商业生态。

6C框架解构商业生态系统

在自然生态中，"弱肉强食"是法则，"合作共赢"亦是常态。商业生态更是如此，核心企业如何组织这种"竞合"关系，并从中捕获商业价值，是其构建商业生态系统的基础。关于构建商业生态系统，戎珂等人（2015）勾画了6C框架（如图3-1所示），并基于此全面分析了基于物联网的创新生态系统里不同合作伙伴关系

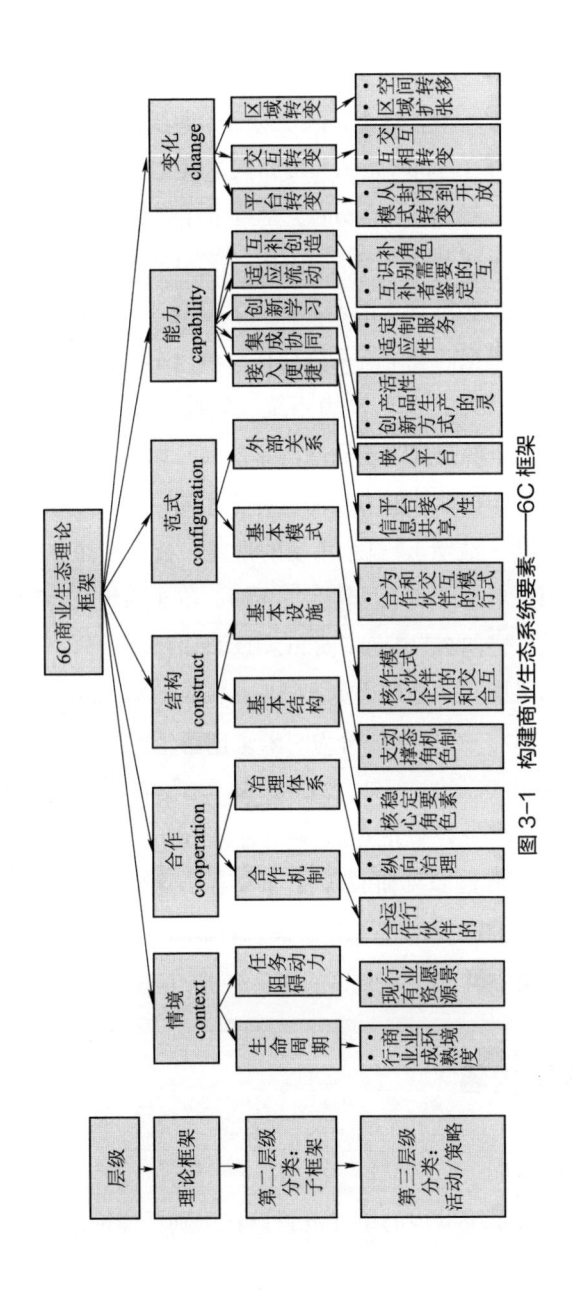

图 3-1 构建商业生态系统要素——6C 框架

第三章 如何解构和认知商业生态系统 053

的协调、建设和架构。在 6C 框架中，情境（context）指的是在生命周期的哪个阶段培育生态，其中每一个阶段都有不同的任务、动力和阻碍；合作（cooperation）是如何培育生态，是动态的合作机制和治理体系；结构（construct）是构成生态的静态结构要素；范式（configuration）代表了培育出的生态范式；能力（capability）是不同的范式下生态展现出的不同能力；变化（change）则是范式的巨大改变。如果把商业生态系统比作一辆汽车，发动机、底盘、车身等组成部分（结构）与动力系统、悬挂系统、刹车系统等（机制）构成了汽车的范式，不同的汽车范式，如运动型汽车和普通轿车，在速度、操控性等能力方面也各不相同，并且，在汽车行业的不同生命周期（情境），整个系统的性能、技术和面临的问题也有所差别。当技术突破和市场转变发生时，汽车系统也将随之发生颠覆性的改变，比如 2G 电动车向 3G 电动车的演变。

国际知名期刊《管理决策》(*Management Decision*)曾发表的文献计量学文章将 6C 框架评价为"未来创新生态系统研究的基准框架"(Dias Sant'Ana, T., et al., 2020)。陆续有学者以 6C 作为分析商业生态系统的框架进行研究（Benitez et al., 2020; Blasi & Sedita, 2020; Kahle et al., 2020），这些研究将 6C 框架作为理论基础，系统性地解构了包括工业 4.0 创新生态系统、能源行业生态系统、智能产品创新生态系统在内的跨行业、跨地区的商业/创新生态系统。

6C 框架的内涵

情境

商业生态系统发展的情境设置旨在识别供应网络的环境特征。

从生命周期的角度来看，商业生态系统在不同阶段具有不同的使命、驱动力，并且会面临不同的障碍。因此，"情境"的核心内容是识别出企业的生命周期具体处在哪一个阶段，核心企业是从哪一个阶段切入开始培育生态，这对于形成生态培育的方法论至关重要。此外，不应该仅聚焦于核心企业这个单个企业的生命周期，更重要的是将视野扩展到核心业务的供应链合作伙伴之外，包括其他非直接业务合作伙伴，例如政府机构、行业协会、利益相关者，以及对行业产生巨大影响的竞争对手（戎珂等，2013）。此外，商业环境也可以被视为一个机会空间，相互依存的组织在这个空间中分享它们对未来发展的想法和愿景（Moore，1996）。

以手机行业为例。2007 年 6 月，苹果公司发布了初代 iPhone，也被称为 iPhone 2G，颠覆性的触控技术开启了智能手机的新篇章，也拉开了苹果智能手机进化史的序幕。从生命周期来看，苹果进入手机行业开始培育生态的时间点正处于 2G 发展的巩固阶段，这使得苹果的手机生态能够获得长期稳定的合作伙伴网络，形成紧密联盟以主导批量生产设计（Moore，1996）。初代的 iPhone 2G 虽然还不能下载外部应用，但搭载了包括 YouTube、谷歌地图和谷歌搜索等在内的 15 款内置应用软件，加之颠覆性的外观和功能设计，这些都是它生态培育成功的关键。

结构

结构维度定义了商业生态系统静态的基本结构。探索商业生态系统的结构，可以了解商业生态系统是由哪些建设性要素构成的，这些是商业生态系统的基本骨骼。商业生态系统的结构要素指那些相对长期、稳定的要素，可进一步细分为自适应解决方案、功能角色、解决方案平台、扩展资源等。其中，功能角色是结构要素的重中之重，通常至少包含核心企业、第三方合作者、消费者、提供间接支持的合作伙伴等，并且合作伙伴可以依据重要程度、与核心企业在价值共创过程中的合作紧密程度进一步进行细分。

以苹果 iOS 生态系统和安卓生态系统为例，两者基本结构大体相似，都是由平台、App（应用程序）开发者、原始设备制造商（OEM）组成，其中，苹果和谷歌是为两大生态系统提供统一开发平台的核心企业。不同之处体现在合作伙伴的规模范畴上：苹果 iOS 以小而精为主要特征；而安卓生态系统规模庞大，容纳的合作伙伴类型丰富，它的操作系统因此几乎能够与任何硬件兼容，可以安装在手机、电脑、电视甚至智能家居上。基础设施方面，结构要素包括：伴随新市场兴起发展出的新理念，与多元化市场需求相融合的业务发展，新价值链的创造和密切的合作伙伴网络，以及其他支持性关系。总体而言，结构是商业生态系统的"骨架性"描述，是静态要素的总和，与后文的动态机制共同构成商业生态系统的范式。

合作

运行机制反映了合作伙伴为实现共同战略目标而相互作用的动态机制（合作机制和治理体系）。如果说结构是商业生态系统的骨骼，那么机制就是商业生态系统的血肉，反映了结构中建设性要素和生态系统范式之间的联系，是商业生态系统的发动机。机制主要包括生态日常经营决策的要素，比如新愿景发展、网络治理、核心业务流程等。此时，商业生态系统中合作伙伴之间的关系不再是简单的供应商和客户的关系，不同组织之间相互依存、休戚与共。值得注意的是，运行机制不是一成不变的，它会随着商业生态系统生命周期（情境）进行到不同阶段而发生变化。

苹果 iOS 生态系统和安卓生态系统运行机制的不同主要体现在纵向生态治理结构上。相比于安卓，苹果 iOS 对 App 开发者伙伴有着相当严格的管理机制和审核机制——应用广告极少、运行流畅、安全稳定，再加上苹果自身强大的硬件生态，为消费者带来了良好的用户体验。而安卓系统的治理机制宽松、包容，丰富度高的同时，系统的自由定制化程度也较高，使得国产厂商能够高度定制操作系统，实现本地化；但操作系统频繁卡顿、广告多等问题拉低了用户体验。近年来，谷歌不断加强对 App 的质量把控，多次清理了大批不合规的应用软件，使得安卓生态系统向稳定、安全的方向转变。

范式

范式是静态结构和动态机制的集成。根据系统理论，仅仅从构成要素和培育过程这两个角度出发，是无法全面刻画一个完整的系统的，还有一些用于协调内部不同要素和过程的"系统性活动"没有得到体现。在商业生态系统中，这种"系统性活动"就是商业生态的范式，主要包含模式（pattern）和外部关系（external relationship）两个部分。戎珂等人（2015）在关于结构范式的案例分析中，把模式按照核心企业和互补者的连接紧密程度、核心企业的主导地位等标准进行划分，并用与消费者等生态伙伴的交互关系刻画外部关系。

苹果 iOS 生态系统和安卓生态系统的范式是截然相反的。在模式方面，iOS 是闭源的生态系统，在平台上只开放 API（应用程序编程接口)给合作伙伴,合作伙伴无法修改或重新编译系统内核,因此苹果对整个生态系统具有绝对的控制权;而安卓生态系统不仅开放API,同时开放源代码,第三方可对系统进行修改和重新编译,这就形成了绝对开放的生态范式。模式上的不同也造就了外部关系上的差异,即和消费者之间的关系,小而精的iOS生态逐渐培养出忠实稳定的用户关系,而"无处不在"的安卓生态系统拥有基数庞大但可持续性不足的用户群体,不过随着安卓的治理政策不断加码,包括数据隐私保护政策的实行,这一生态范式存在的不足逐步被改善。

能力

能力维度从设计、生产、物流和信息管理的功能角度研究供应网络的关键成功特征。按全球供应网络级别进行分类,能力包括4种:沟通和共享、整合和协同、创新和学习,以及适应和重组(Srai & Gregory,2008)。能力维度回答了一种供应网络为什么会运行得比另一种更好。对企业而言,更重要的是组织系统建设和能力建设,而不是被动应对新的产业环境,因此,关注核心企业的能力尤为重要。核心企业在构建商业生态系统时,需要一批相关行业的领先企业,这些企业需要具备一定的能力来共同促进价值创造。威廉松和梅耶(2012)强调,建立一个蓬勃发展的生态系统往往不仅仅是愿意接受开放式创新或建立一个由数量有限的互补者组成的"中心辐射"式联盟。其实,核心企业需要的是一些领先企业提供的互补能力。领先企业充当的是建筑师、催化剂和向导的角色,以促进生态系统的发展,通过提供互补能力与核心企业一道实现价值创造。

与此同时，不同的范式决定了不同的生态能力。iOS闭源生态系统的能力特征为"质量高""安全稳定"，而安卓开源生态系统的能力以"自由度高""多样化"见长。两者基本的生态结构和技术能力并无过大差异，导致能力差异的关键是合作机制的不同，归根结底更是核心企业苹果、谷歌的治理范式不同，从而形成了不同的生态运行机制，建构了规模大小不同的生态架构，更形成了不同的生态价值和愿景。

变化

变化反映了商业生态系统模式的更新和演化。因此，核心企业需要考虑如何根据其商业环境、技术创新或特定机制，在生命周期的结束阶段从一个模式演化成另一个模式。此外，对于变化这个维度，许多学者还研究了商业生态系统的变化，即如何从一种类型急剧转变为另一种类型。变化一般发生在生命周期的末尾，这意味着将原始模式完全转变为全新的模式，自此，商业生态系统以新模式开始新的生命周期。生态系统模式转变具体表现为范式的转变和机制的演化，表现为核心企业与其商业环境以及与关键商业伙伴互动方式的更新。这些变化可能体现为平台转变（比如从封闭到开放）、交互转变（不同个体之间发生变化）、区域转变（地理空间上的变化）。因此，变化是一种急剧的增长，而不是渐进式的发展，它的最终结果是产生商业生态系统演化的新的生命周期。

苹果智能手机的出现，在真正意义上对整个手机行业生态的范式进行了颠覆性的改革，不仅是手机产品外观和功能的变化，更是手机行业供应链关系的变化。传统诺基亚的范式是全球供应链布局，垂直集成，自己设计，将制造向外协同；而苹果形成了完全生态化的供应商伙伴关系，将设计（主要指 App 开发）和制造全部向外协同，生态式的伙伴关系带来更多的价值创造和价值获取。

6C 框架解构商业生态系统的逻辑可以从以下六个维度展开（如图 3-2 所示）。

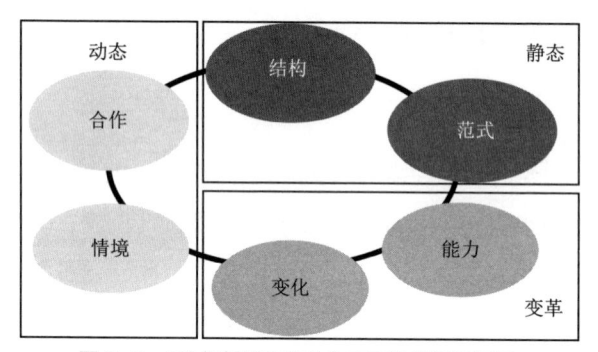

图 3-2　6C 框架解构商业生态系统的逻辑框架

- 结构和范式是商业生态系统的静态部分。结构像一个拍快照的视角（snapshot view），记录生态系统的建设性要素，而范式则反映了特定的、具有不同功能和优势的系统模式。两者共同构成了商业生态系统的基础框架，如果将商业生态系统类比为汽车系统，那么结构和范式就是构成汽车系统的组件和整体组织。
- 机制和情境是商业生态系统的动态部分。机制是生态伙伴之间相互作用的机制，情境则是商业生态系统生命周期中不断变化的环境和条件。两者皆反映了商业生态系统的动态过程，刻画了系统中的运行和各部件的互动过程，类似于汽车的动力系统。
- 能力和变化反映了商业生态系统的变革,它们扮演着推动商业生态系统发生颠覆性演进的关键角色。能力决定了生态系统的竞争力和适应能力,而变化则代表了商业环境和技术进步所带来的重大变化和转型,类似于汽车系统的颠覆性创新和转型。

综上所述,6C 框架的不同维度在系统架构中相互关联、相互作用,共同构成了一个复杂而协调的整体系统,为学术研究人员和从业人员提供了从综合视角研究商业生态系统的理论框架。

6C 框架的应用举例

为了更加直观地展现 6C 框架的应用价值,我们列举了文献中使用 6C 框架解构商业生态系统的企业案例。首次提出 6C 框架的文章以物联网生态系统为例,后续以 6C 理论为研究框架的文章重点分析了工业 4.0 生态系统、智能产品生态系统和能源行业生态系统。以 6C 理论的视角剖析这四大行业,能展现各个行业生态系统的鸟瞰图,有利于我们加深对各个行业系统性、全面性的认知,为培育新型行业的商业生态系统奠定基础。

物联网生态系统

根据物联网欧洲研究集群(IERC)的定义,物联网被视为"未来互联网的一部分,是一个具有自我配置能力的动态全球网络基础设施,基于标准和可互操作的通信协议,其中的物理和虚拟'物'具有身份、物理属性和虚拟人格,使用智能接口,并无缝地集成到信息网络中"。[①]作为一项颠覆性的技术，在未来"万物互联"时代，物联网能为各行各业改善运营流程、降低成本、创造价值。由于物联网连接了我们周围可以相互交互的各种事物或对象，这也意味着物联网不仅连接了特定的工业系统或供应链，还连接了与物联网相关的利益相关者，涉及许多参与者和复杂的互动。因此，从"商业生态系统"的视角出发来解析物联网行业十分必要。

戎珂等人（2015）首次提出商业生态的6C框架，列举了物联网行业的六个典型企业。他们从6个C的维度出发，分别解构了这些物联网企业的商业生态系统，并通过对所研究案例的发展阶段和6C子维度进行分类，最终总结出物联网商业生态系统的三种模式（如表3-1所示）。

表中列举的企业均以物联网技术为基础，它们构建或参与到了物联网生态当中，并且产品处于生命周期的不同发展阶段。德国的Car2go属于汽车租赁行业，它基于射频识别技术（RFID），改变了传统的租车模式，客户可以使用移动应用程序确定可用车辆的位置，并实现快捷的取车、还车服务。腾讯的微信，作为即时通信平台，也是由物联网技术嵌入的代表性互联网产品。德国的汽车企业大陆集团（Continental）通过使用开放式SDK（软件开发工具包）解决方案，开发智能仪表盘操作系统，与OEM和第三方应用服务相连接，为驾驶员提供连接性、安全性和便利性远程通信服务。中国的互联网电视企业百视通，通过向第三方软件开发商提供接口，将线下服务与线上节目相融合，增强与消费者的双向互动。中国

[①] IERC. Internet of things [EB/OL]. 2011[2024-03-06]. http://www.internet-of-things-research.eu/about_iot.htm.

表 3-1 6C 框架下物联网生态系统模式

6C		模式 1：基于物联网的高开放性商业生态系统（大陆集团，图吧）	模式 2：基于物联网的开放性商业生态系统中开放性商业生态系统（Car2go，百视通）	模式 3：基于物联网的低开放性（封闭）商业生态系统（微信，海康威视）
情景	生命周期阶段	从孤立平台到共享平台	走向互动	具有更多互动功能的封闭式平台为客户提供服务
	主要任务	为客户提供物联网技术，开放式操作系统；需要沟通	为客户提供物联网技术（Car2go）；沟通（百视通）	为客户提供物联网技术沟通
	障碍	难以说服汽车制造商搭建平台（大陆集团）；有益的商业模式（图吧）	具有经济性的商业模式；客户的生活方式	社交障碍（微信）；沟通困难（海康威视）
合作	协调机制	利益相关者可轻松地访问平台并进行交流	客户参与产品开发	只有客户才能使用；没有与第三方开发人员合作
	治理系统	开放式界面鼓励合作伙伴共同参与	核心企业开放接口并鼓励客户做出贡献	封闭式平台；核心企业控制所有功能
结构	系统结构	核心企业；第三方软件供应商；行业用户	核心企业；软件供应商、客户（Car2go，百视通）；政府（百视通）	核心企业；客户

① Rong, K., Hu, G., Lin, Y., Shi, Y. and Guo, L. Understanding business ecosystem using a 6C framework in Internet-of-Things-based sectors[J]. *International Journal of Production Economics*, 2015. 159, 41-55.

第三章　如何解构和认知商业生态系统　　063

续表

结构	基础设施模式	3G和物联网技术	3G网络；物联网技术	3G网络；物联网技术
	类型	一个核心企业与其他利益相关方	核心企业与活跃用户	核心企业主导
范式	外部关系	灵活连接	通过物联网技术连接的客户	客户社区（微信）或独立客户（海康威视）
能力	沟通和共享能力	打开平台入口	连接客户	客户之间共享信息
	整合和协同能力	灵活开发App来丰富平台	将客户行为嵌入产品	仅接入平台
	创新和学习能力	个性化客户服务	客户能够改变产品	难以创新；没有接入点
	适应和重组能力	具有特殊功能的多元化互补者	根据客户行为来适应	核心企业主导的适应
	互补创新能力	从封闭到开放	较低多元化的互补者为核心企业做贡献	择选合作伙伴为核心企业的平台做贡献
变化	更新（平台范式转变）		部分开放（产品层面）	开发更多功能
	共同演化（互动范式转变）	在核心企业与利益相关方之间互动	与客户共同演化	只听取客户的反馈意见

的电子地图企业"图吧",通过向第三方服务商提供开放式 SDK 和 API,使第三方服务商将图吧电子地图嵌入自身应用,实现开放电子地图生态的互联互通。安全防控领域的海康威视通过建立摄像头监控网络,从需求端学习并为市场定制产品,从而广泛应用于婴儿监视系统、交通系统、连锁店安全系统、保险理赔系统等场景。

通常,一个商业生态系统由三个关键部分组成:提供平台的核心企业,生态系统的产品或服务,以及从产品或服务中获得反馈并对产品进行优化升级的客户或利益相关者。这三部分在基于物联网的商业生态系统的三种模式中相互之间有不同的关系。通过 6C 框架将这六个物联网企业生态进行解构和分类,可总结出高度开放模式、半开放模式、封闭模式三种类型。

第一种为高度开放模式。汽车企业大陆集团和电子地图企业图吧向客户及其他利益相关者(如产业参与者)高度开放,生态参与者可以使用产品并获得数据,随后共同改进产品,并得到大陆集团和图吧这两个核心企业的支持。比如,大陆集团生态的第三方参与者可以从核心企业的汽车运营平台获取数据,并且可以开放访问以进行进一步改进。图吧通过允许第三方公司使用地图的 API 服务,实现了跨界合作。从 6C 框架的角度来看,这两个物联网生态的核心企业之所以采取相似的开放策略,是因为所面临的情境是行业生命周期的初步阶段,核心企业的产品尚未最终确定,还有许多功能和特性需要进一步探索。此时生态结构中的要素更加多元,伙伴的合作机制更加活跃,整体生态的范式是产品平台向商业生态系统的合作伙伴更加开放,从而为最终客户提供更多价值。总的来说,这些处于早期阶段的案例展示了物联网生态系统探索和开放的特征,这种特征也是这一模式成功的关键因素,在其他很多新兴行业也普遍适用。

第二种为半开放模式。以新型汽车租赁企业 Car2go 和互联网电视百视通为典型代表。在这种模式下，客户在使用产品后进行反馈，并可以自行对产品进行改进，与此同时，核心企业将产品接口开放给商业生态系统中的其他利益相关者。以 Car2go 为例，客户可以实时看到城市中可租车辆的位置，而且可以将车停放在任何地方，并在过程中参与对租赁服务的优化升级。在百视通的案例中，互联网电视允许客户和第三方公司基于核心企业的产品平台添加服务，从而增加互联网电视平台的价值。基于 6C 框架将这种模式进行分解可知，半开放模式的先决条件是企业生态处在生命周期的中间阶段，行业已经得到了较好的发展，是从现有成熟行业扩展而来的。因此，它们展示出了传统因素和创新因素的混合特征。这意味着产品在某种程度上是开放的，在机制方面，允许客户做出贡献以及参与产品的改造升级。然而，在结构方面，这些行业并不积极鼓励过多的产业参与者与它们合作。它们整体的范式更倾向于稳定和成熟，同时保持一定的开放度。在这种半开放的模式下，客户的参与度是核心企业所需的关键能力。

第三种为封闭模式，即时通信产品腾讯微信和摄像监控行业的海康威视是该模式的典型案例。客户使用产品并向核心企业提供反馈，核心企业随后决定下一步的产品开发计划。例如，腾讯和海康威视都通过接收客户的反馈来调整产品设计，但不允许其他合作伙伴直接参与产品设计。这种模式通常在行业相当成熟且一个核心企业能够主导商业生态系统的运营时才会使用。基于 6C 框架，即时通信和摄像监控已经是非常成熟的两个行业，在情境方面，产品处在生命周期的成熟阶段。在结构和合作机制上，核心企业对产品的开发负有主要责任，其他利益相关者无法直接参与到价值创造的过程中来，这使得这两个行业的生态系统范式比前两个类别更加封闭。它们更加注重内部控制和保护，以确保产品的稳定性和安全性。由于与前两种模式相比，产品和平台的开放程度较低，核心企业的研发能力就决定了该商业生态系统的成功。

总结而言，物联网商业生态的三种模式反映了行业的三个发展阶段：新兴阶段、基本成熟阶段和完全成熟阶段。随着业务环境和技术的发展，物联网生态系统也经历着显著的模式变化，体现了商业生态系统动态演化的特征。

工业 4.0 生态系统

"工业 4.0"这一概念在 2010 年由德国首次提出，被德国政府列为未来十大项目之一。工业 4.0 指继蒸汽机时代、电气化时代、信息化时代之后由数字技术促成的产业革命新时代。在技术层面，工业 4.0 被认为是基于物联网的连接性，整合云计算、大数据和人工智能等多种数字技术的复杂系统，这也要求将企业共享的多种技术能力在复杂系统中进行整合（Benitez et al., 2020）。贝尼特斯等人（2020）以商业生态系统的 6C 框架为基础，同时结合社会交换理论，研究了工业 4.0 生态系统的模式和演化过程。这篇文章基于对 87 家公司的半结构化访谈以及对 8 家公司进行的试点项目跟踪研究，对工业 4.0 生态系统进行了系统性的解构，并且展示了在工业 4.0 背景下，社会交换理论（SET）的四个元素（信任、承诺、互惠和权力结构）在演化过程中的相互依赖关系，以及与 6C 框架的交互（如图 3-3 所示）。

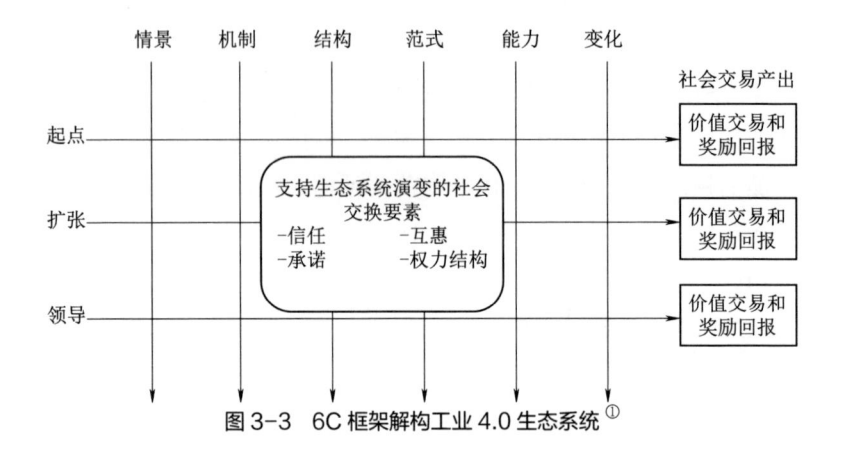

图 3-3　6C 框架解构工业 4.0 生态系统[①]

下面就从 6C 框架的视角切入，剖析文章为工业 4.0 生态系统搭建的框架。在情境层面，工业 4.0 生态系统的生命周期可以分为"诞生""扩张""领导"三个阶段，生态系统在不同的阶段面临着不同的任务，"诞生"阶段以获取研发资源为主要目标，"扩张"阶段转变为工业 4.0 解决方案的共同创造，"领导"阶段转变为智能商业解决方案的共同创造。生态结构、合作机制和范式这 3 个 C 体现在社会交换理论四个元素（信任、承诺、互惠和权力结构）的交互关系当中。随着生态合作伙伴之间的信任和承诺的增加，工业 4.0 生态的范式（或权力结构）从在商业协会占有绝对支配地位，转变为商业协会与大学共同作为生态的中立协调者，最后转变为由平台驱动生态的更加开放的模式。在范式转变的

[①] Benitez, G. B., Ayala, N. F., & Frank, A. G. Industry 4.0 innovation ecosystems: an evolutionary perspective on value cocreation[J]. *International Journal of Production Economics*, 2020, 228, 107735.

过程当中,合作机制(或互惠关系)也在发生变化,从业务互惠到技术互惠,最终到市场互惠的多赢局面。关键能力在不同阶段也有不同的侧重点,从"技术可获得性"到"物联网整合方案的共同创造",最后转变为"工业4.0价值的共同创造"。最后,变化体现为,在不同的生命周期阶段,其他5个C的演变与更新反映了工业4.0生态系统模式的动态演化。

智能产品生态系统

常见的智能产品除日常消费品如健康手环等以外,还包括应用于工业机械和设备制造领域的智能装备。这些应用于生产端的智能产品基于物联网广泛地相互连接,使得公司能够基于现场数据做出快速有效的决策,为客户提供新的服务。许多智能产品的生产方案是一个复杂的系统,单个公司可能不具有开发智能产品所需的所有知识和能力。因此,建立以智能产品为核心的创新生态系统是有效的价值共创途径。卡勒等人(2020)对120家中小企业组成的电子电气和自动化产业集群进行了案例研究,应用6C框架对智能产品生态系统进行了解构,具体如下(见表3-2)。

就智能产品生态系统的情境而言,生态系统的"任务"应着重于利用互补能力,促进智能产品的商业化,同时增强中小企业的竞争力。这些互补能力主要包括:硬件、物联网和传感器、云服务、大数据分析和系统集成。形成这些互补能力的结构要素包括但不限于技术提供商、大学、商业协会、技术中心、其他互补的企业(例如供应商)、客户和政府。在此基础上形成整个智能产品生态系统的范式,其中的外部关系通过生态参与者向外传播智能产品的相关知识与信息而建立起来,而内部模式体现为核心企业与合作

表3-2 6C框架解构智能产品生态系统[①]

维度	组成部分	定义	文献来源
情景	使命	生态系统的预期效益	Gawer & Cusumano（2014）
	障碍	生态系统中可能阻碍智能产品发展的障碍	戎珂等（2015）
结构	驱动	推动生态系统发展的驱动力	戎珂等（2015）
	成员	生态系统所需的参与者	Dyer & Singh（1998）
	资源	维持生态系统所需的资源	Jackson（2011）
范式	外部关系	各机构之间建立合作伙伴关系，以便开发智能产品	戎珂等（2015）
	创新伙伴	企业间建立合作伙伴关系，开发智能产品	戎珂等（2015）
合作	治理	生态领导	Dedehayir et al.（2016）
	吸收能力	企业对开发智能产品需求的认识	West & Bogers（2014）
变化	现状变化	改变现状是建立智能解决方案的必要条件	Porter & Heppelmann（2015）
	文化开放	公司对变革的开放态度	戎珂等（2015）
能力	技术能力	企业在开发智能产品所需技术方面的知识和能力	Allmendinger & Lombreglia（2005）；Porter & Heppelmann（2014）

---

① Kahle J H, Marcon R, Ghezzi A, et al. Smart products value creation in SMEs innovation ecosystems[J]. *Technological Forecasting & Social Change*, 2020, 156:120024.

伙伴进行智能解决方案的价值共创。具体来看生态系统参与者之间的合作机制，一个中立的生态系统协调者，对于提升智能产品创新生态系统的效率至关重要，同时与外部潜在顾客、潜在合作伙伴的联系也不可忽视，即通过向外传播智能产品的概念、优势和关键技术，吸引更多的互补能力加入创新生态。在关键能力方面，智能产品创新生态系统不仅需要集成开发智能产品所需的所有技术能力，还需要促进对当前发展程度较为滞后的技术的知识传播，以促进整体生态能力的可持续发展。未来，人工智能相关的能力是智能产品生态系统最关键的能力之一。最后，智能产品的生态系统是动态变化的，生态系统的参与者应该对新思想持开放态度，直面创新解决方案可能存在的结构性变革。

能源行业生态系统

能源行业涉及多方利益相关主体，以欧洲能源行业为例，自20世纪90年代以来的能源市场自由化，激发了能源供应商之间的激烈竞争，大量能源企业通过垂直集成进行合并与收购，同时建立了独立的能源行业监管机构。2011年，欧洲各国发起了一项颠覆性的能源政策创新——集体换供，指的是由部分消费者组成的一个团体，通过一个中介机构与能源供应商进行谈判，并凭借其议价能力获得更有利的合同。中介机构在消费者和能源供应商之间进行调解，组织降价拍卖，并向消费者发送"中标报价"和新的费率情况。在集体换供的背景下，能源行业的复杂系统特征更加鲜明。布拉西（Blasi）与塞迪塔（Sedita）（2020）以11家欧洲能源企业为案例，研究了集体换供背景下，欧洲能源行业生态系统的模式与演化，同样以6C框架为理论基础，对生态系统进行了解构（见图3-4）。

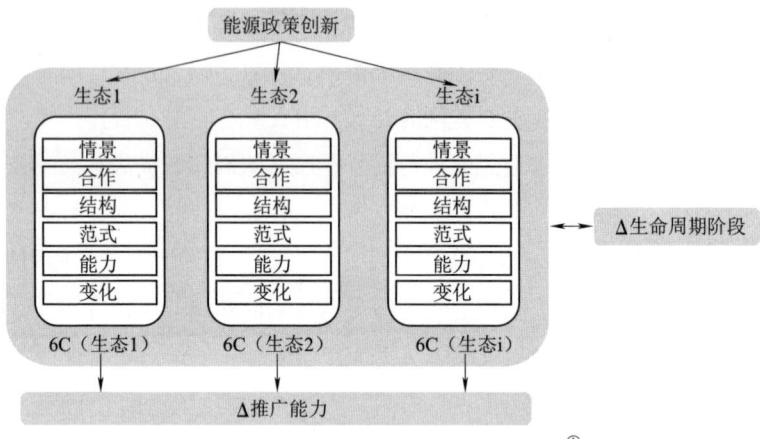

图 3-4　6C 框架解构能源行业生态系统[1]

能源行业生态系统的基础结构要素主要包括：消费者、中介机构（消费者协会、地方政府、私营公司）、能源供应商、政府或监管机构等。这些生态参与者面对的变化情境涵盖四个生命周期阶段：诞生、扩张、自我更新、消亡。每个阶段都具有不同的外部环境条件，其中有三个最需要考量的环境因素：能源行业中介机构的发展水平和经验积累程度、当前能源供应商的数量和市场竞争水平、是否存在用于开发网络平台的潜在外部合作伙伴。运营机制、范式、能力是影响能源生态系统效率和可持续发展能力的关键，包括中介机构的营销投资能力（以克服社会和市场壁垒）、供需双方的参与水平（参与程度越高越好）、参与方进行议价的效率、中介机构通过平台实现范围经济的能力。随着生命周期的演进，能源

---

[1] Blasi, S., & Sedita, S. R. The diffusion of a policy innovation in the energy sector: evidence from the collective switching case in Europe[J]. Industry and Innovation, 2020, 27(6), 680-704.

生态系统也不断变化更新。在早期的诞生阶段，关键因素是新中介机构的出现；而在扩张和自我更新阶段，网络平台的应用增加了生态系统的复杂性并改善了其性能；当中介机构数量减少，并且网络平台的发展速度衰减时，能源行业生态系统也将衰退并急需下一阶段的颠覆性变革和重塑。

在本章中，我们从系统的角度出发，对商业生态进行详尽的解构和探索，以6C框架为理论基础，从整体的视角出发理解商业生态的运作机制。然而，目前使用的6C框架只是商业生态系统的静态认知框架，无法完全涵盖商业生态的动态培育过程。为了实现对商业生态的动态培育，并确保培育过程具有可操作性，我们需要引入动态的理论视角，并形成一套系统而深入的商业生态培育方法论，6C框架将融入生态培育过程的各个环节，为生态培育的每一步提供框架支撑，从而推动商业生态系统实现更为有效的培育和演化，促进商业生态的可持续发展。

02 方法论解析篇

理解商业生态系统的理论后,更重要的一步是如何运用该理论来培育符合价值诉求的商业生态系统。本篇的核心目的是将原创的商业生态系统培育"五步论"和 VSPTO 方法论系统地展示给读者。

第四章

如何培育商业生态系统

基于第三章 6C 商业生态理论框架，结合国内外代表性企业、行业生态培育案例（包括 ARM、英特尔、联发科、华为等），以及对百余位业界高管、科研院院士、顶尖高校教授等的深度访谈，我们开发出了一套商业生态系统培育方法论——nurturing ecosystem methodology（以下简称 NEM），以及商业生态系统培育决策模型 vision-solution-partners-trust-operation（以下简称 VSPTO）。本章将重点阐述商业生态系统培育方法论，该方法论适用于行业领军企业培育一个新兴产业，也适用于相关政府部门指导培育国家战略性新兴产业。

商业生态系统培育方法论的总体逻辑

商业生态系统指由交互的各类组织，包括企业、个人及社会各类机构等共同支撑的一个经济共同体，是整个商业世界的有机组织。商业生态系统的成员囊括了政府、行业协会、供应商、主要生产商、竞争对手、客户等一系列利益相关者，即生态伙伴。这些生态伙伴在整个商业生态系统中共同演化，彼此分享愿景，共同发展解决方案，相互建立信任关系，从而形成商业命运共同体。其中，商业生态系统的核心主体[①]在整个生态演化进程中起到主导、协调和促进的关键作用。

图 4-1 诠释了商业生态系统培育方法论的总体逻辑。商业生态系统培育逻辑聚焦三大问题：第一，企业当前处在什么位置；第二，企业在商业生态系统培育方面可以有哪些关键性策略；第三，企业当前或者未来会走向哪儿。围绕这三大问题，基于 6C 框架，我们具体开发了商业生态培育"五步论"，具体如下。

第一步，生态基础：核心企业需要明确所处的整个行业生态环境以及自身生态的能力，确定生态构建基础。

第二步，生态阶段：基于所处行业发展整体状况及趋势环境（情境），确定所处生态的生命周期阶段。

第三步，生态培育决策：基于所处生命周期的发展阶段，核心企业制定并实施"VSPTO"生态培育决策，主要制定能够引导和促进生态伙伴为实现共同战略愿景的运作机制，为生态发展提供解决方案，包括关键技术和市场拓展应用的基础结构。

第四步，生态范式：随着生态建设和发展趋于稳定和成熟，核心企业需要在四大主流生态系统范式里进行明确抉择或组合，以生态资源的最优化分配来创造价值，实现核心主体及关键生态伙伴的共同战略愿景。

[①] 主体可以是企业、产业或政府组织等。

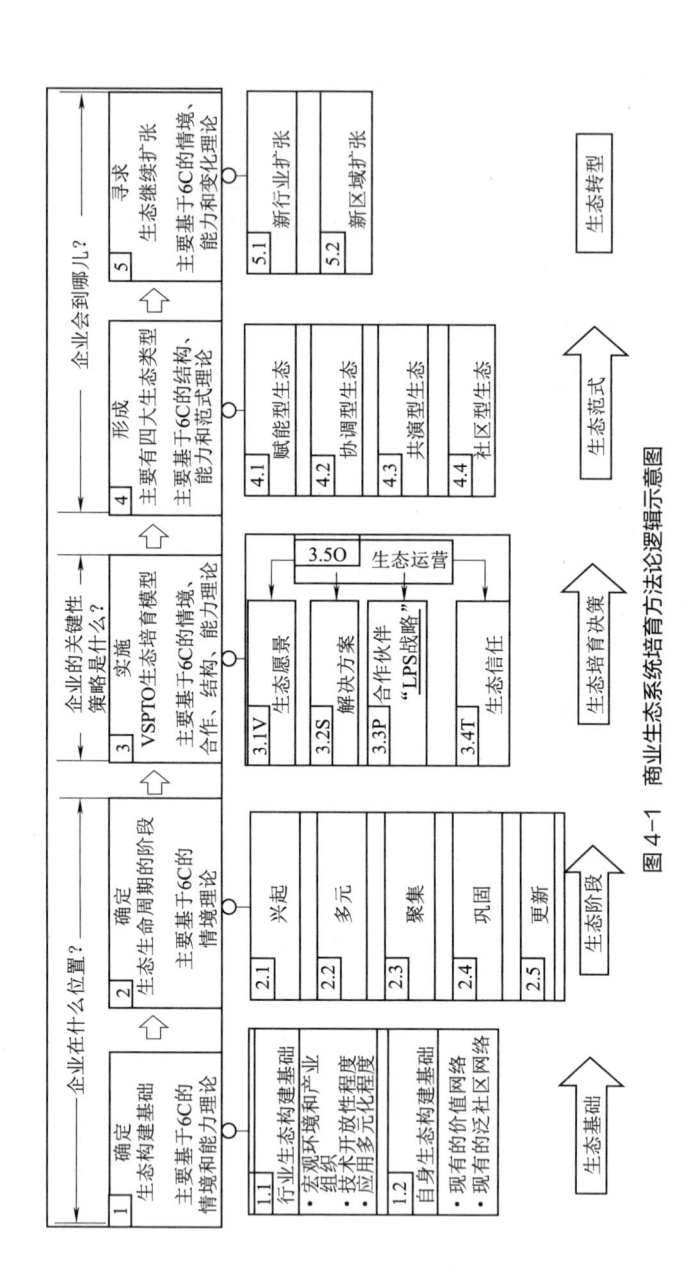

图 4-1 商业生态系统培育方法论逻辑示意图

第五步，生态转型：核心企业需要持续洞察行业市场、技术发展等宏观环境变革，提前为未来可拓展的新行业或新区域做好战略布局。

商业生态培育方法论的具体步骤

第一步：确定生态构建基础

老子曾言"九层之台，起于累土"[①]。同样，培育商业生态最开始也需要明确生态构建基础，主要考虑两方面：一方面是所在行业的生态构建基础；另一个方面是核心企业自身的生态构建基础。

商业生态培育要有行业发展基础。确定行业生态构建基础，需要考虑宏观环境和产业组织、行业的技术开放性和应用多元化程度。宏观环境中通常有不同因素，这些因素会决定一个行业的兴起和发展，而如下三种因素对一个新行业的兴起起着直接助推作用，从而影响生态培育决策VSPTO。

首先，业界一些杰出的企业家及其精神——个人卓越的洞见和执行力，我们称之为"能人指路"效应。如苹果公司的乔布斯，他开启了智能手机的新市场和产业；又如腾讯公司的张小龙，他推出了智能终端即时通信软件——微信；还有联发科的蔡明介，他于2011年3月推出超低价多媒体单芯片解决方案，即山寨手机，以满足竞争激烈的海内外手机制造商与运营商对于高质量、优越性能，以及严格成本管控的巨大需求，成功带动了一个新产业的兴起与发展。

[①] 出自春秋·楚·李耳《老子》第六十四章。

其次，政府制定的产业政策同样可以促进一个新行业的生态兴起。例如，政府对新能源行业的政策支持，促进了国内电动汽车行业的兴起和不断发展。再比如由政府推动的"安可联盟"（全称是"安全可靠技术和产业联盟"），其前身是2016年3月成立的"信息技术应用创新工作委员会"，原为24家从事软硬件关键技术研究、应用和服务的单位发起建立的非营利性社会组织。2019年1月，"安可联盟"正式变更为中国电子工业标准化技术协会安全可靠工作委员会[1]，明确了国产操作系统加国产CPU（中央处理器）替代的路径，推动了集成电路设计和软件产业的万亿级市场[2]。

最后，全球黑天鹅等突发事件同样能决定性地影响一个新产业的兴起。诸如严重急性呼吸综合征（SARS）的暴发使人们不愿接受面对面的服务，从而推动了以网络技术为基础的电子商务等蓬勃发展，如淘宝、京东等电商。中美贸易争端导致中国企业的核心计算技术面临封锁，我国政府大力支持和发展国内计算产业。此外，2020年新冠性肺炎疫情促使云计算、智能AI计算、网上会议发展得突飞猛进。

核心企业要明确所在行业的生态构建基础，还需要考虑两大因素：该行业的技术不确定性和应用不确定性（见图4-2）。技术不确定性（或者开放性）指行业核心技术的开放性程度，具体表现为技术供给层面的特征；应用不确定性（或者多元化）指行业

---

[1] 易安珠. 安全可靠技术和产业联盟-会员单位介绍（2018）[EB/OL]. [2020-02-13]. https://www.modb.pro/db/21495?nla=0.

[2] 该市场主要涉及四大板块：IT基础设置（CPU芯片、服务器、交换机等），基础软件（操作系统、数据库、中间件等），应用软件（ERP、办公软件等），以及信息安全（包括终端安全产品等）。

应用场景的多元化，具体体现为市场需求层面的特征，决定了是否需要合作伙伴来协助开拓应用市场。例如，AI框架的技术开放性程度高、应用场景多元化程度也高，因而对于开发AI框架的核心企业而言，所面对的商业生态竞争就非常激烈。例如华为公司推出的AI框架MindSpore需要面对谷歌的TensorFlow和脸书的PyTorch的商业生态竞争。但反观无人机行业，其技术开放性程度和市场应用多元化程度都适中，该行业的核心企业则需要实施相应的商业生态战略，与生态合作伙伴不断突破新技术创新的同时，也需要生态合作伙伴来不断拓宽市场应用场景。因此，洞察行业客观上能帮助我们了解该行业生态发展的多样性及复杂性，进而判断行业当前形成的技术和市场应用解决方案是否契合该行业生态发展的路径。

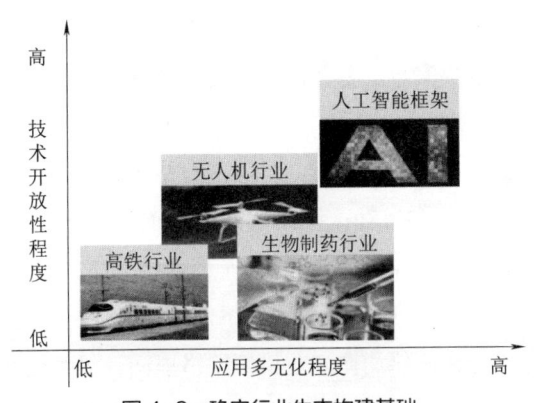

图 4-2 确定行业生态构建基础

商业生态培育需要企业自身有一定的发展基础。核心企业商业生态培育需要明确自身基础或能力。不同的能力基础决定了企业培育商业生态的范式：例如，苹果的移动操作系统 iOS 生态相对封闭，而谷歌的移动操作系统安卓生态更开放。苹果公司为打造自身 iOS 生态，构建了一整套硬件、软件、服务和应用程序，包括 Mac 电脑、iPhone、iPad、Apple Watch、Apple TV 等硬件设备，这些设备都各自配备 iOS、macOS、watchOS、tvOS 等操作系统；与此同时，苹果推出 iCloud 云服务、iTunes Store、App Store 等应用商店和各种应用程序。谷歌在发展初期，于 2007 年成立全球性的开放手机联盟（Open Handset Alliance），邀请当时全球范围内具备一定实力的手机厂商、运营商、芯片厂商等，包括宏达国际 HTC、三星、华硕、LG 等，共同开发和应用基于开源的安卓移动系统。然而，谷歌虽具备手机系统研发能力，但并没有多少相关专利，开发和使用的过程必然会引发苹果和微软的专利技术战，这成了安卓生态能够构建的关键挑战。于是，2012 年谷歌以 125 亿美元的价格收购摩托罗拉，其目的不是做手机，而是摩托罗拉多达 1.7 万件的手机相关专利，这有助于解决安卓的专利问题，为打造安卓生态奠定强有力的能力基础。

此外，确定核心企业自身的生态构建基础，还需要动态化地分析其产业价值网络和泛社区网络这两个层面（见图 4-3）。第一层面，产业价值网络指企业为当前产业价值的实现而建立的直接合作伙伴系统，从最上游的研发到最下游的销售，参与这一价值创造过程的所有合作伙伴均在产业价值网络里面；另一层面，泛社区网络指核心企业所面对的整个社会资源池，其核心特征是当前还没有参与核心企业的价值创造过程。总的来说，位于社会资源池板块的生态合作伙伴可以分为两大类：第一类，指核心企业产业价值网络之外的潜在合作伙伴，当前不直接参与价值创造过程；第二类，指所有能够支撑核心企业实现产业价值，但又不直接创造产业价值的间接合作伙伴。对于产业价值网络中的合作伙伴和泛社区网络中的两类生态伙伴，相应的培育机制需遵循"差序格局"原则，简单说，就是需要有针对性地对不同层次的合作伙伴进行差异化培育。

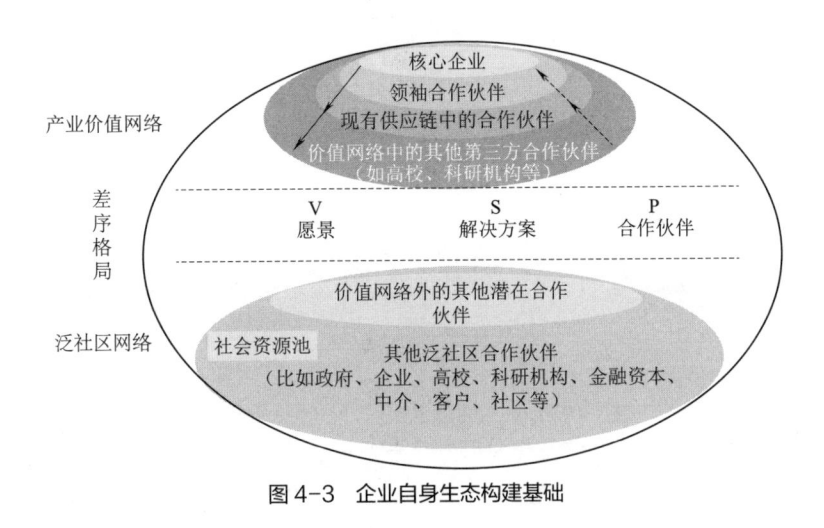

产业价值网络

差序格局

泛社区网络

核心企业
领袖合作伙伴
现有供应链中的合作伙伴
价值网络中的其他第三方合作伙伴
（如高校、科研机构等）

V 愿景　　S 解决方案　　P 合作伙伴

价值网络外的其他潜在合作伙伴
社会资源池　其他泛社区合作伙伴
（比如政府、企业、高校、科研机构、金融资本、中介、客户、社区等）

图 4-3　企业自身生态构建基础

例如，英伟达将合作伙伴进行分类和定级，不同的级别有不同的合作程度；具体分精英伙伴、首选伙伴和社区伙伴[1]（见图 4-4）。英伟达合作伙伴提供的差异化培育支持维度包括商业伙伴关系，产品与技术支持，销售、营销、培训和其他支持。每一个具体合作维度下面，英伟达对于三类分级合作伙伴都给予了差

---

[1] NVIDA. NVIDA PARTNER NETWORK[EB/OL]. [2024-03-06]. https://images.nvidia.com/content/communities/npn/benefits-and-requirements.pdf.

第四章　如何培育商业生态系统　　085

异化的培育支持。例如，在产品和技术支持维度，英伟达对于精英伙伴开放英伟达产品线、抢先体验计划、技术更新和高管简报中心等；而首选伙伴需要被邀请才能获取抢先体验计划及高管简报中心的支持；社区伙伴则无法获得这类产品和技术层面的服务支持。

图 4-4 英伟达生态合作伙伴层级分类

总体而言，行业生态基础和企业自身生态基础都直接影响和决定了生态培育第二步的确定生态发展阶段，以及第三步的生态培育决策。

第二步：确定所在行业的生命周期阶段

由于当前各行业正在经历前所未有的动态及复杂多变的形势，我们提出商业生态系统培育需经历五个阶段，包括兴起阶段（emerging）、多元阶段（diversifying）、聚集阶段（converging）、巩固阶段（consolidating）和更新阶段（renewing）（见图 4-5）。

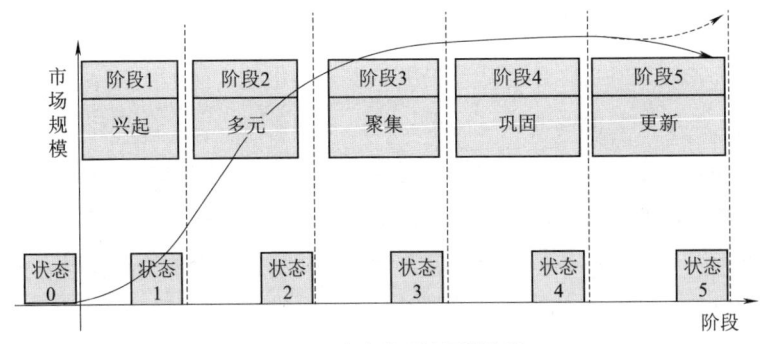

图 4-5　生态发展的周期阶段

在兴起阶段，要针对新兴市场提出新的解决方案，核心企业利用合作伙伴为新市场建设供应链。此阶段以针对新兴市场的解决方案和建立简单供应链等战略目标为结束。在状态 0 时，商业生态合作伙伴是分散的，很难被有效组织起来，核心企业需要提出一些新颖的想法。当进入状态 1，核心企业需要打造一个简单的供应链，并最终生产出产品；与此同时，合作伙伴的网络要形成一个单一的供应链闭环。例如，1993 年，手机行业正处于兴起阶段，诺基亚正寻求低功耗、体积小且易升级的芯片。ARM 联系到诺基亚，双方开始合作，推出 ARM7，该芯片功耗更低，体形更小。同时，ARM 通过与诺基亚合作，成功说服 TI（德州仪器）采纳 ARM 架构的芯片，形成最初的简单解决方案（Arm Community，2023）。用一个简单的供应链提出新的解决方案，随着该方案的成熟，商业生态系统就进入了生命周期的第二个阶段。

在多元阶段，技术解决方案需要非常多元化，以满足不确定的应用市场。在此阶段，核心企业需要积极鼓励合作伙伴做出一定程度的价值贡献，因而此阶段价值创造的网络机制非常灵活，核心企业与合作伙伴之间需要具有高度的互操作性和配合性。在状态 2，核心企业及其合作伙伴需要提出非常多元化的产品解决方案，从而满足不断变化的商业市场需求。经过多元化阶段，产品变得丰富且多元化，生态合作伙伴的价值网络也会变得灵活和复杂。此外，非直接的商业伙伴（即商业生态系统的其余部分）也需要通过生态培育来匹配核心企业的战略发展，以支持和实现未来更多样化的解决方案。在生态发展的这一阶段，一个极具潜力的新行业诞生了。例如，手机芯片行业进入多元阶段后，ARM 推出 ARM9 系列，其处理能力和连接能力都有所提升，同时将设计工具提供给 OSV（操作系统集成商）、ISV（独立软件开发商），并授权多家 IC（集成电路）企业，包括三星、高通、摩托罗拉等，与其形成战略合作伙伴（Walshe, 2015）。

在商业生态聚集阶段，产品技术及市场应用解决方案开始逐步专业化，可用的解决方案也开始趋于融合及统一。同时，这些解决方案被逐步集成到生态合作伙伴的专业化市场网络中。这一阶段以市场专业化、解决方案融合统一的发展趋势为标志。与此同时，生态伙伴的合作网络变得一体化，并聚焦于专业化市场。在状态 3 阶段，核心企业拣选专业化的产品解决方案来满足专业化的市场需求，同时，特定的合作伙伴被选择用来构建稳定、专业化的产品供应链。在这个阶段，相关行业或领域的领先企业开始组织并推出行业标准，新的产业链体系即将被建立。例如，手机芯片行业进入聚集阶段后，ARM 的解决方案相对聚焦，已推出比较成功的 ARMv6 架构，核心技术相对开放，除了领先合作伙伴诺基亚和 TI，更多的芯片企业加入 ARM 生态。2000 年，TSMC（台积电）和 UMC（联华电子公司）成为 ARM 代工厂（Walshe, 2015）。

在商业生态巩固阶段，行业主流设计在市场上已经持续很长一段时间，核心企业的合作伙伴网络不断趋于稳定，生态培育需要形成一个紧密的行业或产业发展联盟，进一步推动核心企业主流设计的批量生产。在状态 4 中，为了不断提高行业生产效果和效率，核心企业需要推出市场主流设计，生态合作伙伴的价值创造网络也需要被打造成一个固定的供应链体系，围绕核心企业的整个商业生态系统已十分成熟，支持行业的进一步扩张和发展。例如，手机芯片行业进入巩固阶段后，ARM 芯片在手机领域已逐渐取得垄断地位。2002 年，ARM 架构芯片出货量已达 10 亿美元，并发布 ARM11 及 RealView 开发工具支持生态伙伴。2003 年，ARM 与诺基亚、美国德州仪器和 ST（意法半导体）成立 MIPI 联盟，为手机应用处理器接口制定开放性标准，进一步巩固其在芯片设计市场的主导地位（Walshe, 2015）。

在商业生态转型、更新阶段，这个市场要么开始走向衰退，要么将出现一个利基市场，生态合作伙伴的网络需要自我重组以更新初期市场。核心企业若能持续盈利，可以选择持续较长时间维持原状；而如果原来的市场被新兴市场取代，核心企业需要考虑是否进入新区域或者新市场。如果是选择开辟新市场，即新行业领域，商业生态转型则进入新的第一阶段。因此，这一阶段以需要培育利基市场和重组生态合作伙伴网络为主要特征。在状态 5 中，如果新的产品解决方案能成功地升级并推向新市场，则此状态与状态 0 完全相同，新的一个商业生态生命周期即将开始。如果新产品的技术和应用解决方案不能升级或替换现有产业，则当前行业将逐步走向衰退，简而言之，这个行业即将被市场淘汰。例如，ARM 公司试图重新设计 ARM7，并于 2004 年发布 Cortex M3，与此同时，它也在寻找新的生态伙伴，包括Luminary Micro（流明诺瑞公司，微处理器供应商，2009年被德州仪器收购）和意法半导体公司，以计划进入嵌入式系统市场（Walshe, 2015）。此外，它还通过与华为、联想等合作，进入中国市场。

第三步：进行阶段性VSPTO生态培育决策

核心企业在每个周期阶段均需要进行VSPTO生态培育决策，从愿景（V）设计，到解决方案（S）提出，到生态合作伙伴（p）拣选，以至构建生态信任（T），且每个商业生态发展阶段都需要具体的运营（O）来落实设计、实施并培育，从而优化公司的商业生态运营及治理，并在适当时期开展商业生态评估，如此形成商业生态培育模型——VSPTO（如图4-6所示）。

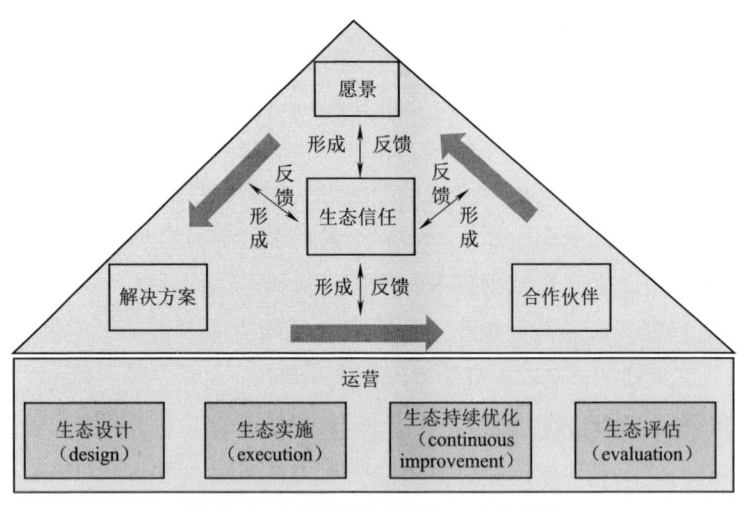

图4-6 商业生态培育模型——VSPTO

商业生态培育决策以生态愿景为培育基础，以构建生态信任为核心目的。生态培育的核心主体一方面需要能与生态伙伴共同推出解决方案，另一方面需要积极实施生态阶段性领袖合作伙伴战略。此外，核心企业围绕生态愿景和所在阶段，还需要培育生态信任机制来服务好整体生态运营和治理。

战略愿景

共同愿景有助于驱使核心企业和生态伙伴基于该生态系统特定的资源和优势，共同规划、设计和推出产品或平台服务。2007年，史蒂夫·乔布斯用iPhone重新定义了手机，开启了智能手机时代，苹果公司直接挑战了当时在手机领域处于"九五至尊"地位的诺基亚。乔布斯不仅仅帮助苹果公司推出各种革命性产品，更重要的是给了苹果公司一个长期的发展愿景。因此，对想要构建商业生态系统的核心企业来说，每个生态周期阶段都需要清晰且明确的战略愿景作为支撑（见图4-7）。

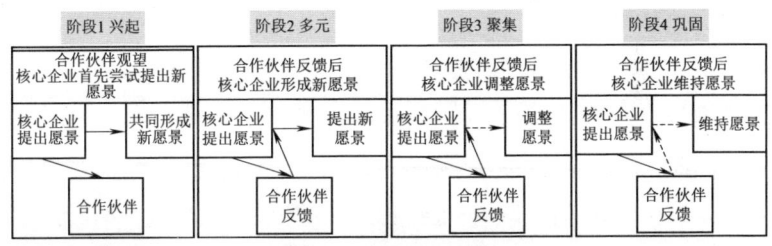

阶段1 兴起	阶段2 多元	阶段3 聚集	阶段4 巩固
合作伙伴观望 核心企业首先尝试提出新愿景	合作伙伴反馈后 核心企业形成新愿景	合作伙伴反馈后 核心企业调整愿景	合作伙伴反馈后 核心企业维持愿景
核心企业提出愿景 → 共同形成新愿景 ↓ 合作伙伴	核心企业提出愿景 → 提出新愿景 ↓ 合作伙伴反馈	核心企业提出愿景 ⇢ 调整愿景 ↓ 合作伙伴反馈	核心企业提出愿景 ⇢ 维持愿景 ↓ 合作伙伴反馈

图4-7 阶段性生态愿景

在阶段1，核心企业首先需要尝试提出战略愿景，然后与其生态合作伙伴通过协商共创，形成新战略愿景；在阶段2，核心企业收集生态伙伴的反馈后，需与关键生态伙伴共同提出新战略愿景；在阶段 3，核心企业需要基于生态合作伙伴的持续反馈，进一步调整和完善战略愿景；到了阶段 4，考虑到目标市场或行业发展已趋于平稳，核心企业需要与关键生态伙伴考虑维持战略愿景；到了阶段 5 的更新阶段，由于核心企业面向新的产品、服务或者新的市场领域，因此战略愿景将再次回到生态发展的第一阶段，核心企业需要与潜在生态合作伙伴，通过沟通、协调共同去设计和规划新的战略愿景。值得注意的是，不同阶段愿景的调整或者重新设定都需要基于核心企业自身的生态发展基础及所处行业发展的客观阶段，并不是每个阶段的愿景都一定要做出改变。

例如，在手机芯片行业的兴起阶段，ARM 公司尚未形成自己明确的战略愿景，先简单定位为开发低功耗的芯片。到了行业发展的多元阶段，ARM 通过获取到合作伙伴诺基亚的反馈，发现了未来手机对芯片提出的新要求，于是提出"移动设备芯片需要低功耗、低成本和高性能"的愿景。在手机芯片行业的聚集阶段，ARM 从生态合作伙伴处获取新的反馈，提出"未来移动设备的数字化"愿景，包括用户需求、行业的前景，以及 ARM 能给予的开发帮助等。进入该行业的巩固阶段后，ARM 的战略愿景没有变化，还是大力维持支持其生态伙伴发展的策略。

因此，核心企业的战略愿景不仅要考虑企业自身，更需要联合相关生态伙伴共同构建。归根到底，需要秉持三大原则：第一，考虑企业使命及与生态合作伙伴的价值分享；第二，考虑行业发展趋势；第三，考虑未来社会可能的变革。

解决方案

核心企业规划完战略愿景后，具体如何去实施则需要相应的解决方案。在生态发展的每个阶段，我们认为，核心企业都需要在技术层面和应用层面这两个维度，与生态伙伴一起提供相应的解决方案来培育生态（见表4-1）。

表4-1 生态阶段性解决方案

	阶段1：兴起	阶段2：多元	阶段3：聚集	阶段4：巩固	阶段5：更新
状态	核心企业提供新的解决方案	行业趋于互动、相互合作，需要更多合作伙伴加入	行业趋于专业化、集成化，形成聚集效应	行业主流形成，合作伙伴固定	新的相关行业出现，原行业市场国际化，当前行业衰败退出
技术层面	建立简单供应链；需要有突破性创新技术；技术不开放	吸引更多伙伴；技术要保持较强的竞争力；技术部分开放	与领袖伙伴进行深度合作；技术要成熟、专业化；技术可选开放或者不开放	与领袖合作伙伴进行深度合作；技术方法要形成主流趋势；强化主流技术性能	合作伙伴重组；技术国际化、引入新的想法
应用层面	应用场景单一	产品多元化，满足不同产品需求	应用场景集中，市场趋于专业化	应用场景集中，持续优化设计应用；产品足够好，且普惠适用	新的应用场景

在兴起阶段，核心企业需要尝试在技术和市场应用方面提出新的解决方案，当然也可以与生态伙伴共同协商提出。在技术层面，核心企业需要有突破性的技术创新，能够形成一定程度的社会竞争能力，在当前阶段，技术方面可以选择不开放的状态。在应用层面，因为是处于兴起阶段，解决方案相对单一。

在多元阶段，行业发展致使核心企业需要与生态伙伴互动、相互合作，也需要更多生态伙伴的加入。在这一阶段，核心企业需要在技术方面保持竞争力，部分技术要保持开放来吸引更多潜在合作伙伴；在应用层面，核心企业需要提供多元化的产品设计，满足市场对不同产品的需求。

在聚集阶段，行业发展趋于专业化、集成化，并形成了一定的市场聚集效应。在技术层面，核心企业需要与关键合作伙伴进行深度合作，技术要确保成熟、专业化，技术的开放程度可依据核心企业实际情况选择。在应用层面，核心企业需要培育集中化、专业化的市场应用方案。

在巩固阶段，行业市场已形成几大主流，核心企业的生态伙伴也已相对固定。核心企业与生态伙伴提供的技术解决方案也需要被培育成主流的解决方案，并不断提高主流技术的性能；在应用层面，核心企业需要与生态伙伴继续集中培育主流市场，持续优化市场应用解决方案，要做到产品足够好且价格实惠。

在生态更新阶段，核心企业可能会面对三种情况：第一种，新的相关或者临近行业会出现；第二种，原行业市场可以寻求国际化，或者寻找新的目标市场区域；第三种，当前行业可能已步入衰退阶段。因此，核心企业需要面对的很可能是生态伙伴重组，在技术层面可能需要引入新的想法，寻求新的生态伙伴；在应用层面，需要考虑选择新的应用场景。

表4-2具体展示了ARM公司在不同生命周期阶段，分别在技术层面和市场应用层面的生态培育解决方案。比如在聚集阶段，ARM对其领袖合作伙伴保持技术开放，选择与德州仪器芯片商合作，双方共同努力在手机芯片市场赢得竞争优势（Walshe，2015）。

表 4-2　ARM 在生命周期不同阶段的解决方案

阶段1: 兴起	阶段2: 多元	阶段3: 聚集	阶段4: 巩固	阶段5: 更新
与诺基亚和德州仪器合作建立简单供应链	提供设计工具给领袖合作伙伴，包括操作系统厂商和独立软件供应商	与德州仪器和诺基亚共同开发 ARM 架构	与德州仪器和诺基亚形成强大联盟，主导设计形成	寻找新行业的合作伙伴
技术不开放	ARM 对第三方合作伙伴开源部分架构	ARM 对领袖合作伙伴技术开放	手机芯片继续更新迭代	ARM 进入技术相近的嵌入式市场
ARM7 只应用于诺基亚 6110	IC 和 OEM 根据需要，使用 ARM 架构开发不同的产品	德州仪器芯片在手机芯片市场上赢得竞争优势	ARM 芯片逐渐垄断手机芯片市场	ARM7 被重新设计，为嵌入式设备做定制

总体而言，对于技术和市场应用方面的解决方案，除了需要结合企业所在行业的不同生态阶段的发展规律，也需要结合企业本身的生态发展基础。并且，即便在同一个较开放的行业，各企业的开放程度也会不一样，这取决于企业自身的技术能力和市场推广能力。因此，解决方案的培育是灵活且弹性的。

合作伙伴

商业生态系统培育决策的另一个重要问题是生态伙伴的培育，这其实是关于生态系统是否能够可持续性演化的关键问题之一。外部环境变化，以及生态系统中制造商、渠道商和客户自身的发展变化，都会促使核心企业价值创造和分享机制不断产生新的变化，同时这也伴随着市场新成员的进入和原有成员的退出。从商业生态的发展视角来看，大多数可见的变化是商业生态系统不断演化的结果，而不是源自突变。在价值创造和分享机制具备适应性和竞争力的情况下，个别利益相关者的变化不会影响商业生态系统的核心结构和稳定性。

商业生态合作伙伴分类。商业生态系统伙伴主要包括产业价值网络和泛社区网络。其中，核心企业当前的领袖合作伙伴主要指产业价值网络中的关键合作伙伴；泛社区网络又称作"社会资源池"，可以培育未来的领袖合作伙伴。在生态伙伴培育开始前，核心企业需要先明确自身商业生态伙伴的具体分类，如图4-8所示。

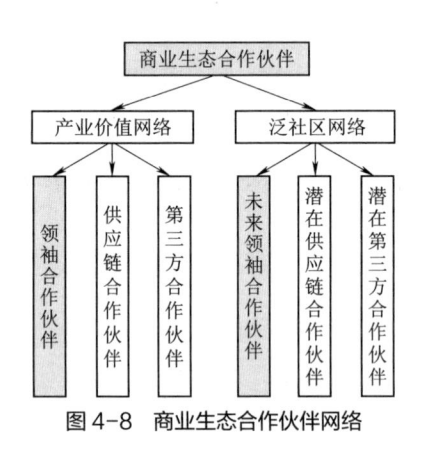

图4-8 商业生态合作伙伴网络

领袖合作伙伴战略（LPS）。在对生态合作伙伴分类后，选择并实施合适的领袖合作伙伴战略至关重要。其中，领袖合作伙伴的拣选标准有三个：第一，处在整条产业链的关键节点，并且能与核心企业形成战略优势互补，同时，还必须是处在行业供应链上关键节点的领先伙伴，或者具有突出创新潜力；第二，是在特定关键领域或细分市场掌握核心技术或者领先技术，且具有增长潜力的中小型企业伙伴；第三，领袖合作伙伴要能够与核心企业战略合作，并且能够产生一定的商业价值。

例如，ARM 选择领袖合作伙伴并与其共创价值的过程主要有以下四个步骤（见图 4-9）：营销团队识别出行业的顶尖企业或有专业技术和增长潜力的小型企业，然后将其作为领袖合作伙伴；架构团队和设计团队调查领袖合作伙伴的需求，针对需求推出定制的 IP（知识产权）产品；建模团队提供 IP 模拟，减少产品的前导时间；营销团队与领袖合作伙伴共同推销新的 IP 产品。总体来看，ARM 的四个团队为其领袖合作伙伴提供了从研发、设计、建模到营销的一整套虚拟解决方案。

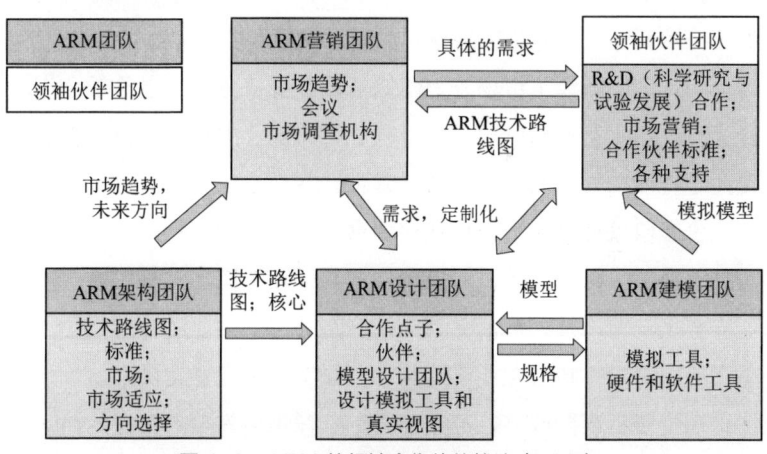

图 4-9　ARM 的领袖合作伙伴战略（LPS）

生态阶段性合作伙伴培育。在推进商业生态发展的每个生态周期阶段，核心企业需要配备相应的生态合作伙伴培育决策以及相应的培育机制。

生态阶段性LPS战略。在生态兴起阶段，核心企业需要选择与自身相对有联系的且是主流行业的领先企业，培育的机制是确保稳定供应链；到生态多元阶段和聚集阶段，领袖合作伙伴应选择有相同发展诉求、相同生态构建意愿，并且居行业首位的企业，或者选择居行业前列且未来能够在自己的帮助下成为行业第一的企业。在生态巩固阶段，核心企业一般可以选择维持先前的领袖合作伙伴。从生态多元阶段到巩固阶段，合作伙伴的培育机制相对一致，例如，英特尔的合作伙伴培育机制主要体现在三方面：第一，研发支持（合作研发、技术培训等）；第二，核心价值链培育指导，如英特尔选择联想作为中国PC（个人计算机）服务器主要合作伙伴之一，给予联想员工专业培训指导等；第三，营销指导和实际优惠，如英特尔派专人去联想，指导其如何针对服务器的to C（面向用户）和to B（面向企业）市场开展营销活动，价格方面，也给予合作伙伴优惠。到生态更新阶段，对于领袖合作伙伴的培育，核心企业需关注是否能引领新的细分市场或者带动新行业的发展。

生态阶段性供应链合作伙伴培育。在生态兴起阶段，核心企业需要选择能够保证简单供应的合作伙伴；在生态多元阶段，核心企业需要培育可以提供灵活，且能够互动合作的供应链合作伙伴；在生态聚集阶段，核心企业需要培育可以提供更专业化供应的合作伙伴；在生态巩固阶段，核心企业可以选择维持先前的合作伙伴，同时加强与合作伙伴的合作成效；在生态更新阶段，需要选择能够提供新解决方案的合作伙伴。

生态阶段性价值链第三方合作伙伴培育。在生态兴起阶段，核心企业需要选择能提供面向新市场解决方案的伙伴；在生态多元阶段，核心企业需要培育可以提供多样化解决方案的合作伙伴；在生态聚集阶段，核心企业需要培育可以提供集成化解决方案的合作伙伴；在生态巩固阶段，核心企业可以选择维持先前的合作伙伴，同时加强与合作伙伴的合作成效；在生态更新阶段，核心企业也需要培育能促进新行业或者新市场区域扩张的合作伙伴。

生态阶段性泛社区合作伙伴培育。对于价值网络外潜在合作伙伴培育，核心企业在每个生态发展阶段都需要注意这六种伙伴：第一，与当前合作伙伴有一定直接或间接联系的；第二，在当前行业有潜力的；第三，跨行业有潜力的；第四，对行业有突出研究贡献的高校、科研机构；第五，相关行业专注人才培训的机构；第六，相关的行业标准机构团体等。

当然，在实际应用过程中，所有生态合作伙伴的拣选培育策略都会随着生态的搭建而不断动态调整，甚至可以互相转化。例如，对于商业生态巩固阶段的关键合作伙伴，核心企业也可以与其共同探讨未来行业或者新兴市场的开发。此时，该生态阶段的关键合作伙伴也已成为核心企业在新行业生态发展阶段的泛社区网络合作伙伴。表4-3展示了产业链价值网络和泛社区网络合作伙伴的培育策略与机制。

生态信任

随着ICT技术的不断发展，以及未来市场不确定性的增加，企业的发展模式不断更新发展，企业与企业之间的交易和合作的基础也都发生了演变，已经由过去所需的信息变为平台网络时代所需的信用，再到当前生态发展所需要的生态信任（如表4-4所示）。

表4-3 产业链价值网络伙伴培育策略与机制

伙伴分类	培育内容	阶段1:兴起	阶段2:多元	阶段3:聚集	阶段4:巩固	阶段5:更新
领袖合作伙伴	选择标准	尽量选择相对有联系的、主流行业的领先企业	优选:有相同发展诉求、相同生态构建意愿的居行业榜首的企业,或者是细分市场领域的领首企业; 次选:行业第二或第三的企业,并助其成为第一	有相同发展诉求、相同生态构建意愿的居行业榜首的领首中小企业	维持先前的领袖合作伙伴	能引领新的细分市场/行业
领袖合作伙伴	培育机制	协调简单的供应	合作伙伴培育机制主要体现在三方面: • 研发支持(合作研发、技术培训等); • 核心价值链培育指导,包括给合作伙伴的员工提供专业培训指导等; • 营销指导和实际优惠,如市场销售、对产品价格给予合作伙伴优惠等	更专业化的供应	维持先前的合作伙伴,加强培育	协调简单的供应
供应链合作伙伴	选择标准	选择保证简单的供应	选择能提供灵活互动的合作伙伴	更专业化的供应	维持先前的合作伙伴,加强优势	选择有新解决方案的企业
供应链合作伙伴	培育机制	同上,实施合作伙伴培育的三方面培育机制,并有针对性地支持合作伙伴					

100　持续共赢

续表

伙伴分类	培育内容	阶段1：兴起	阶段2：多元	阶段3：聚集	阶段4：巩固	阶段5：更新
价值链第三方合作伙伴	选择标准	能提供面向新市场的解决方案	能提供多样化的解决方案	能提供集成的解决方案	维持先前的合作伙伴，加强优势	促进新行业、新地区的扩张
	培育机制	同上，实施合作伙伴三方面培育机制，并有针对性地支持合作伙伴				
泛社区潜在合作伙伴	选择标准	价值网络外的潜在合作伙伴；与当前合作伙伴有一定直接或间接联系的；在当前行业有潜力的跨行业有潜力的；				
	培育机制	社会资源池；对行业有突出研究贡献的高校、科研机构；相关行业标准机构团体等				
		举办行业技术展会；对于高校，编写教材，进行研发技术合作，实施设立奖学金等联合培养人才计划；对于科研机构，提供研究资金支持；对于行业人才培训机构，提供资金和技术设备支持；对于行业标准机构，加大技术支持和交流				

第四章 如何培育商业生态系统

表4-4 商业模式的演化：从信息到信任

商业模式	供应链-专业化分工	平台-网络效应	生态可持续发展
合作基础	信息	信用	信任
定义	上下游企业的产品、经营情况等特定信息	平台用户的守信、诚信程度	生态伙伴对核心企业及生态整体的相信
获取来源和方式	特定的市场调研、商业合作等	基于用户过去的行为记录，需要量化大量数据，比如支付宝的芝麻信用	基于对生态整体的发展、对核心企业能力的认可
特点	获取成本较高；适用范围极具针对性	获取成本较高；适用范围较广	获取成本会因所在生态发展的不同阶段而有阶段性差异；适用范围很广

核心企业在不断培育壮大商业生态时，不管处在什么阶段，都需要依据自身情况，以培育生态信任为目标导向。我们认为生态信任主要包括三方面：善意信任（goodwill trust）、能力信任（competence trust）和关系信任（relationship trust）（如表4-5所示）。

具体而言，善意信任指合作伙伴相信核心企业构建的商业生态具有潜力和关键引领意义，这种信任源于核心企业树立的生态愿景，以及过往的表现和能力。能力信任指合作伙伴相信核心企业具备一定能力引领生态发展，这源于合作伙伴对核心企业提供的技术及行业应用解决方案的可靠性、适用性、可行性的评估。关系信任指合作伙伴与核心企业的合作关系，体现为合同、占有一定股权份额等，这取决于与核心企业长期的深入合作和互相了解。

表 4-5　商业生态信任分类及定义

分类	商业生态信任		
	善意信任	能力信任	关系信任
定义	合作伙伴对于核心企业构建的生态具有潜力和关键引领意义充满善意信任	合作伙伴相信核心企业对引领生态发展具备一定核心竞争能力	合作伙伴与核心企业的合作关系，体现为合同、占有一定股权份额等；并已形成约定俗成的合作状态
来源	核心企业树立的生态愿景，以及核心企业过往的表现和能力	核心企业提供的行业解决方案的可靠性、适用性及可行性	与核心企业长期的深入合作和互相了解

核心企业期望在生态发展的不同阶段培育不同类型的商业生态信任（见图 4-10）。

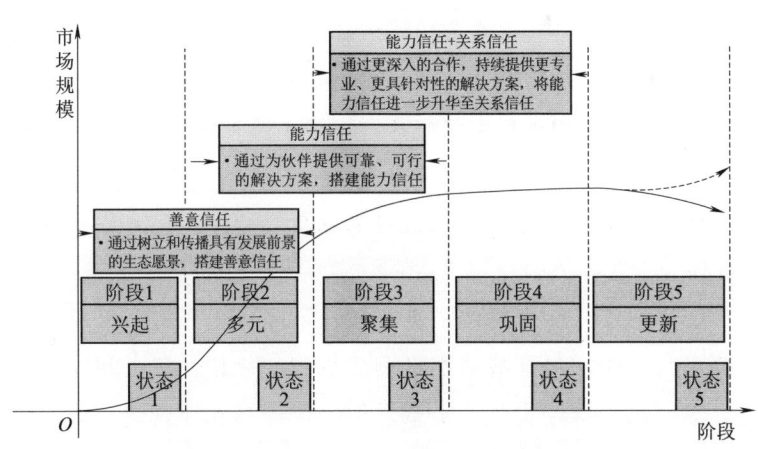

图 4-10　生态发展的不同阶段形成的生态信任

在培育商业生态的过程中，核心企业需要从形成主观的信任（善意信任）到形成客观的信任（关系信任、能力信任）。在不同的阶段，核心企业有不同的生态信任。从生态阶段1到生态阶段2，核心企业需要培育善意信任，从生态阶段2到生态阶段3，核心企业需要培育其打造该行业生态的能力信任，从生态阶段3到生态阶段4，核心企业需要同时搭建能力信任和关系信任，其中，关系信任可以通过合同、持股等形式被建立起来。

生态运营

在商业生态培育每个阶段，核心企业都需要有好的运营团队去支撑各个阶段的生态培育策略（如图4-11所示），具体包括生态设计、生态实施、生态持续优化和生态评估，即"DECE"生态运营，形成绝佳的生态运营闭环。

在生态设计阶段，主要涉及愿景规划、解决方案定位、生态伙伴培育以及生态信任这四个维度，即VSPT培育。

生态实施阶段主要涉及三个项目：一是伙伴培育计划，需要区分生态合作伙伴，进行差异化培育，以形成差序格局；二是组织成立生态合作伙伴联盟，例如按相关生态发展关键议题或者行业发展痛点，组织项目组，或者倡议建立相关行业标准；三是核心企业需要积极参与或者组织行业大会，目的是积极与各类生态合作伙伴分享战略愿景，提出解决方案及相关生态合作伙伴培育计划。

在生态持续优化阶段，主要是核心企业对VSPT生态培育策略进行优化，包括战略愿景形成机制的优化，技术和应用解决方案提供的持续优化，生态合作伙伴分类和计划培育的持续优化。

在生态评估阶段,核心企业主要考虑如下四点:一是生态规模的扩展性及生态运营效率;二是生态合作伙伴的丰富多样性培育及提供产品的多样性;三是核心企业的自适应性,即是否能够根据外部环境灵活调整运营策略,自身的生态是否具备应对外部环境及突发事件的生态韧性;四是核心企业需要评估三种生态信任培育的成效,进而调整和优化下一个阶段的商业生态设计。因而,DECE 生态运营是能够形成核心企业运营闭环的运营手册。

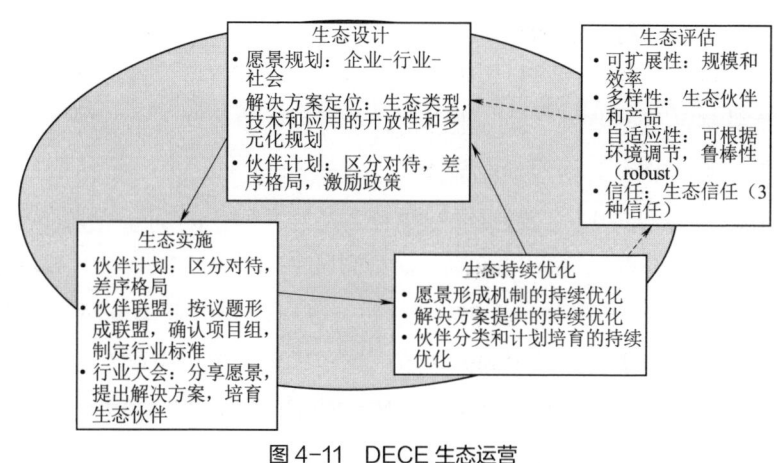

图 4-11 DECE 生态运营

相应地,核心企业的生态战略部门至少需要组织四个团队,即生态设计团队、生态实施团队、生态优化团队和生态评估团队。生态设计团队可根据前面的 VSPT 策略开始生态设计;生态实施团队在各个阶段具体运行 VSPT 策略,同时根据差序格局原则,对不同生态圈层的伙伴采取不同的做法;生态优化团队可根据定期的运营表现，基于VSPT培育策略去诊断、发现相关问题并对其进行优化；生态评估团队则在生命周期每个阶段进行生态设计–实施–持续优化的可循环运营评估。

因此，商业生态培育模型在企业生态运营的实践操作过程中可看作一本工具手册，如表4-6所示。

当然，核心企业需要评估自身的生态构建基础，同时结合所处行业的生态构建基础，选择、设计契合自身的商业生态系统培育策略。

第四步：选择商业生态系统四大范式

核心企业在不同起始阶段、不同生态培育策略下，会形成不同特征的生态范式，这些生态范式都能构造出成功的生态。以计算产业为例，具体包括赋能型生态（enabling ecosystem）、协调型生态（coordinating ecosystem）、共演型生态（co-evolving ecosystem）和社区型生态（community ecosystem）（见图4-12）。

这四种不同的技术生态范式，也可以相对应地理解为四种不同的生态领导力。四种不同的技术生态范式主要依据四个方面来判断，包括架构（architecture）、内核（kernel）、接口（interface）和产品应用（application）的开放程度（如表4-7所示）。

赋能型生态，指核心企业的技术架构、内核和接口都不开放，它仅开放应用端。例如联发科，作为山寨机的开创者，市场定位聚集于提供交一站式解决方案（turnkey solution），从而赋能市场应用拓展。

表 4-6 商业生态系统培育策略

阶段 培育机制 要素	（一） 兴起	（二） 多元	（三） 聚集	（四） 巩固	（五） 更新
生态愿景	首先尝试提出新愿景	与生态伙伴形成新愿景	与生态伙伴调整愿景	维持或完善战略愿景	提出新愿景
解决方案	在技术层面建立简单的供应链；应用场景相对单一	技术层面保持部分开放，形成竞争力，吸引更多伙伴；应用产品多元化，满足多元化应用需求	技术要成熟化，与关键领袖合作伙伴进行深度合作；市场应用场景集中，市场区域专业化	技术层面要形成主流趋势，强化主流技术性能；市场应用场景集中，持续优化，强化主流设计应用	在技术层面引进新的想法，或者进行国际化推广；积极拓展新的市场应用场景
生态伙伴	选择相对有联系的主流行业的领导者	优选：有相同发展诉求、愿景的居行业首位的企业；次选：行业中排名第二或第三的企业，并助其成为第一	与生态伙伴共同生态构建意	维持先前的领袖合作伙伴	能引领新的细分市场或行业
生态信任	兴起到多元，以善意信任为主	从善意信任到能力信任	从能力信任到信任关系	强化关系信任	以善意信任为主
生态运营	突出生态设计	发起 DECE 最佳的生态运营	推动 DECE 最佳的生态运营	维护 DECE 最佳的生态运营	突出生态设计

第四章 如何培育商业生态系统

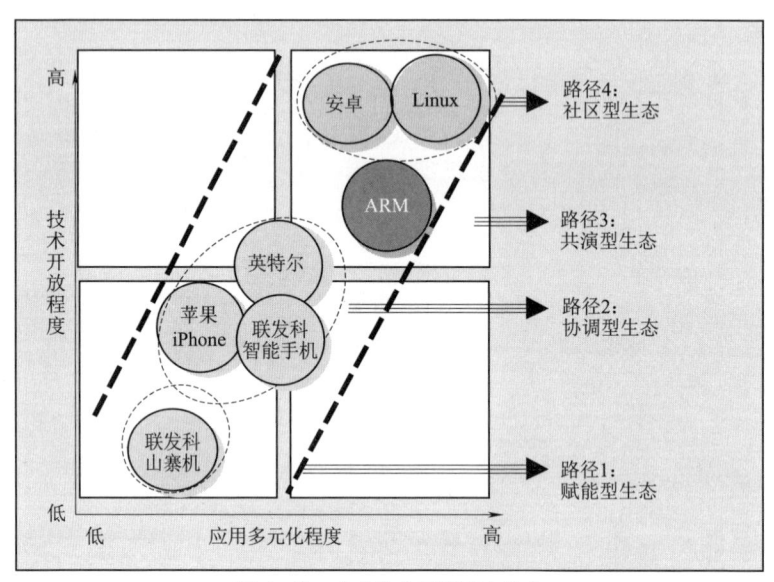

图 4-12 商业生态系统四大范式

表 4-7 四大技术生态范式

生态类型	赋能型生态	协调型生态	共演型生态	社区型生态
应用	√	√	√	√
接口	×	√	√	√
内核	×	×	√	√
架构	×	×	×	√

注:"√"代表开放,×代表不开放

协调型生态,指核心企业保持技术架构和内核不开放,但开放接口和应用。例如英特尔于1992年提出的一套PCI总线协议,用于高速设备之间的数据传输,并不断优化软件配套;再比如推出ICP

（网络内容服务商）等编译器，与 Windows 形成"Wintel"联盟，构建协调型生态。

共演型生态，指核心企业不开放技术架构，但对技术的内核、接口和应用都保持开放，吸引生态合作伙伴。例如，ARM 公司自身集中资源专注技术研发，在手机行业、嵌入式行业通过授权技术架构 IP 给合作伙伴，让合作伙伴有更多的空间去设计开发芯片，打造共演型生态。此外，ARM 授权模式也更容易吸引开发者加入和使用，使共演型生态不断繁荣。

社区型生态，指核心企业或组织开放所有架构、内核、接口和应用。例如 Linux 作为操作系统内核所形成的开源生态，这种基于开源技术的开源生态，我们称为"社区型生态"。

如表 4-8 所示，四种生态类型相对应的生态商业模式和生态基本运作都有不同。

赋能型生态，其盈利点主要在于提供产品解决方案，因而培育周期较短，盈利能力一般。盈利点在于赋能上层硬件及软件使用，即"硬软件通吃"，相应的技术要求是核心企业需要能够提供全套的技术整合方案。

协调型生态，盈利点在于提供产品平台，拥有行业标准，可以形成生态型网络效应，进而实现规模效应所带来的巨大回报，因而盈利能力最强。但它的技术要求比较高，需要强大的技术开发能力，并且对生态有较强的控制力。

共演型生态，盈利点在于提供 IP 架构授权，因而其控制点在于最核心的知识产权。但其产品开发需要满足多样化的应用场景。

社区型生态，盈利主要通过平台增值服务来实现，因而盈利能力最弱。其产品应用基于共享共创理念，参与者可以根据不同的

表4-8 商业生态范式的分类与特点

分类	赋能型生态	协调型生态	共演型生态	社区型生态
主要特征	培育周期较短、盈利能力一般	盈利能力最强，培育周期适中	盈利能力强，培育周期较长	盈利能力较弱，培育周期较长
商业模式：盈利点和控制点	盈利点：产品解决方案（硬件+软件） 控制点：硬软件通吃（都不开放）	盈利点：产品平台 控制点：拥有行业标准	盈利点：IP授权 控制点：最核心的技术知识产权	盈利点：平台增值服务 控制点：核心技术的更新方向
基本运作：解决方案+产品应用+技术要求	解决方案：核心技术封闭 产品应用：应用多元化程度低，一般少而精 技术要求：核心企业需提供全套技术整合方案	解决方案：开放性、多元化程度较低 产品应用：涉及建立行业标准 技术要求：核心企业需要有强大的技术开发能力，对生态有较强的控制力	解决方案：较为开放，解决方案多元 产品应用：满足多样的应用场景 技术要求：核心企业只控制技术知识产权，并需对生态伙伴提供资源支持	解决方案：开放性、多元化程度高 产品应用：基于共享共创理念，参与者可以根据不同的目的贡献不同的能力 技术要求：核心企业需在技术创新方面起行业引领作用，生态伙伴可以参与使用并调优技术
代表企业	联发科	英特尔	ARM	Linux

目的贡献不同的能力,而相关的技术要求是核心企业需在技术创新方面起行业引领作用,生态伙伴可以参与使用并调优技术。

第五步:生态扩张至新的行业/地区

当核心企业的商业生态继续扩张的时候,需要考虑是否进入新的行业或者新的市场区域(见图 4-13)。

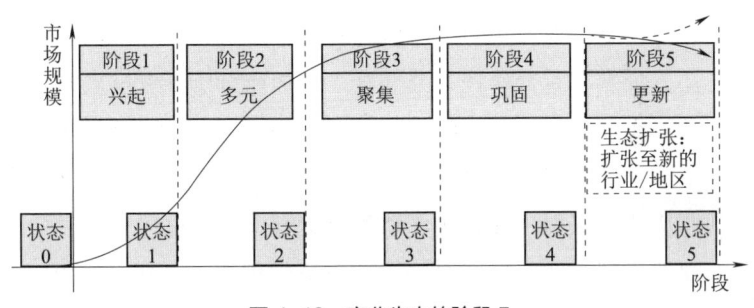

图 4-13 商业生态的阶段 5

一般情况下,企业会选择进入临近的行业或领域,无论该行业的生态发展处于哪个阶段,核心企业均需提出新的战略愿景,并用新的战略愿景去凝聚愿意为之共同努力的生态合作伙伴,建立新的信任关系。技术层面的解决方案,可以选择技术领先且相对不开放,或者技术相对开放。应用层面的解决方案,核心企业需要保证能在至少一个应用场景中接近当前行业的最优解决方案。合作伙伴培育策略方面,核心企业可以主动选择当前生态中的合适合作伙伴共同进入新的行业。当前生态中的合作伙伴更倾向接受核心企业的新愿景,也更容易在新行业建立信任关系。

如果核心企业选择并决定进入新的地区,它无须改变总体愿景。新地区往往形成新的细分市场且行业发展也较为滞后,因此核心企业可以考虑针对不同语言、文化等制度因素对地区愿景予以调整,并最终引导至总体愿景。

技术层面的解决方案是需要帮助当地培育技术人才,让新地区逐步接受、采纳核心技术。而对于应用层面的解决方案,核心企业需要保证能在至少一个应用场景中接近当前行业和当地的最优解决方案。

核心企业在进入新的地区后,优先选择已经进入该地区的合作伙伴,带领已有合作伙伴共同进入。早期可以不考虑盈利,甚至予以补贴,重点培育当地合作伙伴。例如,在 2001 年,ARM 刚进入中国市场时,几乎没有任何明显的竞争优势,但它通过孵化互补性伙伴、识别领导者伙伴和整合生态伙伴等,建立起一个全新的商业生态系统,以应对一个新市场的挑战(戎珂等,2015)。该案例充分证明了企业在进入新市场时培育商业生态系统的重要性。

商业生态培育方法论总结

商业生态培育可以是针对企业、行业或者国家机构组织的一项重要战略规划,有针对性地设计、制定并实施商业生态培育决策具体可分为五个步骤。

第一步,确定生态构建基础。商业生态是否需要被构建、培育,未来能否发展得欣欣向荣,取决于生态构建基础的强弱。核心企业首先需要了解其所在行业的生态构建基础,其次需要明确自身在当前及潜在的各种价值网络资源中所具备的生态构建基础。

第二步，确定生态发展阶段。商业生态是否适合企业/行业发展，以及能否更有效地顺应时代发展规律，需要找准商业生态发展阶段。不同的生态发展阶段需要实施不同的生态培育策略。

第三步，设计、制定并实施生态培育策略。培育商业生态不是追逐短期的商业绩效回报，更不是空中楼阁和喊口号，而是需要实实在在地在各个发展阶段做好生态培育决策。具体就是在生态发展愿景、生态解决方案、实施领袖合作伙伴战略、发展生态信任、持续维护生态运营这五大方面做好，其中领袖合作伙伴战略是生态培育决策环节的关键。

第四步，拣选组合生态范式。商业生态能否最大化整体效能，取决于核心企业是否拣选了最佳的商业生态发展范式或者生态范式组合。拣选最合适的生态发展范式，能最大限度地利用核心企业自身的资源，同时调动当前及潜在所有价值网络资源。每一种生态范式或者组合虽不能保证短期内实现最快的商业价值变现，但能增强企业韧性，确保它可持续地健康发展。

第五步，筹划未来生态转型。商业生态的发展是不断动态演化的，因而企业需要筹划未来的生态转型。核心企业需要持续性地洞察行业市场、技术发展等环境变革，对于未来可拓展的新市场和新区域提前做好战略布局。

此外，在具体实践应用商业生态培育方法论的过程中，核心企业需要关注如下三点。

第一，不是每个企业或行业都需要构建商业生态。生态战略本质上是一种自主选择、动态灵活的聚合战略。我们认为要实施商业生态战略，需要准确把握当前时代的发展特点，切准商业时机，充分发挥核心企业的竞争能力，善于与所有商业生态利益相关者共商、共享、共治生态发展所带来的利益空间。因而，这四大要素（时代、时机、能力、利益空间）也是对要构建商业生态的核心企业提出的具体要求。

第二，构建商业生态的核心企业需要满足"M-SET"标准，具体指：

M——根据行业不同的发展特点，核心企业需要把握时机，选择恰当的时间发力。因此，它需要有使命感（mission），兼具行动力（action），并能深度投入（commitment）。

S——根据所在行业的不同，核心企业需要选取适当的商业利益空间。简单来说，在追求自身资源最优化分配之上，它还需要具备利益共享（value sharing）精神。

E——基于当前人类需面对的诸多共同生存性灾难和危机，商业生态战略需要有一定的格局，需要考虑"人类命运共同体"这一时代发展需求。作为核心战略的考量基础，核心企业要能解决人类生存型创新问题（existential innovation）。

T——在考虑合作伙伴实力的基础上，核心企业需要依托自身在该行业领域的核心竞争优势，并掌握所处行业的关键技术或核心竞争力（technology and core competence）。

第三，就方法论适用性而言，本商业生态培育方法论的开发主要基于ICT行业以及相关代表性企业案例，因而应用于其他行业或企业时，需要结合目标行业或企业的客观发展规律以及所处的环境。

03 案例研究篇

在系统性阐释本书原创的商业生态系统培育"五步论"和 VSPTO 方法论之后,本篇精选四个典型企业案例,从不同尺度,生动形象地展示如何应用商业生态系统培育"五步论"和 VSPTO 方法论。

第五章

ARM 培育商业生态系统的现实案例

ARM 简介

ARM 成立于 1990 年，是英国知名半导体设计与软件公司，全球领先的半导体 IP 供应商，全球总部位于英国剑桥，2016 年被软银收购。ARM 前身是成立于 1978 年的 Acorn（艾康）计算机公司，Acorn 在 20 世纪 80 年代晚期与苹果建立合作，并开发出 ARM（Acorn RISC Machine）核心。由于 Acorn IP 被视为苹果的竞品，ARM 部门便从 Acorn 剥离出来，接受苹果的投资，于 1990 年改组为 ARM 计算公司。然而，公司改组后推出的 Newton Pad（牛顿板）最终以失败告终，ARM 公司士气低落。为了节约成本、安抚人心，ARM 决定不再生产芯片，而是进行芯片设计的 IP 授权，而这一决定不仅初步确立了 ARM 的商业模式，也对 ARM 的发展产生了深远的影响。[①]

---

① ARM. The future is built on ARM[EB/OL]. [2023-07-15]. https://www.arm.com/company.

ARM 主要的商业模式是 IP 设计和许可，其自身并不进行半导体芯片的生产和销售，而是向半导体、软件、OEM 公司授予 IP 许可，这些公司基于 ARM 的架构进一步进行芯片设计和生产制造，ARM 能够灵活地收取一次性的授权费（license fee）和特许权使用费（royalty fee）（见图 5-1）。对于销售量大的大型芯片制造商，ARM 会提高特许权使用费，降低授权费，对销售量小的芯片制造商则相反。① 事实上，在后期，ARM 计划改变收费结构，向芯片制造商只收取授权费，向 OEM 收取特许权使用费。笔者以为，这一改动的目的除了增加盈利，也很可能是 ARM 在加深和下游厂商的合作关系。②

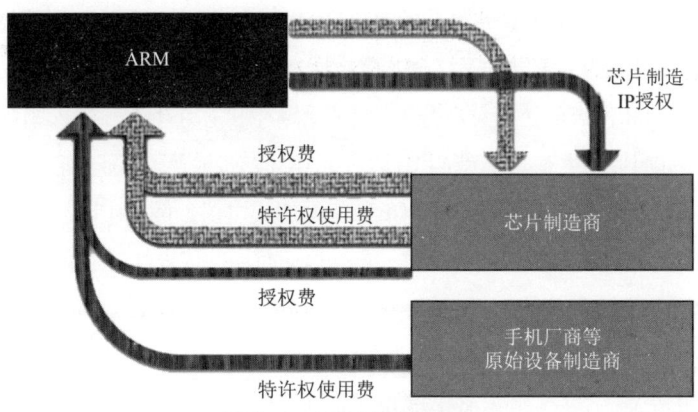

图 5-1 ARM 的商业模式

---

① ARM. About ARM[EB/OL]. [2023-07-15]. https://interactive.arm.com/story/about-arm/page/3/1?teaser=yes.
② TechWeb. ARM 计划改变授权模式：OEM 合作伙伴必须直接从 ARM 获得许可[EB/OL]. [2023-07-15]. http://www.techweb.com.cn/world/2022-10-31/2909274.shtml.

第五章　ARM 培育商业生态系统的现实案例

ARM设计微处理器、半导体知识产权及相关技术和软件,并销售开发工具,为传感器、服务器等应用提供智能支持,包括智能手机、平板电脑、企业基础设施和物联网等。

在ARM的生态扩张中,开放共演的"只授权不生产"策略为ARM赢得了众多合作伙伴,领袖伙伴的选择更成了影响ARM成败的关键因素。ARM选择的领袖伙伴主要包括"高大上""小而精"两种类型:前者为ARM提供行业"know-how"[①],链接广阔的上下游生态伙伴,了解产品面向的消费群体和适用的生产生活场景;后者为ARM提供尖端技术支持,帮助ARM实现其在该产业的愿景。例如,ARM在与诺基亚的合作帮助下拿到了德州仪器的订单,从而打开了2G时代的功能机市场;ARM和意法半导体、流明诺瑞等小型公司合作,成功进入嵌入式系统市场;而在服务器市场中,ARM选择的伙伴三星、高通等公司没能弥补其投入资金的不足,大败亏轮(戎珂、石涌江,2015)。

ARM生态的扩张可以分为三个阶段:手机芯片生态、嵌入式系统生态和服务器生态。在手机芯片阶段,ARM初步触及了商业生态的运作模式,通过与"下游的下游"OEM公司达成协议,倒逼中间企业采用ARM的设计,迈出了成功的第一步,这一时期的代表性产品有ARM7、ARM9。此后,ARM分层设计了Cortex-A、Cortex-R、Cortex-M三个系列,Cortex-A是性能最好的产品,用于复杂的计算领域,服务于服务器市场;Cortex-R重视实时响应需求,深入智能驾驶、智慧医疗领域;Cortex-M作为低功耗的产品服务于嵌入式市场。[②] 在嵌

[①] know-how即技术决窍,指在特定行业或领域内,所掌握的独特技能、知识或经验。——编者注

[②] ARM. ARM products [EB/OL]. [2023-07-15]. https://www.arm.com/products.

入式系统阶段，ARM 改变了合作伙伴的选择策略，推出代表性产品 Cortex-M3，以及专攻不同领域的 Cortex-A、Cortex-R、Cortex-M 系列，在嵌入式系统市场中也连战连捷；服务器生态阶段，Cortex-A 作为高端产品进一步打通智能手机市场，Neoverse 系列产品为 5G 等高性能计算服务，可惜在服务器生态碰壁失利。图 5-2 以 VSPTO 生态培育模型为线索，展示了 ARM 的三阶段扩张路径。

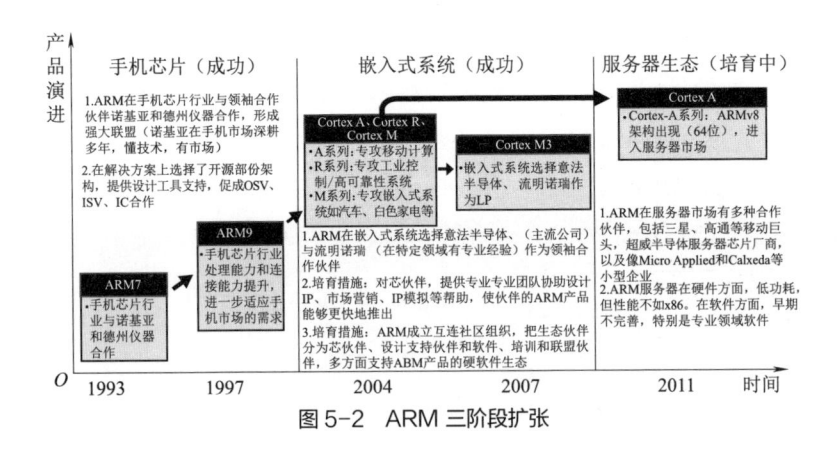

图 5-2 ARM 三阶段扩张

手机芯片生态培育：出奇制胜

20 世纪末，笨重的砖头机"大哥大"进化成更为灵巧便携的功能机，诺基亚成为手机市场的闪耀新星。此时英特尔在手机芯片市场占据优势，ARM 仍然在 Newton Pad 失败的阴霾中辗转腾挪。1993 年以来，手机芯片市场开始关注下一代移动设备，但当时还没有很好地展示未来的需求。当时，和其他核心处理器相比，ARM 的产品 ARM7 功耗低、体积小。同时，德州仪器作为一家芯片制造商也在努力寻找一家可以提供低功耗处理器的公司。然而，ARM 作为一家小公司并不能完全说服德州仪器采用它的架构。被德州仪器拒绝后，ARM 开始与诺基亚联系寻求帮助。当时，诺基亚还希望开发低功耗、小尺寸、易于升级的下一代移动设备，ARM 的架构完全符合它们的目标，诺基亚同意开发基于 ARM7 架构的新手机，并建议它的主要芯片供应商——德州仪器在未来的产品开发中采用 ARM 的架构。最后，这三家公司建立了一个联盟，共同开发下一代移动手机（见图 5-3）。ARM 成功地为它们的 IP 建立了新的供应链。第一款产品诺基亚 6110 于 1997 年发布。随后，ARM 的出货量大幅增长（戎珂、石涌江，2015）。[①] 这次合作的达成，让 ARM 意识到企业要面对的，不仅是供应链时期最重要的

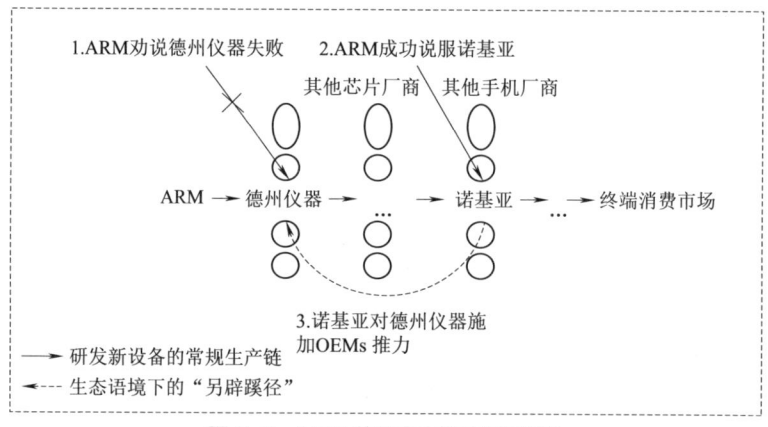

图 5-3 ARM 使用生态策略取得订单

[①] ARM. A brief history of ARM: Part1 [EB/OL]. [2023-07-15]. https://community.arm.com/processors/b/blog/posts/a-brief-history-of-arm-part-1.

"我的上游"和"我的下游",更是平台、生态时期作用愈发凸显的"我上游的上游"和"我下游的下游","伙伴"意识初具雏形。

自此,"低耗能"逐渐成为 ARM 对芯片架构的"愿景",迎合了当时手机市场化繁重为便捷的市场需求。

跨过手机芯片市场的门槛后,ARM 在手机芯片市场进入多元阶段,有更多的 IC 企业采用 ARM 架构开发产品,ARM 在 1998 年于伦敦和纳斯达克上市。经过一段时间的百花齐放,手机芯片行业进入聚集阶段——德州仪器芯片取得了竞争优势,诺基亚和德州仪器的组合也在市场中占据重要地位。在巩固阶段,ARM 芯片在手机芯片市场占据垄断地位。在更新阶段,手机行业从功能机迈向智能机,ARM 也随着行业发展,进入智能手机阶段,它先后同苹果和安卓合作,在智能手机芯片领域继续保持霸主地位。

在合作伙伴方面,ARM 成功将手机行业的领头羊诺基亚和芯片制造商德州仪器转化为自己的领袖合作伙伴。与两大公司的深度合作,使 ARM 芯片最后占领整个手机市场。然而,ARM 由于体量较小,还没有力量对产品设计 IP 实施强控制,因此,在解决方案上,它选择开放自己的产品设计,以吸引更多的合作伙伴连接,共同开发泛社区网络的资源。ARM 为它们提供开发工具,降低了软件成本,推动服务生态发展。

手机芯片市场合作伙伴的结识过程,是 ARM 生态思维的重要触发点。不是直接和下游厂商德州仪器接触,而是迂回游说"我下游的下游"——诺基亚,从而反推与德州仪器的合作,也就是"重视客户的客户",这正是 ARM 在手机芯片市场的生态思维。

兴起阶段：结交领袖合作伙伴，提出新型解决方案

1993年，正是手机芯片的兴起阶段。通过授权模式，ARM与德州仪器、三星、夏普等大型芯片制造商初步开展了合作，提出新的解决方案，结交了新的领袖合作伙伴（戎珂、石涌江，2015）。

在此阶段，ARM并没有提出明确的愿景（V），而是通过封闭技术打造符合诺基亚需求的高性能、低功耗芯片，塑造自己的不可替代性，形成产品核心竞争力，构建单一但紧密联系的供应链，与德州仪器和诺基亚的伙伴格局初步形成。技术上，基于德州仪器、诺基亚等合作伙伴（P）的产品研发要求，ARM开发出架构功效更低、体型更小的ARM7（S），但核心技术由ARM掌握，并不开放给德州仪器、诺基亚等供应链下游。虽然技术并未开放，但ARM和德州仪器、诺基亚已经基于供应链达成了较为紧密的配合——ARM提供架构，德州仪器进行芯片制造，诺基亚使用德州仪器基于ARM7架构生产的芯片。在这一初始阶段，ARM对诺基亚提出的对芯片低功耗、小体形的要求，展现了其进行新技术探索的诚意，因此合作主要基于善意信任。另外，ARM成立初期与苹果合作开发了产品Newton Pad，虽然因为产品定位不明确和价格高昂没有取得成功，但为ARM与苹果的信任建立奠定了基础（戎珂、石涌江，2015）。

多元阶段：下游订单纷至沓来，ARM架构推而广之

20世纪90年代，ARM手机芯片生态的发展进入多元阶段，ARM在市场中的地位也逐渐建立。随着与德州仪器、诺基亚的合作更为密切，ARM在移动市场的出货量显著增加，许多公司纷纷开始遵循它的标准，并开始认购ARM研发的IP。在1994—2000

年间，ARM 授权 IP 给高通、三星、摩托罗拉等多家公司，在 1993—1998 年期间，ARM 授权超过 165 家公司。1997 年，德州仪器基于 ARM 架构生产的芯片被应用在诺基亚 6110 手机中，该手机也成了当时的"机皇"。1998 年，诺基亚成为全球最大的手机厂商，同年 ARM 也实现了上市。1999 年，ARM 发布 ARM9，这款产品的处理能力和连接能力提升，进一步适应了手机市场的需求。

基于在兴起阶段与诺基亚的合作，在手机芯片行业的多元阶段，ARM 更明确地提出"移动设备芯片需要低功耗、低成本和高性能"（V），以满足未来手机对芯片的要求。在这一预想下，ARM 更注重提升产品的多元化、兼容性和连接能力（S），开发了以 ARM9 为代表的芯片产品。这一时期的产品处理能力和连接能力增强，与 ARM7 相比处理频率加快、与其他外围设备的连接能力增强、能够支持 Java 应用。在技术开放性上，ARM 提供设计工具给 OSV 和 ISV，也开源部分架构给德州仪器、诺基亚及其他 OEM、IC 设计和制造企业、OSV、ISV（P），用于开发操作系统和应用软件，促进了多元合作伙伴关系和多元产品的形成。ARM 在技术开放性上的突破不仅扩大了合作伙伴覆盖面，还使其与诺基亚和德州仪器形成了更为紧密的联系和配合，并形成了典型的领袖合作伙伴群体。在这一阶段，ARM 的设计被市场上较为领先的几大厂商采用，得到典型领袖合作伙伴的认可，这让 ARM 潜在的合作伙伴对其能力产生了更多基于市场活动的信任，而不仅仅是兴起阶段的善意信任（T）。

聚集阶段：诺基亚 6110 旗开得胜，ARM 芯片设计濡泽功成

在手机芯片行业的聚集阶段，ARM 在合作中进一步提出"未来移动设备的数字化"（V），并对用户需求、行业前景以及自己能给予的开发帮助提出更为集中的解决方案（S），提出 ARMv6 架构，提升数据吞吐量、实时性能和浮点处理能力。同时，核心技术开放也更具针对性。软件上，ARM 提供设计工具给 OSV 和 ISV，并且推动它们与 IC 企业合作开发基于 ARM 架构的新产品，及其配套的操作系统和软件，这增进了 ARM 与不同伙伴之间的生态信任（T），丰富了 ARM 的软件生态。事实上，基于前期的领袖合作伙伴关系，ARM 通过坚实的合作基础，与德州仪器和诺基亚形成了强大的同盟，此时领袖合作伙伴的作用更为突出，且在市场上表现不俗。德州仪器芯片在市场上赢得竞争优势，诺基亚、爱立信、摩托罗拉和索尼（P）等都使用德州仪器的芯片，ARM 的市场进一步扩张。

巩固与更新阶段：百尺竿头，更进一步

在手机芯片行业的巩固阶段，ARM 的愿景没有变化，即"未来移动设备的数字化"，并维持支持伙伴的策略。在这一阶段，ARM 进一步明确了主导设计的标准，确定了"足够好"的低功耗设计思路（S），ARM7 和 ARM9 的性能继续提高，同时安全性进一步提升。在核心技术上，ARM 保持了相对开放的态度，继续提供开发工具以支持其 IC 设计伙伴，诺基亚与德州仪器仍然是它的领袖合作伙伴，还有价值链伙伴和大量泛社区合作伙伴（P），合作模式趋于成熟，并形成了较为紧密的生态信任（T）。2002 年，ARM 手机芯片出货量达到 10 亿，同年它推出了 ARM11 微架构和 RealView 开发工具。

ARM 在手机芯片行业取得了垄断地位，在智能手机领域，它针对不同行业提出新的愿景，主体思路是满足"未来智能互联设备的需要"（V）。随着市场需求的变化，ARM 的发展进入更新阶段，它准备向其他行业扩张，如嵌入式市场，ARM7 被回收和重新设计，为嵌入式设备做定制。ARM 后续推出 Cortex-A、Cortex-R、Cortex-M 三个系列，分别针对移动计算、工业控制、嵌入式系统；2011 年推出针对处理器市场的 ARMv8（S）。随着 ARM 布局新行业，手机芯片行业已有的合作伙伴网络显然不能满足 ARM 的需要，ARM 和前期形成生态信任的伙伴共同进入新领域（T），寻找新的合作伙伴（P）：在嵌入式市场，ARM 牵手意法半导体公司和流明诺瑞，在智能手机领域则与苹果合作推出 iPod 和 iPhone。

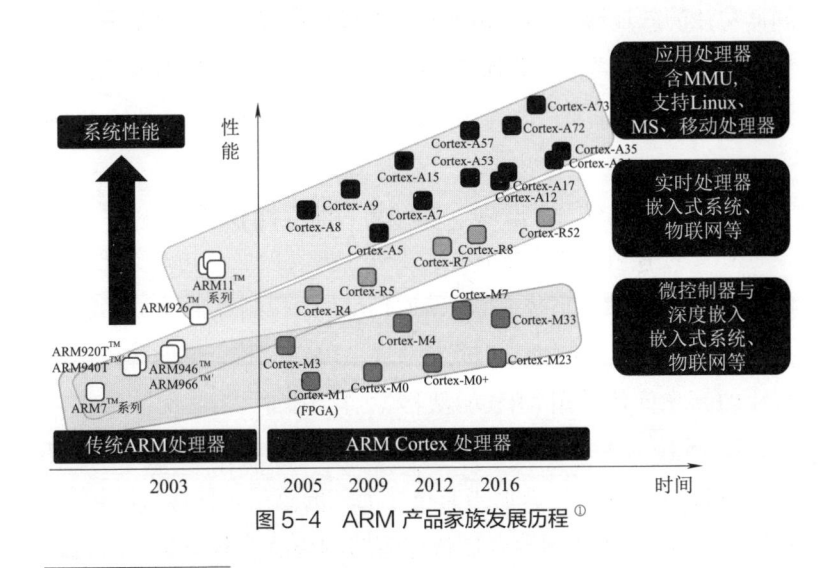

图 5-4 ARM 产品家族发展历程[①]

---

① 腾讯云. M-Arch（番外 1）GD32L233 评价——Cortex-M23 到底是个啥？[EB/OL]. [2023-07-15]. https://cloud.tencent.com/developer/article/1960810.

第五章 ARM 培育商业生态系统的现实案例　　127

嵌入式系统生态培育：开疆拓土

ARM 在多元阶段进入嵌入式系统市场，依赖自身出色的领袖合作伙伴培育模式，在嵌入式系统市场也表现不俗。在多元阶段，面对高度碎片化的市场，ARM 吸取了进入手机芯片市场时愿景不明确的教训，首先明确了自己在嵌入式系统的发展方向；在聚集阶段，ARM 与意法半导体合作，倾力打造的基于 Cortex-M 的 STM32 高奏凯歌，其中 Cortex-M 系列在巩固阶段成为嵌入式市场的主流。

ARM 系列芯片在嵌入式系统得到了广泛应用，如汽车电子、航空电子、医疗设备等。这些系统需要高可靠性、实时性、安全性和低功耗的处理器。ARM 系列芯片的设计恰好具备高性能和可靠性，能够应对复杂的实时任务，满足这些需求，如 ARM 在实时嵌入式系统领域的主要产品线——Cortex-R 系列处理器。

多元阶段：广结善缘，分类管理合作伙伴

ARM 进入嵌入式市场时，生态处于多元阶段的初期。此时市场对编码标准没有形成共识，ARM 认为微控制器需要低功耗和高性能（V），于是回收并重新设计了 ARM7 架构，同时游说不同行业的领先伙伴采用 ARM 的架构（S）。例如，当时的嵌入式系统还以 16 位为主，ARM 的营销、设计等团队说服意法半导体直接采用 32 位系统，这帮助当时位居前三的意法半导体弯道超车。意法半导体是 ARM 领袖合作伙伴策略的传统合作对象，仍然是"高大上"的伙伴。然而，此时分散的市场令合作伙伴（P）的选择不能再拘泥于头部企业，因此 ARM 决定分类管理合作伙伴，选

择与流明诺瑞等战略公司建立合作，帮助有潜力的小企业崛起。同时，ARM 对泛社区合作伙伴进行了分类管理：Silicon 伙伴（芯伙伴，包括 OEM、IC 设计、晶圆代工等有直接业务关系的领袖伙伴），设计支持伙伴（EDA 工具提供商）、软件、培训和联盟伙伴（OSV、应用软件供应商）。对于芯伙伴，ARM 提供专业团队协助设计 IP、市场营销、IP 模拟等，使伙伴的 ARM 产品能够更快推出，双方共同获得经济利益；对于设计支持伙伴，ARM 选择在嵌入式系统市场开放一定程度的架构以及相关设计工具来打造属于 ARM 的泛社区网络，加快构建生态信任（T）（戎珂、石涌江，2015）。

聚集阶段：有的放矢，设计面向细分市场

2004—2006 年，嵌入式系统处于聚集阶段，与上一阶段一样，ARM 判断微控制器需要低功耗和高性能（V）。基于领袖合作伙伴战略，ARM 与规模小但拥有专门技术的流明诺瑞和行业领先者意法半导体合作开发 Cortex-M3（P），针对不同的嵌入式分市场，开发定制 IP 架构（S），连接社区的支持（T）。最终超过一千家用户使用基于 Cortex 的 STM32，形成强大的软件生态（戎珂、石涌江，2015）。

巩固阶段：遭时定制，重组社区整合产品

2006 年之后，嵌入式系统中更多的领袖伙伴加入 ARM 的生态。ARM 对嵌入式系统未来发展的判断（V）没有变化，但也意识到嵌入式市场的需求十分专门化，需要定制的架构来满足（S）。于是，ARM 推出针对嵌入式市场的 Cortex-M，在维持领袖合作伙伴关系的基础上重组自己的合作伙伴及泛社区网络（P）（戎珂、

石涌江，2015）。

服务器生态培育：铩羽而归

整体而言，ARM 进军服务器芯片领域并不太成功。在前期，ARM 一宣布进入服务器市场，便得到了行业的青睐，一批移动计算巨头和初创企业宣布研发 ARM 架构的服务器。但当时 ARM 主攻移动通信（智能手机）市场，在服务器行业的研发资源投入不足，很难与硬软件生态完善的英特尔服务器竞争，最终很多企业宣布中止 ARM 服务器的研发。

受挫后，ARM 准备在未来专为服务器和基础设施设计新的 IP，并与以前面向消费市场的 Cortex-A 系列分离。随着云计算、人工智能、5G 等新技术的发展，ARM 系列芯片也开始在高性能计算领域发挥作用。ARM 在 2018 年推出了 Neoverse 系列处理器，它可用于云端服务器、5G 等高性能计算场景。这些处理器具备高性能、高效能和可扩展性，并且能够支持虚拟化、容器化等新技术。此外，Cortex-A 系列处理器也被广泛应用于 AI 芯片、边缘计算等领域，这些领域对高性能、低功耗和强大的计算能力提出了要求。

巩固阶段：败不旋踵，生态培育裹足不前

ARM 进入市场时，行业生态处于巩固阶段，x86 架构的服务器芯片已经垄断了服务器市场。英特尔虽然在手机芯片市场被 ARM 超越，但在服务器领域深耕多年，占据了行业大量利润，其服务器在承载标准工作负载时优势明显，高功耗的同时计算性能也十分强大。此时，ARM 自身的愿景发生了进化，从 2010—2014 年前期

对低功耗的追求，转到2014—2019面向"万亿智能设备互联的未来"（Ⅴ）。

起初，一批移动计算巨头和初创企业都看好ARM进军服务器领域，也纷纷开展了ARM架构服务器的研发工作（S），ARM也一度与嘉协达（Calxeda）、超威半导体（AMD）、里纳若（Linaro）等企业结成合作伙伴关系（P）。其中，里纳若是ARM于2010年主导成立的非营利公司，创始成员包括飞思卡尔、IBM、三星、意法爱立信和德州仪器，里纳若开发不同ARM架构SoC的共通软件，包括ARM开发工具和Linux内核等，为其他伙伴提供技术支持。[①]然而，由于ARM服务器的研发投入巨大，而且英特尔服务器的硬件、软件生态十分完善，企业短期内很难有利润，因此很多企业宣布中止ARM服务器的研发。硬件领域，微软和英伟达于2011年加入ARM服务器硬件研发的相关业务，Windows 8RT搭配Tegre3，推出微软Surface RT，英伟达于2014年退出；嘉协达于2011年推出EnergyCore，但该公司于2013年倒闭，嘉协达的倒闭进一步打击了其他伙伴的信心；博通（Broadcom）于2016年退出；高通于2017年推出centriq处理器，后于2018年退出。软件领域，里纳若负责开发不同于ARM架构SoC的共通软件，但是里纳若的研发重点在移动通信领域，服务器的研发只占不到20%。2013年，里纳若发布ODP API规范，开发支持ARM架构的应用，但成本比x86应用要高，ARM在服务器市场投入不足，缺乏完整的软件生态。支持ARM架构的企业级Linux在2016、2017年推出，生态开始完善，

---

① ARM. Linaro[EB/OL]. [2023-07-15]. https://community.arm.com/cn/b/blog/posts/linaro-linaro-1692431384.

但专业领域的软件生态仍然和英特尔有很大差距。[①]

ARM 在服务器芯片行业选择和培育合作伙伴时，并没有很好地结合行业特征，导致服务器生态的培育裹足不前。首先，选择的合作伙伴在服务器行业没有经验或者市场，如三星、英伟达、高通等，尽管它们是体量大的移动通信巨头，但它们对服务器市场不了解，也没有相关业务，缺乏市场就难以盈利，这也导致巨头们纷纷退出市场。其次，对于初创企业，ARM 也没有像在嵌入式市场一样为它们指引未来的市场方向。最后，ARM 自身的投入不足，它把更多的资源投放到手机市场，对服务器市场不大重视，导致软件生态没有形成（P）；此外，与注重低功耗的手机芯片相比，ARM 提供的芯片无法满足重视性能的服务器市场（S）。

更新阶段：重整旗鼓，选定未来潜力市场

未来 5 年，行业发展将迎来更新阶段，ARM 将致力于为万亿联网设备的世界打造云端到边缘的基础设施（V），因此，未来的重点是在 IoT（物联网）取得突破。为此，ARM 专门为服务器和基础设施设计了新的 IP，并与以前面向消费市场的 Cortex-A 系列分离（S），比如针对高性能计算打造了 Neoverse N1，针对高数据吞吐量推出了 Neoverse E1 产品。在新阶段，ARM 形成了较为完整的合作伙伴网络（P）：操作系统伙伴有 Red Hat（红帽）、Canonical（科能）、SUSE（数硕）；应用容器引擎和虚拟化伙伴有 Docker（德科）、

[①] TechRdar. How ARM took on the world and won [EB/OL]. [2023-07-15]. https://www.techradar.com/news/computing/how-arm-took-on-the-world-and-won-1067393.

KVM、Openstack[1]等；语言和语言库主要是 OpenJDK、Python 等；开发工具主要有 CodeFresh、Shippable 等；开源项目主要是里纳若、LF 网络（LF Networking）等；芯伙伴主要有台积电、高通、联发科等几家；云则与 Annapurna Labs[2]、阿里、百度开展了合作；系统上与思科、惠普、华为展开合作，和华为在麒麟芯片上仍有合作；运营方面主要有软银、Sprint（斯普林特）等合作伙伴（戎珂、石涌江，2015）。

ARM 的生态范式选择

ARM 核心的商业模式是通过 IP 授权获得收入，对应地，其选择的是共演型生态范式。正如前文介绍的，共演型生态指核心企业仅对技术架构不开放，对技术的内核、接口和应用都保持开放，以求精准吸引有价值的生态合作伙伴。总的来说，ARM 不断更新迭代架构，不断扩展行业和领域，集中资源专注技术研发，在手机行业、嵌入式行业授权技术架构 IP 给合作伙伴，并且配套了核心的开发工具。合作伙伴基于核心架构设计开发芯片，开发者也积极加入，这使得 ARM 的共演型生态不断繁荣，最终形成了中高的生态伙伴开放程度、高生态解决方案多元化的平台共演型生态。

行至今日，基于强有力的研发与技术水平，ARM 的共演型生态不仅在手机芯片、嵌入式系统领域大展身手，也在智能手机行业、

---

[1] KVM 是 keyboard video mouse 的缩写。KUM 通过直接连接键盘、视频或鼠标端口，能访问和控制计算机。Openstack 是一个开源的云计算管理平台，是一系列软件开源项目的组合。——编者注

[2] 这是一家以色列芯片制造公司。——编者注

5G 行业取得成功。较高的开放程度、较多元化的生态有利于吸引大量的合作伙伴；同时 ARM 在各类芯片行业中几乎均有几个寡头形式、市场占有率高的领袖合作伙伴。在服务器芯片领域，尽管 ARM 提出的愿景是服务器芯片行业的痛点所在，但是 ARM 的伙伴所提出的解决方案并不能够满足这个行业的需求。服务器市场的数据中心运营商需要高效的部件，并不仅仅追求价格的低廉。服务器市场更注重芯片的性能，而 ARM 早期的服务器在性能上远不如 x86。不仅如此，作为领先企业的英特尔同时推出了功耗较低的 Atom（凌动）以应对 ARM 的竞争。x86 架构的服务器已经发展了几十年，在软件、硬件方面的生态都十分完善，而作为后来者的 ARM 架构，尽管有意识地培育软件生态，但难以在短时间内和英特尔竞争。服务器的研发需要大量资源，回本时间长，新架构的服务器更面临需求的不确定性，很多企业因此停止开发 ARM 架构的服务器。尽管大型的服务器市场客户对 ARM 架构的服务器芯片感兴趣，但大部分用户还是持观望态度，并没有对其大量采购。新架构服务器的稳定性、安全性等仍有待验证。

ARM 架构芯片最终垄断了整个手机芯片行业，为保持生态系统的成长，ARM 一方面在行业维度上扩张，包括各类细分的芯片市场，另一方面在区域维度上扩张，如在中国培养 ARM 的生态。后者是在地理位置上的扩张，更多的是寻找伙伴，开拓市场，并不仅仅是更多新技术、新产品的扩张。

ARM 生态扩张至新的行业

事实上，早在手机和服务器的巩固阶段，ARM 已经改变对低功耗的追求，转而提出万物互联。这一愿景大致形成于 2014 年，并持续至今。现在，ARM 主要从推进 AI、布局 5G 的方向着手，建设"万亿智能设备互联的未来"。

ARM 与联发科等不同的厂商合作，研发出 ThreadX、Bluetooth LE（低功耗蓝牙）、Wi-Fi 等互联技术。联发科在 ARM 的支持下推出了 Dimensity（天玑）5G 芯片，2023 年 5 月 10 日发布了天玑 9200+ 旗舰 5G 移动平台。这一系列的芯片保持了 ARM 传统主打的高性能、低功耗，同时兼具 5G 设备连接和智能互联的功能，面向智能手机等应用场景。

此外，ARM 还研发其他技术来辅助万物互联。ARM 研究端到端 AI 计算，推出如 Cortex-A77 CPU、Cortex-M55 和 Ethos-N77 NPU 等 AI 处理器，以满足物联网设备和嵌入式设备的性能要求。2022 年 ARM 推出 Ethos-N78，该处理器的性能比上一代提升超过 200 倍，同时具有更低的功耗。[1] 端到端 5G 也是 ARM 重点关注的，比如推出了 Cortex-A77 和 Mali-G77 等 5G 端到端解决方案，从快连接、低迟延、高性能等方面为万物互联提供帮助。2018 年，ARM 宣布推出通用性物联网平台"Pelion"，该平台主打统一安全模型及单一控制台，支持多云和混合云部署，能够帮助企业更好地管理和连接物联网设备。[2]

---

[1] ARM. Ethos-n78 [EB/OL]. [2023-07-15]. https://www.arm.com/zh-TW/products/silicon-ip-cpu/ethos/ethos-n78.

[2] ARM. ARM Pelion IoT platform provides foundation for comprehensive IoT utility deployments [EB/OL]. [2023-07-15]. https://www.arm.com/company/news/2019/03/arm-pelion-iot-platform-provides-foundation-for-comprehensive-iot-utility-deployments.

生态培育总结

ARM 各阶段生态培育方法比较

如表 5-1 所示，从手机芯片市场开始，随着生态培育的发展进入不同阶段，ARM 将生态布局扩展至嵌入式市场、服务器芯片市场。在手机芯片市场，ARM 经历了完整的生态培育发展阶段，愿景逐步明确并稳定下来，提供的解决方案愈发开放，也和诺基亚、德州仪器形成了稳定的良好伙伴关系，并基于此展望新行业的领袖合作伙伴。进入多元阶段，ARM 把自己的产品分成三个系列，即 Cortex-A、Cortex-R 和 Cortex-M，分别应用于移动计算行业、工业控制和低程度的嵌入式市场（汽车、家电、医疗仪器等）。ARM 将嵌入式市场纳入生态蓝图，继续发挥手机芯片"低功耗"的优势，开发的程度也从开放专利提高到与合作伙伴共同设计，进一步尝试满足嵌入式市场的专门化需求。嵌入式市场没有雄踞一方的行业巨头，因此，ARM 在不同细分领域选择了具有不同优势的合作伙伴进行分层合作。进入巩固阶段，服务器芯片市场进入 ARM 视野，为了顺应工业互联网的发展，ARM 在低功耗基础上提出万物互联，可惜的是 ARM 在服务器芯片市场只是摸着石头过河，投入不足，结果不尽如人意。

在 ARM 的生态培育中，合作伙伴起到了举足轻重的作用：通过巧妙而准确地选择领袖合作伙伴诺基亚，ARM 联通了德州仪器这一巨大需求方，从而在手机芯片市场闯出一片天地；通过兼顾"高大上"和"小而精"的领袖合作伙伴，ARM 细分嵌入式系统市场，再次取得成功。然而，在服务器市场，ARM 没能找到主攻服务器市场的巨头，也没能扶持潜力企业，自身产品性能不能满足市场需求，最终成效甚微。

表5-1 ARM各阶段生态培育方法比较

阶段		阶段1	阶段2	阶段3	阶段4	阶段5
		兴起	多元	聚集	巩固	更新
手机芯片市场		V：尚未形成明确的愿景 S：优势——功耗更低，体形更小，核心技术不开放；只供应给德州仪器和诺基亚 P：ARM与诺基亚接触，并由诺基亚成功说服德州仪器采用ARM的IP	V：低功耗、高性能处理器 S：ARM7升级开放给第三方合作伙伴，提供设计工具给OSV和ISV；促成合作伙伴之间的合作 P：诺基亚、德州仪器是主要领袖合作伙伴，其他OEM、IC设计和制造企业、OSV、ISV也加入生态	V：手机芯片的数字化 S：ARM与德州仪器形成强大的同盟；德州仪器形成显优势地位 P：格局没有发生明显变化	V：愿景并没有更新 S：主导设计形成，ARM芯片逐渐占领手机芯片市场 P：格局和策略没有发生明显变化	V：未来智能互联设备的需要 S：进入技术相近的嵌入式市场等 P：一方面，发挥在手机芯片行业已有合作伙伴网络的作用；另一方面，寻找领袖合作伙伴

第五章 ARM培育商业生态系统的现实案例

续表

阶段	阶段 1	阶段 2	阶段 3	阶段 4	阶段 5
	兴起	多元	聚集	巩固	更新
嵌入式市场		V：低功耗处理器 S：开源架构和提供设计工具，打造支持生态的连接社区 P：使用领袖战略，寻找伙伴合作伙伴；"打造连接社区"，构建生态	V：没有变化 S：与流明诺瑞共同开发法半导体共同开发Cortex-M3（微控制器内核） P：领袖合作伙伴——流明诺瑞（小公司但拥有专门技术）、意法半导体（行业领先者）；其他资源——连接社区的伙伴	V：与之前保持一致 S：嵌入式市场的需求专门化，需定制化的架构来满足 P：根据价值链伙伴和泛社区的产品，为价值链伙伴服务	

续表

阶段	阶段 1	阶段 2	阶段 3	阶段 4	阶段 5
	兴起	多元	聚集	巩固	更新
服务器芯片市场				V：低功耗服务器⟹万亿智能设备互联的未来 S：早日纳若开发共通软件，与创企业以及领袖企业都开展合作，但是硬件方面与英特尔的高端服务器相比，在性能上仍然有一定差距；软件方面，研发重点在移动设备领域，在服务器市场领域减投不足 P：初创企业一体量大小、市场影响力不足，不愿意长时间投入短期回报低的服务器市场超威半导体：主要是试水，没有自研 ARM 架构服务器上	V：为万亿联网设备的世界打造云端到边缘的基础设施 S：ARM 专为服务器和基础设施设计新的 IP，并与市场的 Cortex-A 系列分离； 高性能计算：Neoverse N1； 高数据吞吐量：Neoverse E1 P：继续采取差序格局，并且将合作伙伴和分为领袖合作伙伴和泛社区伙伴

第五章　ARM 培育商业生态系统的现实案例　　139

ARM 与生态伙伴之信任构建：以苹果为例

ARM 对于生态伙伴的信任培育，典型案例是与苹果的合作（如图 5-5 所示）。ARM 架构在当时并不是技术最好的（MIPS 的性能比 ARM 要好），但它的低功耗更切合行业的需求（足够好）。因此，ARM 和苹果的合作几经波折，苹果从 ARM 的泛社区网络转化为新行业的领袖合作伙伴，经历了漫长的时间。

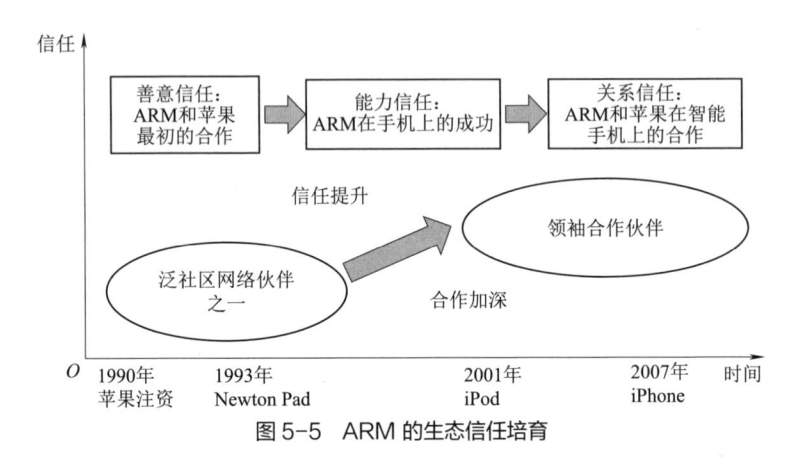

图 5-5　ARM 的生态信任培育

最初的阶段，二者的合作主要是基于善意信任——20 世纪 90 年代，苹果的 Newton Pad 采用 ARM 的芯片，但当时既没有无线局域网提供传输支持，也没有应用软件开发商提供功能支持，于是外形笨重、续航能力差、产品定位不明确但价格十分昂贵的 Newton Pad 最终草草收场。20 世纪末苹果陷入财务困境，卖出 ARM 股权套现。随着 ARM 架构在市场中的份额越来越大，苹果对 ARM 的认可形成了能力信任：由于苹果工程师熟悉 ARM 架构，2001 年新推出的 iPod 使用 ARM 芯片，后来在 2007 年推出的 iPhone 同样使用 ARM 芯片。此后，二者业务联系越来越紧密，逐步建立了关系信任。iPhone 的成功奠定了 ARM 在智能手机行业的主流地位，也使得 ARM 能够在智能手机时代延续辉煌。

苹果在功能机时代并没有与 ARM 形成非常紧密的联系，也并没有成为 ARM 的领袖合作伙伴，但是二者积累的合作与信任（包括起初的善意信任），以及 ARM 架构在功能机时代出众的表现，使苹果对 ARM 产生了能力信任，进而促使二者在智能手机时代形成了关系信任。随着双方合作的不断深入，进入智能手机时代后，苹果也从 ARM 之前的泛社区网络伙伴之一变成了领袖合作伙伴。苹果 +ARM 的搭配成为行业的主流组合之一。

ARM 与生态伙伴之生态运营：领袖合作伙伴战略与互联社区

ARM 的生态伙伴培育主要包括价值链伙伴培育和社区伙伴培育。在价值链伙伴方面，ARM 特别制定领袖合作伙伴战略：架构团队负责开发基本架构（指令集结构），设计团队负责在基本架构的基础上设计微架构（IP），营销团队与设计团队调查每个行业的顶尖企业，识别出能帮助 ARM 研发新 IP 的领袖合作伙伴，建模团队会在新 IP 发布前为合作伙伴提供模拟模型，协助它们预先开发它们的产品。

这一过程中，ARM 对生态的运营也遵循了 DECE 思路：生态设计中重视 VSP 规划；生态实施中，按照差序格局区分合作伙伴，为泛社区网络和价值链网络的伙伴提供不同的服务；在生态优化阶段，分别对 VSP 做出适时调整，并从可扩展性、多样性等维度，对生态进行评估。

ARM 选择领袖合作伙伴主要分以下四个步骤（见图 5-6）。

第一，营销团队识别行业的顶尖企业或有专业技术和增长潜力的小型企业。

第二，架构团队和设计团队调查领袖合作伙伴的需求，然后针对需求推出定制的 IP 产品。

第三，建模团队提供 IP 模拟，减少产品的前导时间。

第四，营销团队与领袖合作伙伴共同推销新的 IP 产品。

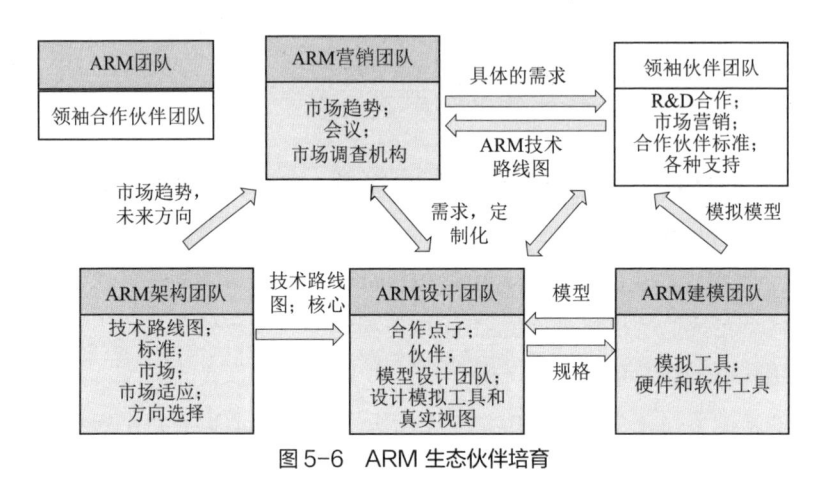

图 5-6　ARM 生态伙伴培育

以 ARM 早先在手机市场的培育为例，ARM 在 ARM7 的项目中非常成功，但是"如何维持这种优势"也随即成为它面对的难题。在 ARM7 项目中，ARM 意识到 IC 设计公司可以帮助其促进 IP 创新，为不同的芯片产品嵌入 IP 地址。IC 设计公司也可以通过 ARM 的 IP 来辨认自己的产品。在合作伙伴的保护和帮助下，ARM 不再是一个单一的 IP 提供商，而是与顶级 IC 设计公司形成了一个大的产业经济系统，与其他 IC 设计公司紧密联系的同时，也存在着与潜在的 IP 供应商的竞争关系。ARM 现在最重要的是维护与 IC 设计公司紧密的合作关系。因此，在接下来的几年中，ARM 实行领袖合作伙伴战略，选择和说服顶级 IC 设计公司与其进行合作研发新 IP，以持续占据市场主导地位。

领袖合作伙伴战略被 ARM 长期沿用。早年间，德州仪器成了 ARM7 和 ARM9 以及其他 IP 的第一合作伙伴，已经展现出典型 LPS 战略的雏形。图 5-6 描述了"LPS"的步骤，指令集体系结构研发部门、微体系结构设计团队、营销团队、合作伙伴均是这一战略的重要组成部分。营销团队寻找潜在合作伙伴，研发、设计团队满足伙伴需求，并和现有的合作伙伴一同努力，找到最佳的领袖合作伙伴，一旦成功，ARM 将实施领袖合作伙伴战略。为了让合作伙伴保持最新技术，减少制造时间，ARM 的设计团队会在新 IP 发布之前为合作伙伴提供服务，适度超前发展合作伙伴的产品仿真模型。领袖合作伙伴战略成功促进了 ARM 研发 ARM9、ARM11、Cortex-M 系列等不同的 IP，使它在其他的商业生态系统都有大幅度增长。

在社区伙伴培育方面，ARM 培育了里纳若。里纳若目前的核心成员有 ARM、华为的海思半导体和高通。里纳若的技术指导委员会由首席技术官（CTO）、工程副总裁（VP engineering）、核心会员（core members）和俱乐部会员（club members）的授权代表们组成。

ARM 在 2003 年设立互联社区（ARM Connected Community）支持自己的生态。互联社区是一个由公司组成的全球网络，致力于为基于 ARM 体系架构的产品提供从设计到制造再到最终使用的完整解决方案。ARM 为社区成员提供了各种资源，包括促销计划和同盟网络。该社区将 ARM 的各种合作伙伴聚集在一起，以提供端到端的客户解决方案。ARM 互连社区的功能包括：

（1）对于不同的 ARM 产品提供在线讨论区和教学资源，供开发者交流和学习；

（2）ARM 的工程师通过博客分享各个领域的最新技术发展以及 ARM 产品的相应功能；

（3）定期举行技术研讨会，让合作伙伴展示自己的 ARM 产品，并且促进合作伙伴之间的合作，另外还会请嘉宾做主题演讲。

整体而言，ARM 对于生态伙伴的培育可以总结为如表 5-2 所示内容。

表 5-2　ARM 生态伙伴培育总结

合作伙伴分类	运行特点
领袖合作伙伴	• 营销团队识别行业的顶尖企业或有专业技术和增长潜力的小型企业； • 架构团队和设计团队调查领袖合作伙伴的需求，针对需求推出定制的 IP 产品； • 建模团队提供 IP 模拟，缩短产品的前导时间； • 营销团队与领袖合作伙伴共同推销新的 IP 产品
价值链合作伙伴	• 每 6 个月，技术指导委员会（TSC）会向各工作组提出未来路线图，工作组则以此制定详细的开发蓝图； • 里纳若的大部分开发成果都会直接提交到已有的开源社区上游项目，所有人都能立即得到能够运行在最新平台上的最新代码
泛社区伙伴	• 对于不同的 ARM 产品提供在线讨论区和教学资源，供开发者交流和学习； • ARM 的工程师会写博客，分享各个领域的最新技术发展以及 ARM 产品的相应功能； • 定期举行技术研讨会，让合作伙伴展示自己的 ARM 产品，并且促进这些合作伙伴的合作，另外还会请嘉宾做主题演讲

ARM 案例的启示说明选择合适的领袖合作伙伴是生态培育最关键的一环。一方面，能够协助核心企业顺利地进入细分行业；另一方面，能够促使企业间的能力信任升级为关系信任，向行业里的其他伙伴企业发出良好的信号，从而带动、吸引更多的企业成为其生态伙伴。

ARM 的经验与启示

ARM 在手机行业和嵌入式系统的成功可以归因于其选择行业的领先者或者有潜力的企业作为领袖合作伙伴，并为它们提供专业团队的支持。ARM 打造连接社区，为芯伙伴提供 IP 开发的支持，为设计支持伙伴和软件伙伴提供开发工具，并与培训机构合作推动 ARM IP 知识的普及。ARM 在培育服务器行业遭遇挫折则是因为：首先，ARM 软件生态缺乏，替换成本高，而英特尔在软件生态的培育上有一支一万多人的团队，这使新软件的开发成本和难度有所降低，因此专业领域的软件对 ARM 服务器支持不足；其次，ARM 的合作伙伴影响力不足，这使得 ARM 在服务器市场没有影响力和市场，难以撼动英特尔的地位；最后，ARM 在性能上和英特尔服务器有差距，特别是高端服务器，其在手机领域的"足够好"解决方案不适用。

回顾 ARM 商业生态系统的发展历程，我们可以总结出以下 ARM 培育生态系统的战略。

一是引进新思路，发展新市场：ARM 在移动市场推出了低功耗 IP，这种 IP 模式使半导体供应链更加专业化，也刺激了移动市场的增长。

二是利用手机供应链：IP 业务模型是手机产业专业化的转折

点，使企业进行了创新。此外，作为一个非常小的公司，ARM 说服了诺基亚，建立起了一个新的供应链，这也促使其他合作伙伴与它合作。

三是实施领袖合作伙伴战略：通过对手机项目的学习，ARM 意识到芯片设计公司的重要性。它开始实行领先的合作伙伴战略，找到顶级的设计公司，以共同促进新一代 IP 的研发。ARM 通过这一战略吸引了许多顶级公司，并使它们成为自己商业生态系统的合作伙伴。

四是使市场多样化：为了鼓励合作伙伴的贡献，ARM 与 ISV、OSV 等社区伙伴和其他领袖合作伙伴紧密合作，还为此建立了生态系统，并允许设计伙伴在 IP 平台上工作，促进生态伙伴间的联系。

五是优化商业生态系统：随着商业生态系统越做越大，ARM 不得不考虑市场需求的专业化，所以它定制 IP 以适应专业市场，并且重新组织自己的商业生态系统合作伙伴。

第六章

英特尔培育商业生态系统的现实案例

英特尔简介

英特尔是 IDM（综合设备制造商）公司，也是半导体行业的顶尖公司。英特尔成立于 1968 年 7 月 18 日，总部设在美国加州圣克拉拉。英特尔的精力大多集中于计算机处理器，也生产主板、芯片、网络接口控制器、快闪记忆体图形芯片、嵌入式处理器等。2010 年，英特尔大约占有 70% 的处理器市场份额（戎珂、石涌江，2014），世界市场第二大制造商超威半导体约占有 26% 的市场份额，剩下很小一部分由其他企业占有。

英特尔有如今的成就与其培育生态的模式密切相关。自 20 世纪 90 年代以来，英特尔通过在处理器领域与 IBM 等公司竞争与厮杀，在处理器领域形成了稳定的商业生态，并占据垄断地位。然而，有趣的是，英特尔的成功模式并不是一直行之有效的。在 21 世纪初，英特尔意识到移动计算行业的巨大发展潜力——消费电子产品的出货量将是 PC 行业的 10 倍，于是开始逐渐渗透到移动计算行业。英特尔在移动计算行业的地位并不如它在 PC 行业的地位，于是通过收购其他公司，它曾试图打入该市场，但在 2006 年惨淡收场。在此之后，英特尔改变了直接进入移动市场的方式，并提出了一个新的战略：在 2008 年与自己的架构处理器 Atom 一起进入移动市场，期望一步步建立自己的商业生态系统。然而，英特尔的 Atom 项目也并没有完全成功，因此在移动端领域并没有打开市场。

接下来，本章将阐述英特尔如何开拓不同领域生态，图 6-1 正是英特尔基于产品性能构建生态的过程。英特尔首先是在 PC 处理器领域取得了巨大的成功，所以本章将回顾其在 PC 处理器领域建立的商业生态系统并分析成功的原因。在此之后，英特尔在服务器方面也击败了部分竞争对手，其中，它在中端服务器市场获得巨大成功，但在高端服务器领域并没有取得成功。然后，本章将回顾英特尔进军移动计算行业的过程，即英特尔推出 XScale 项目，基于 ARM 架构进入手机市场的过程。尽管这个项目不成功，但其中的许多经验值得其他企业学习。最后，英特尔改变了直接进入移动市场的想法，通过 Atom 处理器和在软件方面的全面支持（Moblin 的生态系统）进入移动市场（启动新概念的应用如上网本和 MID），但市场效果不佳。

PC 产业生态培育

自 20 世纪 90 年代以来，英特尔通过其强大的商业生态系统和强大的处理器，一直主导着 PC 市场。英特尔通过四个阶段在 PC 产业领域建立起强大的商业生态系统。但英特尔并非从一开始就确

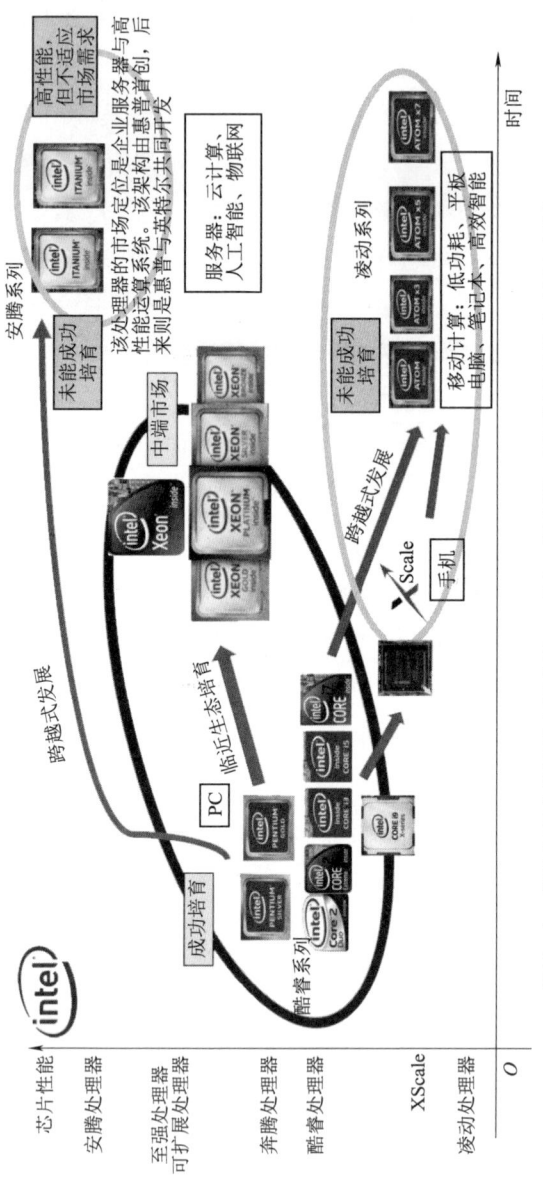

图 6-1 英特尔商业发展的主要产品——PC、服务器、手机以及其他移动设备领域

定了定位从而获得成功，相反地，它在不同的产品赛道同时发力，看哪一个产品能够获得成功便选择哪种产品。因此，有业界专家将这一市场战略称为"Spaghetti"（意大利面式）战略[1]。

谈英特尔，IBM 是绕不开的企业。IBM 由于具有开放性，许多公司都支持它的发展，包括英特尔和微软。1983 年，IBM 主导了 PC 市场约 76% 的份额（Benj Edwards，2012）。[2]

IBM 设计的 PC 产品主导了整个 PC 产业，此标准在硬件、软件方面都设置了严格的规定，每个组件的供应商都不得不遵循这个规定。IBM 会对采用了它 IP 设计的合作伙伴收取一定的费用。由此，IBM 提高了与其合作的公司的成本，而且降低了其关键合作伙伴的创新能力。在 20 世纪 80 年代，IBM 设计的 PC 已经不能充分利用英特尔处理器。更加糟糕的是，尽管有其他许多供应商投入资金和时间进行设计，但这些设计都被收取了 IP 使用费。英特尔移除了这些 IP 使用费，让供应商可以更加灵活、高效地工作，同时简化了连接和处理器。早在 20 世纪 90 年代，英特尔就开始建立 PCI（外围组件互连），这是它的处理器连接外围元件和其他合作伙伴的接口（Gawer & Cusumano，2002）。同时，英特尔与占市场份额最大的操作系统 Windows 结成了 Wintel 战略同盟。随着 PCI 的出现，PC 行业不再由原始设备制造商主导，比如 IBM 和康柏（Compaq），而是通过关键平台供应商，例如英特尔，且协商为主。除此之外，英特尔继续推出其他有远见的工业标准，如 USB（通用串行总线）插

---

[1] 作者在访谈中获悉。

[2] Benj Edwards. The IBM PS/2: 25 years of PC history[N]. PCWorld JUL 9, 2012. [2023-07-15]. https://www.pcworld.com/article/465931/the_ibm_ps_2_25_years_of_pc_history.html.

件和输出设备等，用于下一代 Winmax 通信技术。

对英特尔在产业不同阶段的生态培育策略，我们将逐一进行分析：英特尔在 PC 产业发展的多元阶段入局，尽管面对 IBM 的限制，但仍然通过不同途径摆脱不利局面。经过一段时间的百花齐放，PC 芯片行业进入聚集阶段——英特尔和 Windows 组建了 Wintel 战略联盟，使得 IBM 放弃该领域相关产品，英特尔因此取得了竞争优势。在巩固阶段，英特尔需要建立稳定的商业生态，因此选择将非核心产业外包给其他合作伙伴。在更新阶段，英特尔基于 PC 产业生态建立的优势，开拓其他领域。下面，笔者采用 VSPTO 方法论对英特尔在 PC 行业各个阶段的策略进行剖析。

多元阶段：切入 PC 市场

在 PC 领域，英特尔并非最先进入市场的厂商。1995 年，英特尔在处理器产业发展到多元化阶段进入该领域，此时，它面临着来自 IBM、康柏和其他 OEM 不同工业架构的竞争。

此时的英特尔尚未建立成熟的商业生态，打破 IBM 对其产品性能上的限制成了它的主要愿景。它的两个主要经营业务——内存芯片和处理器——也面临着不同对手的竞争。首先，日本的内存芯片商业模式取得了巨大的成功，日本的 DRAM 内存芯片挤占了美国内存芯片企业的生存空间，英特尔也深受影响。其次，IBM 作为其当时主要的合作伙伴，在 PC 领域取得了巨大的成功，英特尔选取的方案也是基于其框架进行开发的，它与 IBM 也建立了商业互信，成为 IBM 的主要供货商之一。在这个过程中，IBM 的开放模式也间接地为英特尔带来了与各种领域伙伴的合作。由于英特尔并不是兴起阶段就进入 PC 处理器领域，因此在这个阶段，对比苹果公司的垂直商业模式，英特尔需要依靠IBM更为开放的商业模式来切入市场。尽管如此，与IBM的合作依然给英特尔带来掣肘，高门槛的设计标准和硬件要求使得英特尔无法将创新完全应用到IBM的PC上。因此，英特尔提供处理器来支持不同的OEM用以区别IBM严格的设计标准。

聚集阶段：逐步超越竞争对手

在此阶段，英特尔的潜力开始逐步显现，在创新能力和产品、服务性能上逐渐超越对手并在行业中建立领导地位。英特尔从来没有停止技术创新，反而一直领先于市场需求。它几乎持续跟随摩尔定律的步伐，保持在芯片中注册的晶体管数量大约每24个月增加一倍。20世纪90年代开始，英特尔逐渐主导PC行业。总结下来，这主要有三个原因：首先，英特尔专注于PC行业，特别是处理器的制造，这是与IBM不同的垂直一体化结构；其次，除了拥有核心处理器，英特尔也有其商业生态系统，这也促进了处理器的商业化；最后，在随后的阶段，英特尔与微软密切合作，完成了Windows和英特尔处理器的设计。

基于VSPTO的框架，我们分析英特尔在聚集阶段的产业布局。

从愿景（V）的角度来说，英特尔需要其他公司基于自己开发的产品进行协同创新。一方面，由于IBM在PC领域对其他合作厂商的创新和连接有相当的限制，英特尔无法将自己的设计创新完全地应用在IBM框架下（实际上，在20世纪80年代，英特尔的产品与IBM就已经无法完全兼容，IBM的产品也无法完全应用英特尔的创新）；另一方面，在给IBM供货的同时，英特尔还需要接受IBM对于硬件设计标准的限制，并向IBM支付高昂的IP使用费。

因此，英特尔采取了相比于 IBM 更为开放的解决方案（S），英特尔开始免费建立一个工业标准 PCI，用来连接来自其他合作伙伴的外围组件（Gawer & Cusumano, 2002）。在这个过程中，英特尔与合作伙伴建立了商业互信，不仅制定了工业标准，而且鼓励使用基于英特尔处理器的外围产品进行下游创新。除 OEM 之外，它还支持许多类型的公司，如 OSV、ISV、内容提供商、零售商和系统集成商。基于这些策略，英特尔赢得了产业的主导地位。以 PCI 作为行业标准接口，使合作伙伴补充产品来结合英特尔的处理器，提供最终用户产品。反过来，通过这个接口，英特尔的几代处理器也能兼容合作伙伴的产品。这样一来，英特尔的行业标准允许合作伙伴自由地与其他合作伙伴建立联系，进而可以摆脱 IBM 的限制和控制，以自己的方式组装个人计算机。此外，为建立信任，英特尔还承诺，即使处理器升级，PCI 也将继续使外围处理器或设备兼容。随着 PCI 的引入，PC 行业开始专业化，不再由 OEM（如 IBM 和康柏）主导，而是由英特尔等关键平台提供商协调。为进一步扩大优势，英特尔与 Windows 结成了 Wintel 战略联盟，联合提供一个完整的生态系统：Windows 操作系统只能在英特尔的 x86 架构及其兼容的 PC 运行，x86 架构也是英特尔开发的四大架构中的第一个，x86 之后便出现了著名的酷睿处理器。同样，英特尔还承诺即使处理器升级也将继续使设备兼容。最终，该架构的处理器取得了巨大的成功。

巩固阶段：建立了稳定的合作伙伴网络

在此基础上，英特尔希望合作伙伴基于自己的产品开发软件，从而在产业生态的逐步发展中建立了稳定的合作伙伴网络。英特尔不仅建立了行业标准，还鼓励合作伙伴在英特尔处理器的基础上对周围产品进行创新。这一战略使英特尔在大环境下生存了下来，而且规模持续增长，超过其他顶尖的处理器供应商。同时，英特尔继续引入标准，构建自己的商业生态，以保证自己在处理器和 PC 领域的主导地位。在此过程中，英特尔的如下战略使得它能够进一步巩固优势。

首先，英特尔与合作伙伴共享处理器，并鼓励它们协同发展，以提高处理器的性能；其次，为了与合作伙伴共同培育起相关生态，英特尔派出工程师和营销人员去帮助合作伙伴；此外，由于英特尔具有很强的资本背景，即所谓的英特尔资本（Intel Capital），它向小企业提供经济支持从而获取它们的股票，投资激励了部门创新。除了这些，最重要的一点是英特尔与微软密切合作，主导设计了英特尔处理器和微软的操作系统 Windows，这让它与 PC 行业的其他竞争对手相比有了很大的优势。

我们利用 VSPTO 框架来分析此时英特尔的战略决策。从愿景来看，英特尔解决了服务短缺的问题，将非核心业务外包给其他企业，并将其与自己的核心业务绑定，建立稳定生态。同时，英特尔在技术层面和应用层面采取不同的措施：在技术层面，英特尔在这些开源公司（如 Apache\Linux\OpenStack）通常都拥有更高级别的会员资格，并在标准制定与进化的讨论中掌握更重要的话语权；在应用层面，所有搭载英特尔核心的产品在发布或推广环节，如果使用的物料中带有英特尔标识，或邀请英特尔嘉宾进行联合推广，就可以算作与英特尔联合推广，从而获得来自英特尔的营销费用分摊报销，这使得英特尔的合作伙伴更有动力与其开展长期合作。在这一阶段，英特尔前期在伙伴上的投入已经助其形成较为稳定的生态圈，这对 PC 行业的很多合作伙伴仍然适用，不需要重新寻找大量新合作伙伴。与此同时，在前几个阶段英特尔与生态伙伴形成的关系信任，促使这些伙伴与和英特尔共同进入新的领域开展合作。在稳定建立生态之后，英特尔芯片占据了大部分的 PC 市场份额，该行业市场占有率第二位的超威半导体也难以望其项背。

更新阶段：基于 PC 产品的优势进入其他领域

英特尔在产业发展的更新阶段试图进入其他领域（V），考虑带来新颖的产品，以更新商业生态系统。在此基础上，英特尔推出新颖产品的同时，优化产品效率和能力，以更好地适配生态合作伙伴的产品，稳定生态合作伙伴网络。基于 PC 产业的优势，英特尔主要进入了两个领域：一方面，进一步开发产品性能，向高性能服务器领域拓展；另一方面，在移动互联时代来临时，英特尔也希望抓住机遇进入手机和移动计算市场。在服务器领域，英特尔试图构建英特尔至强（Pentium II Xeon）可扩展平台，基于芯片，为功能强大的数据中心平台奠定坚实基础，平台融合计算、存储、内存、网络和安全等功能，同时期望推广到 AI 等领域。然而，英特尔的优势在于处理器，因此，它以不断升级芯片组合为手段（S），进一步发挥核心业务优势，开发芯片功能，并扩展服务器芯片的应用范围。

服务器产业生态培育

除了在 PC 产业建立成功的生态，英特尔也开始向其他领域拓展商业生态。基于在 PC 产业的巨大优势，加之 PC 芯片与服务器芯片产业的邻近性，英特尔试图进一步开拓服务器领域。然而在

20 世纪 80 年代，IBM 在服务器领域依然占据着主导地位。在 20 世纪 70 年代中后期，IBM 提出了小型机（一种小型服务器）的概念并研发出第一款小型机 IBM5100，其后续产品也取得了相当的成功，市场占有率一度超过了 70%（戎珂、石涌江，2014），尤其是在银行业使用的服务器中，IBM 占据了巨大的市场份额。此时，英特尔仍然是为 IBM 小型机服务器提供处理器的配套厂商。然而，在服务器领域，英特尔也面临着和 PC 领域同样的问题，IBM 对供应商产品的限制极为严格，英特尔的技术优势已经无法适应 IBM 的限制。于是，它试图构建自己的服务器商业生态。

在服务器领域，英特尔的探索之路也并非一帆风顺，英特尔在进入服务器领域之前并没有涉足高性能服务器。1998 年，英特尔公司为了区分服务器市场和普通个人计算机市场，决定研制全新的服务器 CPU，命名也跟普通 CPU 做了一些明显的区分，称为"至强"（Pentium Ⅱ Xeon），取代之前所使用的奔腾（Pentium Pro）品牌。至强系列也是独立于 x86 架构的四大架构中的第二个，该产品迅速取得了成功并且占领了大部分中端服务器市场。几乎在研发至强系列的同时，英特尔试图开拓更高层次的服务器市场。2001 年，英特尔和惠普共同推出了第一代安腾（Itanium）处理器，这也是英特尔开发的第三个架构。然而，安腾处理器并没有获得预想的成功，它的开发周期相对较长，而且架构与 x86 架构不兼容，这限制了现有 x86 软件在其上运行，给用户带来了迁移和兼容性问题。除此之外市场需求转向了更加节能和多核心的处理器，而安腾处理器在能效和多核心性能上相对较弱。因此，安腾芯片并没有取得预想的成功，在合约到期之后，英特尔和惠普也不再对安腾芯片进行进一步开发。

对于英特尔在产业不同阶段的不同表现，我们下面逐一进行分析。

服务器行业进入聚集阶段时，英特尔开始拓展和培育自己的商业生态——它在该过程中联合了 Linux 和微软，以相同方式在该行业击败 IBM，取得了竞争优势。在巩固阶段，英特尔发现无法完全对全产业进行控制，因此选择培育共同生态伙伴。

下面笔者将用 VSPTO 方法论对英特尔在服务器行业各个阶段的策略进行剖析。

聚集阶段：联手 Linux 和微软取得竞争优势

IBM 尽管在小型机领域取得了巨大的成功，但是由于对于合作伙伴的限制以及技术迭代速度难以跟上其他厂商，它的优势逐渐丧失。特别是在产品和技术层面，英特尔和 Linux 成功超过了 IBM。IBM 的小型机使用的是其自研的 IBM Power 系列处理器，以及基于 Unix 的 AIX 操作系统，尽管有着出色的表现，但是由于价格高昂和封闭特性，它在应对技术快速变革的环境中处于劣势。相比之下，英特尔尽管经历了安腾芯片的失败，但是推出的至强处理器大获成功。至强处理器基于 x86 服务器，采用开源软件，以 Linux 为核心，其 2010 年发布的 Nehalem-EX 架构至强 7500 处理器在性能上更是可以与 IBM 小型机相媲美，而成本却大幅度下降。同时，英特尔还不断使用各种新型的降本增效技术以提升服务器性能。

在这一阶段，英特尔也同样希望能够打破 IBM 在服务器领域对自家产品性能和标准的限制（V）。在这一愿景的基础上，英特尔不同于 IBM 封闭式的设计，采取了与 Linux（P）结合的开源方式开发服务器（S）。由此，英特尔在2010年开发出至强7500处理器，该处理器从成本到性能都已经能够在市场上取代IBM的小型机。在生态信任（T）方面，英特尔在生态集群形成过程中，通过更深层次的协作和持续提供专业级解决方案，将与合作伙伴的技术能力信任提升为互动关系信任。至于生态运营（O），当时行业环境变得过于复杂，仅凭推行行业标准已无法有效控制行业的发展趋势，因此英特尔开始积极地与其合作伙伴进行共同研发，并构建了一个涵盖软件社区和硬件平台的集合，以期吸引更多的合作伙伴共同参与生态设计并持续优化生态水平。

巩固阶段：培育服务器生态伙伴

在全球化的竞争环境下，英特尔基于先进的技术和开源模式的成功，希望通过与合作伙伴深度合作，打造一个全新的服务器生态（V）。其中，英特尔与中国的主要合作伙伴联想之间的合作无疑是最具代表性的。首先，英特尔大力支持联想（P）的研发工作，为联想提供了大量的技术和人力资源（S）。它让联想派遣多名工程师接受英特尔的高级培训，通过培训，这些工程师了解并掌握了英特尔的最新技术[①]。培训的内容涵盖了机器的组装、零部件的配合、性能检测，以及所需的设备等各个环节的问题，这使得联想的技术实力有了极大的提升。

除此之外，英特尔还与联想分享了自己的合作伙伴资源（T）。英特尔通过自己的关系网络，帮助联想接触其他许多合作伙伴，并促使其建立关系。这些合作伙伴包括各类零部件供应商、软件开发

---

① 作者根据对业界人士的采访得知。

商、营销公司等，它们的加入为联想提供了更为丰富的资源，使得联想能够更好地开展各类业务。

这些行动可以显示出，英特尔的战略目标是在全球范围内创建一个既可以适应当前市场需求，又能预见未来发展的新型服务器生态。它希望这种生态能够帮助联想和其他合作伙伴共同提升在市场上的竞争力，取代 IBM 在小型机市场上的领导地位。而这种共赢的合作模式也进一步展现了英特尔在全球信息技术行业的领导地位，展现了它的开放、包容与创新精神（O）。

手机业务

随着智能机时代的到来，英特尔在产业兴起之初基于自身芯片制造优势，以及在手机市场布局的愿景，试图进入手机芯片市场。然而，一方面，由于 ARM 在手机芯片市场已经取得了巨大的成功，英特尔未能在产业兴起阶段站稳脚跟；另一方面，基于 PC 行业的巨大成功，英特尔本身对 PC 行业和移动行业的判断也存在问题，认为移动设备产业的市场规模不会超过 PC 产业，然而事实并非如此。在这种情况下，英特尔选择基于 ARM 的架构构建嵌入式市场来进入手机芯片行业。然而，在 PC 行业取得巨大成功的英特尔并没有在手机芯片产业复刻成功，这种生态构建方式并没有给它带来显著的收益，因此，英特尔在面临决策的时候选择了回归自己的核心产业，将手机处理器 XScale 出售给 Marvell（美满科技），英特尔在手机产业生态的布局宣告失败。

针对英特尔在手机产业不同阶段的不同表现，我们逐一进行分析：在多元阶段，英特尔借助 ARM 架构进入市场，开发基于

ARM 架构的 2002 XScale 项目，在与摩托罗拉的合作中成功赢得市场竞争优势。在聚集阶段，英特尔在 2006 年并没有获得显著的经济回报，将处理器 XScale 出售给了 Marvell，退出了手机芯片市场。

下面笔者将用 VSPTO 方法论对英特尔在手机业务各个阶段的进入和退出进行分析。

多元阶段：构建基于 ARM 的手机芯片产业生态

在 20 世纪 90 年代，DEC（美国数字设备公司）作为英特尔的主要竞争对手，同意出售 ARM 作为和解的一部分。借助 ARM 架构，英特尔希望能够渗透巨大的嵌入式市场，特别是进入手机市场（V）。

首先，英特尔开发的基于 ARM 架构的 2002 XScale 项目（S），在与摩托罗拉的竞争中成功赢得市场竞争优势。然后，摩托罗拉放弃了其芯片，采用英特尔 XScale 芯片开发智能手机"摩托罗拉 A1200"，二者从竞争对手转为商业伙伴（P）。英特尔为其制造，并为其提供基于 ARM 架构的芯片制造经验。该项目帮助英特尔从不同的角度得到了大量反馈，包括市场、技术，促进了英特尔对生态系统的建设。从市场效果上来看，摩托罗拉 A1200 是较为成功的机型，一度成为当时世界上最受欢迎的 PDA（掌上电脑）手机之一。但是该手机带来的成功并没有促使英特尔和摩托罗拉在手机领域进一步合作。一方面，摩托罗拉当时在手机领域已经无法抵挡诺基亚和三星的竞争；另一方面，英特尔基于 ARM 架构开发 XScale，本质上并不是基于自己的架构开发产品，而是为 ARM 做了"嫁衣"。

聚集阶段：收效甚微，退出市场

尽管与摩托罗拉的合作取得了突出进展，但英特尔在 2006 年并没有获得显著的经济回报，因此它将处理器 XScale 出售给了 Marvell，并将自己的构架贡献给了嵌入式市场。英特尔此时选择放弃手机芯片业务也有如下考虑。

首先，在这种情况下，超威半导体作为 PC 产业新的 x86 处理器制造商，已经占有了以英特尔为主流的产品的部分市场份额。英特尔在 PC 行业的地位受到了挑战。其次，对于 XScale 项目，英特尔没有显著的利润回报，也没有太多的合作伙伴支持其操作系统。而且，英特尔工厂没有成熟的制造 ARM 架构芯片的技术。最后，也是最重要的，ARM 已经被许多大型公司支持和认可，特别是在移动市场，ARM 的体系架构是占主导地位的，试图用 x86 改变移动市场是不现实的。

此项目的失败反映了英特尔的战略偏差：与微软的密切合作使其在 PC 行业取得了巨大成功，英特尔认为它可以通过复制"双赢"模式达到产业主导设计，所以完全复制了这一战略进入手机市场。然而，英特尔只与摩托罗拉合作，而忽略了对其他手机市场商业生态系统的培育，而且英特尔在手机领域并没有技术优势。此外，移动电话市场更为复杂和分散，这与 PC 行业有很大的不同，许多大公司和操作系统供应厂商已经存在。因此，英特尔学到了一个经验：寻找合作伙伴应该与建立商业生态系统一样重要。

移动计算产业

除了手机行业，英特尔发现市场趋势是方便连接、低功耗的便携式设备，同时，英特尔依然认为 PC 产业规模要大于手机市场，因此 PC 产业对于它更为重要。为了应对蓬勃发展的市场需求，英特尔开始对低功耗的芯片进行开发。为了弥补个人计算机和移动手机产业之间的差距，英特尔决定进入一个有发展前景的市场——移动计算行业，并与 ARM 的商业生态系统展开竞争。经过深入的思考，它成功开发出了一种名为"Middle"（简称"MID"）的产品，缩小了个人计算机和手机之间的差距。同时，它还推出了一个新项目"上网本"，并以类似的营销方式推广。这些举措有助于英特尔在移动计算领域取得突破，并加强其在市场中的竞争力。2008 年初，英特尔推出第一代凌动处理器，这是当时英特尔体积最小、功耗最低的处理器。在此时，华硕公司提出低成本 Eee PC 廉价笔记本的理念，并说服英特尔为其项目供应芯片。对英特尔而言，Eee PC 项目尽管是偶然产生的，但是激发了它进入移动互联行业的战略思路。下面我们基于 VSPTO 框架来分析移动互联产业中英特尔的企业决策和战略构想。

兴起阶段：由华硕引发的生态构想

华硕 Eee PC 的推出，将廉价笔记本的概念第一次呈现在大众面前。2007 年，华硕对笔记本进行展示时提出"易学，易玩，易携带"的新理念。2008 年，全球金融危机促使人们更加重视可持续发展与低成本，首选的笔记本是低价格以及有能够应对基本需求的配置，而不是齐全的功能，这使华硕得到了市场青睐。在技术方面，华硕发现英特尔有很大存量（大约 200 万单位）的低版本处理器。为了降低成本，华硕说服英特尔以非常低的价格来为自己服务。接下来的三个月，华硕推出了它的第一个的产品 Eee PC 701,

在 2007 年底，该产品在亚马逊平台上实现了预想的销售效果，成功地进入了北美市场。

华硕廉价笔记本的成功，为英特尔提出了两个问题：首先，生态领域的需求转变了，越来越多的原始设备制造商要求英特尔提供类似华硕的处理器；其次，廉价笔记本的畅销对正常笔记本的销量有很大的影响，整个 PC 行业的利润减少了。

随着大环境的变化，经济而实用的东西在金融危机中受到欢迎。2008 年英特尔推出下一代处理器凌动，其低功耗的特性正好匹配市场需求，它也是英特尔的第四大架构。因此，英特尔放弃了"廉价笔记本电脑"的概念，但启动了一个新的"上网本"项目，展示一种低配置的利基市场概念，并为上网本提供了新型芯片。为了保持上网本的发展，英特尔与 OEM 合作制定上网本的详细规格（S）。上网本是为了方便上网推出的，它拥有笔记本电脑的基础计算功能。常规笔记本电脑的尺寸超过 10.2 英寸，而上网本只有 7~10.2 英寸。上网本的内存较小，成本低，在操作系统方面有更多的选择。在处理器方面，英特尔还重点说明上网本只使用 Atom 芯片。然而，英特尔不仅提供 Atom 处理器，还集成了一些外围芯片组，为 OEM 提供上网本使用平台。在合作伙伴（P）方面，英特尔继续使用 Windows 系列操作系统，因此很容易就比以前的商业生态系统更成功。

作为移动计算战略的出发点，上网本的想法是从 Eee PC 项目中得到的，英特尔认为可以趁着这个机会进入移动计算行业。因此，上网本的概念不同于笔记本。英特尔成功地说服了其他合作伙伴参与进来，使市场更加多样化（O）。凭借着笔记本电脑的强大背景，这个新行业成熟很快，产品规格也形成了工业标准。

多元阶段：基于 MID 概念进一步开发

回望 XScale 项目，它失败的一个重要原因是，英特尔没有赢得最大的软件供应商的支持，所以在重新进入这个市场后英特尔更加注重获得软件公司的支持。2007 年，英特尔设置的操作系统 Moblin 基于 Linux 的开源操作系统，但是并不开放内核，而是保留了大部分的控制权（S）。Moblin 的分布及技术发展开放源代码项目，是为了优化在英特尔凌动处理器基础上的操作系统。2008 年英特尔开发 Moblin 2，该系统拥有高级的电源管理、快速启动功能、先进的 UI（用户界面）和 Moblin SDK（软件开发工具包）。到了 2011 年，有超过 15 个操作系统集成商和 100 个独立软件开发商使用 Moblin 操作系统，这一数量也在持续增长。

在上网本方面，英特尔进一步进入移动计算产业中的一个新产品（移动互联网设备）。首先，英特尔基于市场绩效、创新能力和未来的发展战略，选择了中国的一些顶级 OEM 进行合作（P），接着，英特尔选择了两家公司（OEM）——联想和爱国者（一家位于北京中关村的高新技术企业）。其次，英特尔与爱国者开始为移动计算行业发展提供新概念。英特尔意识到它们不能再进行移动计算行业的市场竞争，因为自己没有这种处理器。对于有发展前景的市场（移动计算行业），英特尔决定开发一个全新的市场，以弥补个人计算机与移动产业之间的差距，这使得英特尔将和 ARM 的商业生态系统进行直接竞争。然而，计算产业并不是从此刻才兴起的，从世界上第一台计算机在 20 世纪 40 年代被制造出来起，计算产业就已经开始逐步发展了。英特尔在 PC 领域的处理器需要高功率消耗，电池不能够满足长时间工作的关键需求，ARM 却已在移动市场实现全天使用。因此，英特尔开发了 MID 产品用于填补 PC

与手机之间的空白。在研发 MID 之后,英特尔试图通过 MID 在该领域站稳脚跟。此外,它还推出了新项目,使用与上网本项目同样的推销方式,并开放共享项目,在 Moblin 平台的项目中借助其他合作伙伴的财力支持。

聚集阶段:未能适应现状的超前构想

在移动计算领域,英特尔打算在 Atom 平台上使用 Moblin 操作系统,以适应未来的设备,包括 MID、上网本、汽车和其他潜在的设备。因此,英特尔进一步开发,采取了如下措施(S)。从 2009 年开始,第 2 代 Atom(Moorestown 平台)纳入两个芯片平台,与目标段的 MID 相比节省了大量的电力。从 2011 年开始,英特尔开发第三代 Atom(Medfield 平台),这是非常低功耗的单芯片。与此同时,基于 Linux 系统以及与 Windows 达成的战略同盟(P),英特尔在移动计算产业的合作者更为稳固。此外,英特尔也充分重视在应用端的合作伙伴。建立这个生态系统时,英特尔更加开放(T),在与爱国者共同开发的项目中,英特尔开放 Atom,使爱国者能够共同设计。由此,二者共同开发了一个介于 PC 与手机之间的移动设备——爱国者 P8880,处理器利用了英特尔的 Atom 芯片,集合了高性能芯片和移动操作的优势。

通过 Moblin 操作系统,英特尔的 Atom 能够适应不同的应用程序,如中国当时最流行的网上社交工具——腾讯 QQ(P)。作为原始设备制造商,爱国者和英特尔的合作也促进了腾讯产品的发展。在建立这个生态时,相较于培育 PC 产业生态,英特尔更加开放,在云计算、人工智能上对其他厂商提出合作计划,在软件应用上也为应用开发商提供了大量补贴(T)。英特尔引入行业标准并且控制合作伙伴的商业行为，以提高行业效率。然而，当行业变得非常复杂时，仅仅通过引入行业标准是很难控制行业发展的。因此，英特尔开始与合作伙伴共同发展，并发起了一个软件社区和硬件平台，以吸引更多的合作伙伴一起参与设计（O）。

然而，爱国者系列产品存在如下问题：首先，作为产品的使用环境，2009 年 3G 网络在中国还没有完全覆盖，大幅削弱了这个便携式设备的优点；其次，该产品的操作系统不能兼容很多应用程序；除此之外，对一个移动设备而言，英特尔的 Atom 处理器价格高昂、功耗过高。出于这些原因，爱国者的 P8880 虽然取得一定的成功，但后续系列产品没有获得良好的市场反应（联想和其他合作伙伴退出该项目也是这类原因）。英特尔努力解决 Moblin 操作系统和改进 Atom，解决其中的兼容性和功耗问题。它建议爱国者采用 Moblin 操作系统，腾讯也被说服开发兼容这个系统的 QQ 版本。所以，网络运营商（缺乏足够 3G 网络）是这一类特定产品能否成功的关键因素之一。英特尔与合作伙伴共同研发，希望找到一个应对全新产业问题的解决方案。

在此之后，为了进一步开发相关产品，英特尔和诺基亚走到了一起，共同开发 MeeGo 便携式操作系统。MeeGo 是一个基于 Linux 的开源操作系统，旨在应用于移动设备和嵌入式系统。它的发展源于两家公司之前各自开发的操作系统：英特尔的 Moblin 和诺基亚的 Maemo。Moblin 最初是由英特尔开发的移动互联网设备（MID）操作系统，而 Maemo 是诺基亚基于 Linux 的智能手机和互联网平板电脑操作系统。为了在市场上更有竞争力，英特尔和诺基亚决定合并两个项目，共同开发一个统一的平台，这就是 MeeGo 的由来。然而，MeeGo 的发展遇到了挑战。苹果的 iPhone 在 2007 年发布后，取得了巨大的成功，对传统的移动设备制造商产生了冲击。在这个新的竞争格局下，诺基亚逐渐失去了市场份额，面临巨大的危机。为了转变局势，诺基亚与微软合作，推出了基于 Windows Phone 的 Lumia 系列智能手机，而 MeeGo 项目遭到了搁置和抛弃。最后 MeeGo 项目并没有取得显著的成绩，仅留下了封闭的应用商店和专利纠纷。

从上述过程我们也不难看出，英特尔试图在移动计算产业复制其在 PC 产业和服务器产业的成功，然而同样的方法却产生了不同的结果。原因有三。第一，在移动计算产业领域中，一方面，英特尔不够重视该领域的发展，甚至认为该领域的发展并不如 PC 产业；另一方面，它在移动计算芯片行业并没有助其在市场中取得领先地位的足够技术优势。第二，从合作伙伴上来看，英特尔选择了错误的伙伴诺基亚并与其共同开发 MeeGo，因为诺基亚当时已经受到了 iPhone 和安卓智能手机的严重冲击，根本无暇顾及 MeeGo。为了开发智能手机，诺基亚又转而抛弃英特尔选择微软。第三，由于美国反垄断法的严格限制，英特尔无法利用简单的收购方式来开拓移动计算产业市场。

尽管英特尔的移动计算产业布局没有成功，但是它提出了一种介于手机和 PC 之间的新产品概念。数年之后，基于 ARM 架构的苹果公司成功推出 iPad 这一与英特尔提出的移动设备概念相符的爆款产品。

英特尔的生态范式选择

英特尔的核心商业模式是掌握核心处理器技术，对应地，其选择的是协调型生态范式,即不开放技术架构,但开放技术的接口和应用,以吸引生态合作伙伴。总的来说,英特尔自身不断更新迭代架构,不断扩展行业和领域,保持核心技术的领先地位和保密性,将基于核心技术的接口 PCI 开放给各大下游产业厂商。英特尔公司集中资源专注技术研发,在处理器技术方面与操作系统的垄断者 Windows 结成 Wintel 战略联盟,并且配套了核心的开发工具。合作伙伴基于核心架构设计积极加入,英特尔的协调型生态从而不断繁荣,最终形成了以 Wintel 联盟为基础的、开放中下游产业的协调型生态。

基于强有力的研发与技术水平,英特尔的协调型生态在 PC 行业、服务器行业等都获得了成功。但是,在手机业务和移动互联产业,英特尔未能复制其 PC 产业的成功。英特尔试图在手机领域复制 Wintel 联盟的双赢策略,但是忽视了手机产业周边领域的商业生态,这使得它和摩托罗拉的合作在手机业务中收效甚微,不得不退出手机市场。除此之外,英特尔在移动互联产业也未能成功培育生态。

英特尔向新行业、新地区的生态扩张

英特尔在 PC 产业的核心处理器领域形成垄断,并与 Windows 形成 Wintel 战略联盟主要有两个原因:一方面,英特尔能保证在核心处理器领域的技术优势和垄断地位;另一方面,英特尔开放生态下游相关产业,使得整个生态配套产业完全围绕其核心处理器运转,保证了它在处理器使用方面的垄断地位。而在移动计算领域,英特尔遭遇了失败,除了 Atom 芯片与 Moblin 的超前构想,英特尔还面临市场竞争的巨大压力。英特尔在进入移动计算市场时，已经有基于 ARM 架构的处理器竞争对手，它们在市场占据了主导地位，在手机和移动设备领域拥有优势，并且与设备制造商建立了稳固的合作关系。英特尔在能效和性能方面未能迅速追赶，导致在移动设备的生态培育中折戟沉沙，未能取得期望的成功。

英特尔向新行业的生态扩张基于寻求新的增长机会、应对市场变化和提升全球竞争力的战略举措。随着科技的不断进步和产业格局的演变，原有的市场可能面临饱和或者呈下滑的趋势，为了确保持续增长和市场领先地位，企业需要寻找新的产业机遇，并进入新的地区市场，以拓展业务范围。通过向新行业扩张，英特尔能够进入不同领域的市场，例如移动计算、物联网、人工智能等。这些新兴行业具有巨大的潜力和增长空间，英特尔通过提供适应这些行业需求的产品和技术解决方案，能够在新的产业占据优势地位。而且，进入新的行业还有助于英特尔降低对单一产业的依赖，提高盈利多样性和稳定性。

生态培育总结

英特尔各阶段生态培育过程和培育方法比较

英特尔在不同的阶段和不同的领域所展现的商业生态培育模式不尽相同，其中最为成功的是它在 PC 产业与 Windows 构建了 Wintel 战略联盟，牢牢把控 PC 产业核心处理器的支配地位，并向下游厂商让渡软件等市场，形成如今的 PC 产业生态格局。在 PC 产业的邻近产业——服务器产业中，英特尔在中端服务器领域也取得了成功，至强系列产品在该市场占据支配地位。尽管该模式在

PC 产业中很成功，但是在手机产业、移动计算产业以及高性能服务器领域，英特尔复刻该模式的愿景并未成功。

基于 VSPTO 的分析框架，我们列举了英特尔各阶段的生态培育方法，如表 6-1 所示。从 PC 产业开始，英特尔走出了两条不同的发展路径，一方面，进一步提升处理器性能进而进入服务器领域；另一方面，开发移动设备相关产品，试图开拓手机和移动计算领域。然而两条路径却呈现出不同的结果。

在 PC 产业，英特尔最初是作为 IBM 的供应商进入的，真正发力是从多元阶段开始的，并经历了完整的生态培育过程。英特尔在此过程中积累了技术经验，并且与领袖合作伙伴形成战略联盟，建立了稳定合作伙伴网络。基于 PC 产业的成功，英特尔在巩固阶段切入与 PC 处理器邻近的中端服务器领域，并且取得了成功。然而在移动设备领域，英特尔尽管很早入局，但并没有成功培育生态。在多元阶段，英特尔入局手机产业，试图复制其在 PC 产业的成功经验，但是与摩托罗拉的合作并不让人满意，基于 ARM 架构的开发也使得英特尔的投资反而更有利于对手的发展，因此英特尔在聚集阶段就退出了手机市场。在移动计算领域，英特尔更早入局，在兴起阶段便开发了 Atom 芯片和 Moblin 操作系统用于布局移动计算产业，然而超前的构想并没有使它在该领域有较好的发展，概念的超前使得产品无法适配当时通信技术的发展。另外，与诺基亚合作的 MeeGo 由于诺基亚在当时已经出现危机无暇他顾也并没有获得成功。因此，在移动计算领域，英特尔也在聚集阶段退出市场。

第六章　英特尔培育商业生态系统的现实案例

表 6-1 英特尔基于 VSPTO 框架的各阶段生态培育方法比较

阶段	阶段 1	阶段 2	阶段 3	阶段 4	阶段 5
市场	兴起	多元	聚集	巩固	更新
PC产业		V：打破 IBM 的限制 S：成为 IBM 的主要供货商之一，并深耕于处理器领域 P：为 IBM 提供处理器并间接与其他领域厂商合作 T：支持不同的应用商使用英特尔处理器来区分它们的产品 O：和其他供应商达成合作并与其连接	V：协同创新 S：采取开放 PCI 策略进一步加强与其他合作伙伴的连接 P：与给 IBM 供货时期的合作伙伴进行开放式连接 T：制定工业标准，而且鼓励合作伙伴使用基于英特尔处理器的外围产品进行下游创新 O：伙伴补充产品结合英特尔的处理器，提供最终用户产品	V：解决提供服务短缺问题，建立稳定生态 S：在标准制定与进化的讨论中具有更重要的话语权 P：与 Windows 建立 Wintel 战略联盟 T：在前几个阶段与生态伙伴形成的关系信任（T），让这些伙伴和英特尔共同进入新的领域开展合作 O：建立稳定生态获得垄断地位	利用处理器制造优势进入服务器领域； 决定利用 ARM 的 IP 进入移动产业

172　持续共赢

续表

阶段	阶段 1	阶段 2	阶段 3	阶段 4	阶段 5
市场	兴起	多元	聚集	巩固	更新
服务器领域			V：打破 IBM 在服务器领域的限制 S：将服务器开源，允许合作伙伴基于英特尔产品进行开发 P：联合 Linux、Windows 击败 IBM T：与合作伙伴的技术能力信任提升为互动关系信任 O：积极和合作伙伴进行共同研发	在中端服务器领域研发出至强系列产品并取得成功； 与此同时，英特尔与惠普合作开发高端服务器芯片安腾系列，但未能取得成功	

第六章　英特尔培育商业生态系统的现实案例

续表

阶段	阶段 1	阶段 2	阶段 3	阶段 4	阶段 5
市场	兴起	多元	聚集	巩固	更新
手机产业		V：英特尔希望在手机芯片领域构建稳定的生态 S：在技术层面，英特尔开发了基于ARM架构的2002 XScale项目；在应用层面，基于x86和RISC体系构建生态 P：英特尔在竞争中取得优势，然而摩托罗拉在失去竞争力后转为使用英特尔的XScale芯片开发手机	XScale项目收效甚微，而且合作伙伴摩托罗拉自顾不暇，基于ARM的架构实际上更有利于竞争对手，因此英特尔在该阶段退出手机领域		

174　持续共赢

续表

阶段	阶段 1	阶段 2	阶段 3	阶段 4	阶段 5
市场	兴起	多元	聚集	巩固	更新
移动计算产业	V：启动了一个新的"上网本"项目，并为上网本提供了新型芯片 Atom S：上网本只使用 Atom 芯片，英特尔不仅提供 Atom 处理器，还集成了一些外围芯片组，为 OEM 提供上网本的使用平台 P：继续使用 Windows 系列操作系统	V：进一步进入移动计算行业中的一个新产品，并在该产业建立产业生态 S：技术层面推出 MID；在应用层面，英特尔基于 Linux 的操作系统开发出 Moblin 系统 P：基于 Linux 系统以及与 Windows 达成的战略同盟，英特尔在移动计算产业的合作者更为稳固；与此同时，英特尔也充分重视在应用端的合作伙伴 T：在建立这个生态系统时，英特尔更加开放其他合作伙伴 O：成功说服其他合作伙伴参与，使市场更加多样化	V：英特尔打算在 Atom 平台上使用 Moblin 操作系统，以适应未来的设备 S：在技术层面不断更新 Atom 芯片；在应用方面更加重视与软件开发的合作 P：与爱国者共同开发的产品概念超前但收效甚微；与诺基亚共同开发 MeeGo，但是这个合作伙伴并不可靠 T：在建立这个生态系统时，英特尔更加开放 O：英特尔引入行业标准，协调和控制合作伙伴的活动，以提高行业效率		

第六章　英特尔培育商业生态系统的现实案例　　175

续表

阶段	阶段1	阶段2	阶段3	阶段4	阶段5
市场	兴起	多元	聚集	巩固	更新
结论	英特尔作为IBM供应商具有PC、服务器产业的技术优势；英特尔试图进入手机和移动计算领域	在PC产业，英特尔支持合作伙伴基于英特尔的产品开发新产品；在手机产业，英特尔试图基于ARM架构与摩托罗拉共同开发手机，但由于非自己研发的架构以及合作伙伴的乏力收效甚微；在移动计算产业，英特尔开发Atom和Moblin试图打开移动产业市场	在PC产业，英特尔与Windows达成Wintel战略联盟，并且开放PCI接口构建合作伙伴网络；在服务器产业，英特尔基于奔腾系列开发服务器至强芯片，并基于至强芯片联手Linux进行开发，此举获得成功；在手机产业，由于开发的产品收效甚微并且基于ARM架构开发有利于竞争对手，英特尔选择退出；在移动计算产业，英特尔的MID项目想法超前从而在市场反响平平，与诺基亚开发的MeeGo也被抛弃，因此并未取得成功	在PC产业，英特尔不断创新跟进，保持先进的技术并且建立稳定的合作伙伴网络；在服务器领域，英特尔一方面构建中端服务器至强系列至强服务器系列生态，另一方面试图开拓高端市场，与惠普开发安腾芯片，但由于功耗和兼容性问题，安腾芯片并未取得成功	在PC产业，一方面进一步提高性能开拓服务器市场，并在中端服务器市场取得成功，另一方面开拓移动设备市场，进入了手机和移动计算领域，但是并没有取得成功

176　持续共赢

英特尔的经验启示

英特尔构建了稳定、强大的产业生态，回顾其商业生态系统的发展历程，我们可以获得企业发展战略制定和如何培育生态系统的启示。

第一，以开放式接口开发产品。英特尔不断升级其芯片组合，并倡导开放式接口，如 PCI 接口，使其他开发商能够通过接口与其芯片扩展产品连接，从而拓展了其服务器芯片的应用范围。这种开放的态度为合作伙伴提供了更多的合作机会，吸引了大量的软件开发者和硬件厂商加入英特尔的生态系统。英特尔鼓励软件生态的发展，通过开放部分产品并持续优化与其他硬件产品的兼容性，使更多的硬件芯片组合可以与英特尔的产品相互配合。这种开放的合作模式不仅扩大了合作伙伴的选择空间，还促进了生态系统的多样性和活跃度。通过与合作伙伴共同发展，英特尔能够更好地适应市场需求，提供更多样化的解决方案，从而在服务器芯片市场取得更大的成功。这一战略的启示在于，企业在培育生态系统时，应积极倡导开放合作和接口，鼓励合作伙伴的参与和创新，以建立更强大、灵活和适应性强的产业生态。

第二，与领袖合作伙伴建立稳定的战略联盟。英特尔意识到，与具有领导地位和影响力的伙伴合作，是实现共同成功和持续发展的关键。因此，英特尔积极寻求与业界领头企业建立稳固的合作伙伴关系，以实现资源共享、技术协同和市场拓展。其中，与微软、Linux 等伙伴的战略联盟尤其具有代表性。英特尔与微软的合作是一个典型的跨行业合作范例。两家公司通过紧密合作，共享资源和技术，实现了在计算领域的协同创新。英特尔提供强大的处理器和芯片技术，而微软则提供广泛的软件平台和应用生态系统。这种合作使得英特尔能够在个人计算机市场取得成功，并开发了一系列以x86架构为基础的计算产品。此外，英特尔也与Linux等开源社区建立了战略合作伙伴关系。通过支持和参与开源项目，英特尔进一步扩展了生态系统的范围，为开发者和合作伙伴提供更多的开发工具和平台。这种开放式合作模式让英特尔在不同领域都获得了更多的市场机会，拓展了产品应用领域，从而提高了它在产业链中的地位和影响力。从这一战略联盟的成功经验中，其他企业可以得到启示：与领袖合作伙伴建立战略联盟，能够借助其资源、技术和市场优势，实现合作共赢。企业应该寻求与具有领导地位和影响力的伙伴合作，双方形成互补优势，共同开发创新的解决方案。同时，积极参与开源社区，推动开放合作，也是扩展生态系统和促进产业发展的重要途径。通过与伙伴共同努力，建立稳固的合作伙伴关系，企业能够更好地适应市场需求，不断创新和发展，实现持续的竞争优势。然而在移动设备领域，相同的决策却没有带来相同的成功，英特尔在开拓手机和移动计算市场时选取的伙伴也并非最优，无论是摩托罗拉还是诺基亚，在当时都已经陷入危机，无暇与英特尔共同开发产品，因此选择的伙伴在产业内是否具有领导地位、是否具有共同培育生态的能力也十分重要。

第三，大力扶持生态合作伙伴。英特尔采取了多种方式来支持合作伙伴的发展，促进生态系统的繁荣，包括直接补贴、赋能合作伙伴等。通过直接补贴，英特尔向合作伙伴提供资金支持，帮助它们开展研发、生产和营销等活动。同时，英特尔也将补贴作为一种激励，鼓励合作伙伴更加积极地参与到生态系统中，共同开发创新产品。除了直接补贴，赋能合作伙伴也是英特尔支持生态系统发展的重要手段。通过技术支持、培训和资源共享等方式，英特尔帮助合作伙伴提升技术能力和市场竞争力。例如，英特尔协助联想培育工程师，培训其技术人才，提高其产品研发和创新能力。这种赋能措施有助于合作伙伴的持续发展，进一步巩固了生态系统的基础。通过大力扶持生态合作伙伴，英特尔实现了与合作伙伴的共赢。合作伙伴得到了更多的支持和资源，从而在市场中取得了更好的表现。而英特尔也通过合作伙伴的发展壮大，获得了更多的市场机会和收益。这种合作模式在促进生态系统的繁荣、推动产业发展方面具有重要意义。

第四，生态扩张的邻近性选择。从前文的图 6-1 和叙述内容我们可以明显看出，英特尔在 PC 产业生态扩张路径中较为成功的是中端服务器产业。这一成功案例为我们提供了一个重要的启示：培育生态系统，需要注重优势产业与目标产业之间的技术邻近性。换句话说，企业在拓展生态系统时，应该优先选择与自身技术优势相近的产业，以便将成功经验更好地迁移到新的领域。回顾英特尔在 PC 产业生态的成功，其 x86 架构处理器在个人计算机领域占据主导地位，与微软的 Windows 操作系统形成了紧密的合作关系。这种技术邻近性使得英特尔能够在 PC 产业迅速崛起，并建立强大的生态系统。然而，当英特尔试图进入手机产业、移动计算产业以及高性能服务器产业时，却没有取得同样的成功。由于 PC 产业与手机产业、移动计算产业的技术路线相去甚远，英特尔并未在这两个产业中占据技术优势，导致其无法将在 PC 产业生态的成功经验有效迁移到这两个领域。这也表明，企业在拓展生态系统时，要深入了解目标产业的技术特点，评估自身技术优势的可迁移性，以及与目标产业的技术接轨程度。类似地，在高性能服务器产业中，英特尔也遇到了一些挑战。虽然英特尔在 PC 产业生态取得了成功，但其处理器在高性能计算领域并没有形成明显的优势,并且安腾系列的不兼容性与高能耗让英特尔的用户不愿意花钱进行迁移。这再次凸显了技术邻近性在生态系统培育过程中的重要性。这也是英特尔未能在手机产业、移动计算产业和高性能服务器产业取得成功的重要原因。因此,企业在培育生态系统时,应该着重发掘自身具有优势的产业,并将注意力集中在具有相近技术的领域,以确保将成功经验有效地迁移到新的产业领域,并获得更好的竞争优势和市场地位。

总之,从英特尔的成功经验中,其他企业可以得到启示:在构建产业生态系统时,企业应该重视对合作伙伴的扶持和支持;通过直接补贴、赋能合作伙伴等措施,帮助合作伙伴发展壮大,共同推进生态系统的成长。这种积极的合作态度能够增强生态系统的凝聚力和竞争力,实现合作伙伴和企业自身的共同发展。

第七章

联发科培育商业生态系统的现实案例

联发科简介

成立于1997年的联发科技股份有限公司是一家全球著名的IC设计公司，总部位于中国台湾新竹科学工业园区，是目前在全球范围内最受市场关注的半导体公司之一。联发科在移动终端、智能家居应用以及物联网产品等市场已经占据了领先地位。它凭借自身对于市场的敏锐洞察以及坚韧不拔、踏实肯干的企业作风，从一家研发光盘存储技术以及DVD（高密度数字视频光盘）的厂商一步步发展为世界范围内不可或缺的电子芯片企业。随着5G时代的到来，联发科已经于2020年成功超越高通，成了全球最大的智能手机芯片供应商，其2020年全年营收已经达到3221.46亿新台币（约740亿元人民币），创下了自身的历史最高纪录。[①] 2023年全

[①] 雷锋网.首次登顶！联发科超过高通，成为全球最大智能手机芯片厂商[EB/OL]. (2020-12-25)[2023-07-15]. https://www.leiphone.com/category/industrynews/7SG2VkovWqGzZkGE.html.

年，联发科合并营收为4334.46亿新台币（约1001.26亿元人民币）。尽管如此，联发科在5G等高端手机芯片上依然无法与高通抗衡，其市场占有率总量超过高通很大程度是因为其4G手机芯片依然具有较大市场。

联发科从1997年开始渗透消费类电子行业。它首先将所有必要的芯片集成到单个芯片中，降低了进入VCD（影音光碟）市场的标准。创新式的集成式解决方案使得联发科成功打入当时已经相对成熟的VCD市场。联发科的解决方案大大降低了制造成本，缩短了产品交货期，使产品物美且价廉，因此其单芯片解决方案也吸引了许多后来者和现存公司。之后，联发科用了同样的策略进入DVD市场。1999—2001年，联发科在VCD、DVD芯片市场上不断打拼，占据了超过60%的DVD市场份额，在台湾上市首日便封涨停。

然而，联发科并没有止步于VCD、DVD市场，在发现VCD、DVD市场已经趋于饱和及技术停滞之后，便将手机芯片研发转为公司层面最高优先级的项目。事实上，此后几十年，联发科逐渐将业务拓展至2G手机市场、智能手机市场、计算产业、智能设备市场、智能汽车产业等。时至今日，其演化路径可以归纳为五条（见图7-1）。

演化路径一：基于VCD和DVD的多媒体娱乐解决方案能力基础，向智能设备领域发展。尽管在手机芯片领域联发科占据大量的市场份额，但它仍然没有停滞，仍积极向ASIC（专用集成电路）领域拓展。由于技术的邻近性，联发科推出适用于智能电视、智能定位、智能穿戴设备的系列芯片，其中Pentonic智能电视平台拥有显示、音频、人工智能、广播和连接五大关键技术，Pentonic系列芯片适用于4K、8K智能电视。

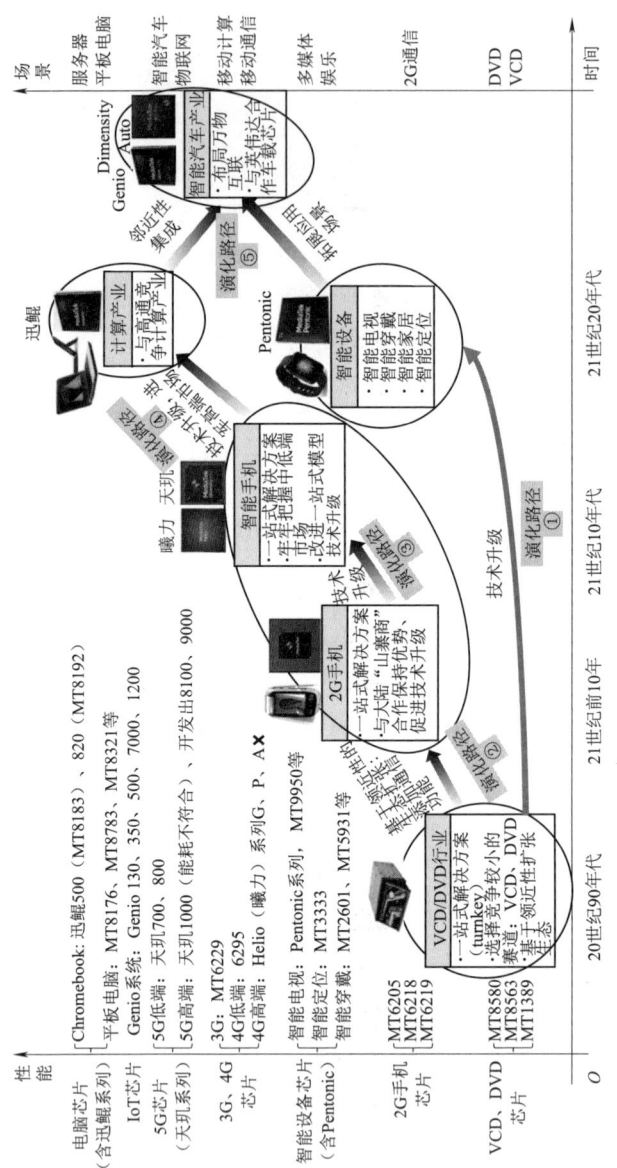

图 7-1 联发科业务演化历程

演化路径二：添加通信功能，基于邻近性将生态扩张至 2G 手机领域。在 2004 年晚些时候，联发科开始进入手机市场。由于手机市场非常复杂，特别是手机必需的通信功能，于是它基于 ARM 架构研发 MT6205、MT6218、MT6219 等芯片，采用集成式芯片解决方案加上引入软件的策略成功进入 2G 手机市场。联发科不只是提供类似的单芯片解决方案，还促进了深圳地区制造产业链的形成。该产业链增加了联发科芯片的出货量，有助于联发科快速生产廉价手机。

演化路径三：通过技术升级进入智能手机市场。2006 年，智能手机开始流行，联发科打算扩大业务进入这个新兴市场。在此期间，联发科先后推出适用于 3G、4G、5G 手机的芯片和一站式解决方案（turnkey solution，也称为"整合型"或"保姆式"解决方案），特别是天玑 9000 系列移动平台在业界率先采用台积电 4nm 制程，其卓越的性能和功耗成功将联发科的手机业务带入高端领域。虽然总体上看，联发科的芯片性能比不上高通，但智能手机产品更加复杂，产业涉及更多企业，联发科提供的一站式解决方案使其再次获得许多手机厂商的青睐。这种解决方案与德州仪器、高通等国际芯片厂商只提供芯片的做法不同，它集成度非常高，不仅含有处理器，也在主板内整合了多媒体系统、屏幕、摄像头以及操作系统解决方案，也就是说，它集成了大部分芯片内的移动电话板。这样一来，联发科的解决方案几乎踏平了手机制造以前所存在的各种门槛，为中小企业降低了技术标准，为许多客户缩短了设计周期、降低了设计成本、提高了市场竞争力。到 2008 年，联发科手机芯片部门的收入在其整体营收中的所占比例已经超过了 50%，凭借在手机芯片设计行业的成功，联发科一路攀升成为世界前三大的 IC 设计厂商，仅次于德州仪器和高通。在这段经历中，联发科为深圳地区的移动电话行业提供一站式解决方案（单芯片整合方案）为其跨越式发展起到了巨大作用。

联发科并没有在巨大的成功面前停滞，而是于2010年迅速加入了由谷歌倡导的"开放手机联盟"，该联盟包含全球各大手机芯片制造商和通信服务商。联发科通过加入该联盟，开始打造专属的智能手机解决方案，进军智能手机市场。2012年，联发科在大陆的手机芯片出货量达到1.1亿元（戎珂、石涌江，2014）。

演化路径四：通过技术升级进军计算产业。随着芯片巨头德州仪器在通信基带方面的弱势，业务逐渐萎靡，联发科逐渐接过了德州仪器的大旗。在该领域，联发科推出迅鲲（Kompanio）系列移动计算平台，搭载AI处理器和HDR（高动态光照渲染）摄像头等创新技术，进军计算产业。同时，联发科还有效整合各式先进科技，打造高性能、低功耗的多媒体平板（media tablets），该平板的浏览速度媲美桌面计算机。现在，联发科已与个人计算机领导品牌英特尔开展合作，将5G连接技术融入笔记本电脑。

演化路径五：整合计算产业和多媒体产业能力，拓展至智能汽车与万物互联领域。未来是万物互联的时代，联发科敏锐地嗅到市场机会，基于技术的邻近性和提供一站式解决方案的能力基础，积极整合既有能力，向物联网方向拓展，推出Genio系列芯片。2023年5月，联发科宣布与英伟达合作，共同为新一代智能汽车提供全产品方案。

VCD与DVD生态培育

20世纪末期，VCD与DVD成为各个家庭必备的娱乐产品，市场十分广阔，同时 VCD 和 DVD 产品的相关技术相对稳定，良好的行业生态构建基础非常利于联发科进入这两个行业。

同时，联发科也拥有进军 VCD 和 DVD 行业的良好基础。联发科专注于无线通信及数字多媒体等技术领域，在 1997 年才作为一个独立的 IC 设计公司剥离出来。所以在早期阶段，联发科就有设计多媒体芯片的能力。从行业生态构建基础和核心企业生态构建基础来讲，联发科在 VCD 和 DVD 领域都有良好的发展前景。

对于联发科在产业不同阶段的不同表现，我们下面逐一进行分析。联发科之前是 UMC（台湾一家 IDM 半导体公司）的多媒体芯片设计部门，于 1997 年剥离出来成为一家独立的集成 IC 设计公司。因此，在早期的兴起和多元阶段，联发科具有多媒体芯片设计能力，因而决定以相关背景进入 VCD 芯片市场。当时，这个市场被西方公司（如 OAK、飞利浦）和日本公司（如索尼）主导。在联发科进入 VCD 产业领域时，VCD 芯片行业处于聚集阶段。当 VCD 行业进入巩固阶段时，DVD 行业的兴起使联发科将研发重点从 VCD 转移到 DVD 上。当联发科进入 DVD 行业时，DVD 芯片则处于兴起与多元阶段，解决方案并没有完全确定，市场还远没有完全固定。联发科可以通过提出自身独特的行业解决方案与西方公司、日本公司抢夺市场主流地位。

聚集阶段：一站式解决方案

当联发科决定进入 VCD 行业时，虽然西方和日本的公司已经在早期研发阶段具备了优势，但整个行业所在的生命周期阶段仍处于多元与聚集之间。

在此阶段，联发科相较于其他公司并没有较为明显的技术优势，为了在该领域站稳脚跟并取得竞争优势，联发科针对 VCD 处于多元到聚集阶段的特点，认为在这个市场获得竞争优势的关键是降低成本。针对当时主流芯片集成度不是很高的情况，它提出了"提供更多的集成解决方案、降低行业进入壁垒、降低行业整体成本"的愿景（V）。

在具体愿景的指导下，联发科开始研究单芯片解决方案（S），最后于 1997 年通过一站式解决方案进入了市场。在一站式解决方案提出后，联发科占领了 VCD 市场。在此过程中，联发科开发了两个成功的商业模式，凭借这两个商业模式，联发科即使是在聚集阶段进入 VCD 领域，也依然取得了巨大的成功，这两个模式也成为联发科未来发展的基础。首先，联发科提出的一站式模式减少了技术障碍，特别是在大陆推动了低端产业链的创新，大陆（尤其是在深圳地区）有强大的制造能力。随着越来越多的台湾公司进入大陆市场，密切的制造网络形成，为联发科提供了帮助。其次，得益于台湾公司在新竹科学工业园区形成的产业集群，联发科加快了商业进程并增加了营销机会。联发科能够大幅降价，从而降低整个行业的价格标准。由此，联发科也与深圳地区、总部地区的 OEM 建立了双重合作伙伴关系（P），并建立了成熟稳定的商业互信（T），与大陆的合作（O）在帮助当地推动产业创新的同时，联发科也获取了制造 VCD 的低廉成本收益。低廉的制造成本使得联发科在 VCD 领域站稳脚跟，打破了西方和日本公司所控制的标准。在这一趋势下，联发科鼓励低端伙伴，并刺激它们对创新的热情。联发科不仅促进了产业专业化和规范化，还为提升该行业的生产效率做出了贡献。

巩固阶段：降本增效稳固市场

VCD芯片有两个部分：前端和后端，前端芯片处理光学读数和控制，后端（MPEG）是视频解码芯片。联发科芯片整合了两个芯片，不断地进行技术改进。在巩固阶段，利用一站式解决方案站稳脚跟之后，联发科希望（V）进一步在VCD领域及后续相关产业发展。因此，它采取了两种措施（S）并在VCD领域进一步培育生态：首先，联发科继续与大陆开展合作（P），依靠大陆当地企业的需求与发展政策优势（T）保证了自身产品廉价的制造成本，低价优势以及较低的进入门槛（O）使其在VCD领域具有稳固的竞争优势。与此同时，在技术层面，联发科也提高了播放倍速，普通的VCD播放速度只有4倍或8倍，而联发科在此基础上研发出了24倍速，远远超过主流产品。最后，联发科战胜了所有的竞争对手，在这个市场占据了主导地位。

更新阶段：基于VCD优势进入DVD市场

联发科进入VCD市场之后不久，DVD也开始流行。相对于VCD，DVD并没有突破式的技术创新，这使得联发科可以基于自己在VCD产业的优势开拓DVD市场。1999年联发科在技术更新迭代的过程中就希望进入这一市场（V），之后它通过与进入VCD市场相同的策略和方法顺利进入。联发科的关键原则是，基于现有的技术进行渐进式创新，DVD技术就是基于VCD的几个技术进行的创新（S）。例如，视频解码器从MPEG1升格为MPEG2。作为VCD市场的主导者，联发科成功地利用自己的优势占领了DVD市场，即使市场还不成熟。

在VCD行业的发展使联发科获得了进入一个新兴行业的典型

战略：第一，进行基础性研究，形成一个可以为成熟行业提供易采用、低价格的一站式解决方案，此解决方案还会吸引很多合作伙伴一起建设生态。第二，在广泛的合作伙伴中选择核心合作伙伴以及地区，结合一站式解决方案进行生态建设。第三，迅速开拓现有产品的相关产品并进行技术研发。联发科基于其技术的较强迁移性，在 VCD 市场逐渐稳定时，就进入了与 VCD 技术具有相似性的 DVD 行业，准备将生态扩张至新的行业。由此可见，联发科始终保持对技术更新和商业趋势的洞察，时刻准备将生态扩张到新的行业及新的地区。

移动 2G 手机生态培育

在占据了 VCD 和 DVD 行业的主要市场之后，联发科将生态扩张转向了移动手机市场，因为 DVD 和 VCD 解决的是成像问题，如果结合成熟的移动通信技术即可开发出移动手机。因此，联发科成功地将一站式解决方案推广到移动手机市场，更新了移动通信行业的解决方案，降低了手机的整体生产成本，满足了中低端手机的发展需求，成功培育了大陆的本地手机市场。

联发科推动了大陆本土手机市场的蓬勃发展。2008 年成为一个重要的年份，这一年大陆本土手机市场超过一半的企业已经使用一站式解决方案。这种观念更新了成熟的移动通信行业，催生了另一种低成本手机，形成了一个巨大的利基市场。联发科仍不断发展一站式解决方案。手机价值链包含芯片设计、系统设计、制造、工业设计和机械设计、销售和售后服务活动。顶尖设计公司如德州仪器和英飞凌专注于芯片设计；顶级 OEM 和台湾地区的 OEM 侧重于系统设计、物流、制造；大陆的 OEM 以制造业为主。联发科开始研发手机芯片，于 2003 年推出第一款芯片。然而世界顶尖的 OEM，甚至台湾地区的 OEM 都拒绝采用联发科设计的芯片平台。当时，台湾制造商采用德州仪器的解决方案，基于德州仪器的芯片用了 9 个月的时间开发出新系统。为了缩短时间，联发科试图说服当地 OEM 采取一站式解决方案。最后，由于当时联发科在移动芯片方面没有名气，只有一个小的 OEM 采用了联发科的解决方案。

对于联发科在产业不同阶段的不同表现，我们下面逐一进行分析。

在不同地区，移动 2G 手机行业所处的生命周期完全不同。在当时较为发达的地区，移动 2G 手机芯片的解决方案已经成型，行业处在聚集与巩固的阶段。而在当时经济发展水平较低的中国，移动 2G 手机行业属于新兴行业，并没有统一确定的解决方案，各大厂商基于国外的解决方案进行山寨设计，整个行业处于兴起和多元化的阶段，这就非常适合在大陆已经部署 VCD、DVD 供应链的联发科转型建设功能手机新生态。因此，联发科在兴起阶段进入移动 2G 手机芯片领域，并通过在 VCD 和 DVD 领域积累的一站式解决方案在该领域培育成熟的商业生态。

兴起阶段：与台湾 OEM 合作

联发科在 DVD 领域成功培育生态之时，发现 DVD 市场增速缓慢，企业急需转型（V）。此时 2G 手机兴起，联发科在手机行业的解决方案是寻求更加集成的芯片解决方案（一站式解决方案），同时引入软件。进而，在 VCD 一站式解决方案的前提下，联发科提出了不同层面的解决方案（S）：在技术层面，手机集成芯片仍保持较低的开放程度；在应用层面，与腾讯等合作（P），把 QQ 软件嵌入其中，实现解决方案的多元化；并用更加开放的安卓系统取代原先较为封闭的 Symbian 系统（O）。联发科在手机芯片领域的一站式解决方案只有一个小的 OEM 采用，因为那时候的联发科在移动芯片方面并没有名气，在竞争中完全处于劣势状态。

但联发科并没有就此止步，它将生态扩张的视角从台湾地区转向了大陆。当时，大陆的功能手机行业刚刚兴起。联发科发现，大陆当时并没有高设计能力的公司，但有很多相关的制造企业，以及巨大的市场。联发科成功总结以前在 VCD 和 DVD 市场的经验，开始向大陆的制造网络推广一站式解决方案，为构建自身的功能手机行业生态奠定基础。

多元阶段：一站式山寨制造网络

联发科移动 2G 手机生态的建设是围绕大陆市场展开的，其 VSP 决策也是围绕大陆市场确定的。结合大陆移动 2G 手机消费者的需求，联发科把自身的愿景调整为"设计整合各种多媒体功能的手机芯片，降低芯片供给价格，扶持大陆的制造供应链，占据中低端手机市场"（V）。

在该愿景的指导下，联发科重新设计一站式解决方案模型，将各种多媒体功能集成到一个手机芯片之中（S）。这个一站式解决方案留给低端设计公司很少的系统设计任务。因此，联发科在（大陆公司的）工业设计、制造和销售等环节取得了关键竞争优势。

联发科也意识到与其他合作伙伴协作的重要性（P）。它们支持许多 IDH（独立设计公司），提供基于联发科一站式解决方案的系统。它们的系统设计使低端公司也能够便捷地开发新的移动电话。

联发科对其进行技术规范，还提供很多培训课程，使更多的工程师熟悉联发科的解决方案。

联发科还不断优化整体解决方案，以应对不断增加的需求（T）。重点是对一站式的模式进行整合，从 MT6205 基带芯片到 MT6209，促进了中国移动手机制造业的繁荣，催生了所谓的"山寨产业链"。山寨原来是基层的表现形式，"山寨产业链"表现为小型的私人公司在深圳地区集群。

从 MT6205 到 MT6229 都是以基带芯片为核心的数据处理芯片。联发科尝试将所有的功能集成到基带芯片。它在 MT6218 添加了 MP3、Wap 和 GPRS 功能，在 MT6219 添加了摄像和 MP4 功能，此外还设计了一种射频芯片（用于接收和发送信号）和电源管理芯片。这些芯片和软件的结合，就是联发科所谓的一站式模式（O）。

聚集、巩固阶段：改进一站式方案，巩固低成本市场

在移动 2G 手机行业的聚集和巩固阶段，联发科延续了多元阶段的商业愿景，继续提高其一站式解决方案的性能，以满足不断增长的需求（S）。从 MT6205 基带芯片到 MT6209 的一站式解决模型，这些芯片使中国移动制造网络迅速发展为所谓的"山寨网络"（P）。

随着这些芯片的不断升级和功能集成，中国移动制造网络也在"山寨网络"领域蓬勃发展（T）。通过使用联发科芯片和不断改进的技术，深圳地区的小型私营公司能生产出性能不错、价格相对低廉的手机和其他通信设备（O）。这个山寨网络在中国乃至全球市场都占据了一定的份额，并在一定程度上推动了中国移动制造业的发展。图 7-2 展示了联发科一站式解决方案升级的过程。

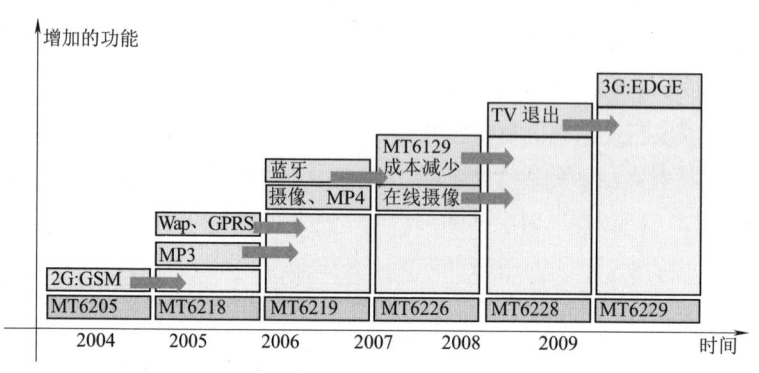

图 7-2 联发科一站式解决方案的升级过程

更新阶段：生态扩张至新的行业

联发科在移动 2G 手机行业取得了巨大的成功。到 2008 年，联发科手机芯片部门的收入在整体营收之中的占比已经超过 50%，联发科也一跃成为仅次于德州仪器和高通的世界第三大 IC 设计厂商。但随着科技的发展，iPhone 的出现彻底颠覆了传统手机市场。2010 年 7 月 12 日，联发科加入由谷歌主导的"开放手机联盟"，开始打造联发科专属的安卓智能手机解决方案。延续自身在移动 2G 手机行业的优势，联发科顺利在入门级智能手机芯片市场占据一席之地，但它并不安心于此，而是希望能进一步扩张生态，从 2G 手机做到入门级智能手机，再到高端智能手机，最终发展到各类智能设备。

智能手机行业

智能手机行业从 3G、4G 再到 5G 逐步发展成为一个庞大的市场。在 3G 手机方兴未艾之时，市场有三个现行的行业标准：中国的 TD-SCDMA、美国高通的 CDMA2000 和欧洲的 WCDMA。在中国市场上，只有三个国营移动运营商分别有一个标准的经营许可证：中国移动有 TD-SCDMA 许可证，中国联通使用高通公司授权的 CDMA2000，中国电信的许可证是欧洲的 WCDMA。

面对 3G 技术带来的变革，由于三种行业标准对芯片的要求不同，一些制造商为了降低成本只选择某一种标准进行开发。联发科另辟蹊径，依然采取原有的一站式解决方案并对其加以改进。尽管在高端机型上无法与苹果、三星等厂商竞争，但是在中低端领域，联发科迅速占领市场，并成为印度及非洲等地最主要的智能手机供货商。

在苹果公司推出 iPhone、谷歌推出安卓系统之后，智能手机的时代逐渐到来。在 2010 年 7 月 12 日，联发科就正式加入了由谷歌主导的"开放手机联盟"，着力于打造联发科专属的安卓智能手机解决方案，也就是说它在智能手机行业的兴起期就进入了这一行业。所以联发科在智能手机行业的生态建设也经历了"兴起"之后的五个阶段。

多元阶段：从 2G 公司网络中成功推出智能手机

由于智能手机行业更加开放与多样，接受下游制造、销售合作伙伴的反馈后，联发科调整并发布了新的愿景（V）：提升及丰富大众生活，使之更加开放、多元。

在当前的 3G 移动计算市场，典型的产品之一是智能手机。以智能手机为代表的终端用户设备，需要具备娱乐、计算等不同的功能。在这个行业中，人们更注重多样性服务而不是简单的通信服务。例如，运营商不仅是移动信号的提供者，也是服务提供者，为智能手机市场提供许多应用程序。同样地，移动计算行业的重点不只是设备制造，而是对客户的服务。面对这些变化，联发科开始从为合作伙伴提供解决方法，转变为更积极地与合作伙伴共同发展。

针对 3G 手机的三个主要标准，联发科都提前进行了部署，获得了 ADI、TD-SCDMA、IP'-联发科的营销权利。后来，它与高通公司密切合作，高通公司许可它使用部分 WCDMA-CDMA2000。在获得标准的许可之后，联发科针对各个标准，为智能手机市场提出一种新的一站式解决方案模型。

同时，在智能手机市场，联发科支持开放源代码的操作系统安卓社区（P）。与合作伙伴共同开发安卓操作系统，应用软件的兼容性成为联发科新解决方案的基础（O）。通过共同开发，联发科还和合作伙伴们共同进步（T）。

聚集阶段：改进一站式解决方案模型

在聚集阶段，联发科延续了多元阶段的愿景（V），即"提升及丰富大众生活，使之更加开放、多元"。

联发科在智能手机领域的聚集阶段，与安卓、Windows Phone 等操作系统厂商共同成长。总体上，联发科在智能手机行业的合作伙伴（P），不仅仅是供应链相关的合作伙伴，包括三星、HTC、华为，还有软件合作伙伴，包括 ARM、安卓。联发科的生态逐渐开放，使用开放的安卓系统，QQ 工具由 IDH 设计，而不是联发科自身设计。2009 年以前，每个山寨手机都有的 QQ 应用软件都是由联发科本身的 IDH 设计的。联发科发现，几乎每个 IDH 都想将 QQ 应用软件嵌入联发科的一站式模式，所以，为缩短交货时间，它把 QQ 带到自己的平台。然后，联发科提出希望和腾讯合作，推出基于联发科平台的 QQ 应用程序。同时，联发科也为软件合作伙伴提供了一个软件开发工具包。2007 年之后，联发科的解决方案非常受欢迎，腾讯很乐意与联发科合作（T）。此外，联发科不断提高其硬件设计技术，例如 MT6226 模型能支持作为 QQ 基础的在线视频。据此，腾讯和联发科获得了双赢。除了这一项目，联发科也希望能够说服微软提供更好的价格来为 Windows Phone 操作系统服务（O）。

巩固阶段：以"亲民"策略把握中低端手机市场

2011 年，智能手机市场发生了巨大的变革，安卓和苹果智能手机崛起，逐渐淘汰了过去的 Symbian、山寨机和功能手机，成了市场的主流选择。联发科在这一关键时刻推出了 MT6573 处理器。该处理器搭载了丰富多媒体、高整合、低功耗的 3G 智能手机芯片解决方案，高性价比也巩固了运营商和新兴市场对平价 3G 手机的迫切需求。这个举动意味着它迈出了进军智能手机处理器市场的关键一步（S）。接下来的几年里，联发科不断地推陈出新，陆续推出了多款处理器，为智能手机领域注入了新的活力。MT6575、双核 MT6577、四核 MT6589 等处理器相继问世，为手机制造商提供了更多选择。特别是 2013 年底推出的 MT6592 处理器，凭借着宣传的"真八核"设计和经济实惠的价格，成了当时众多互联网手机制造商的首选。这款处理器的强劲性能和吸引人的价格，为联发科赢得了市场份额，也使其在竞争激烈的智能手机市场脱颖而出。

随后的 2014 年，作为联发科第一款 4G 手机芯片，MT6595 处理器的发布更是引起了广泛的关注。它率先支持了快速的 4G LTE 制式，并且在能效方面表现出色，从而声名鹊起。这一系列的处理器不仅巩固了联发科在智能手机领域的地位，也为用户提供了更多选择，促进了整个智能手机市场的创新和发展。

更新阶段：尝试向高端芯片市场进军

在手机芯片市场，如图7-3所示，苹果、华为等的芯片属于自用芯片，因此在市场上能够买到的通用手机芯片源自两大巨头——高通和联发科。在之前的市场结构中，高通牢牢占据高端市场，联发科则只是占据中低端市场。为了摆脱这一局面，在牢牢把握中低端市场后，联发科决定将研发资源投入高端市场（V），然而发展道路并非一帆风顺。或许受到"真八核"成功的启发，联发科开始过分迷信"核心数量越多越好"的理论，这导致了其产品发展方向的偏离。①

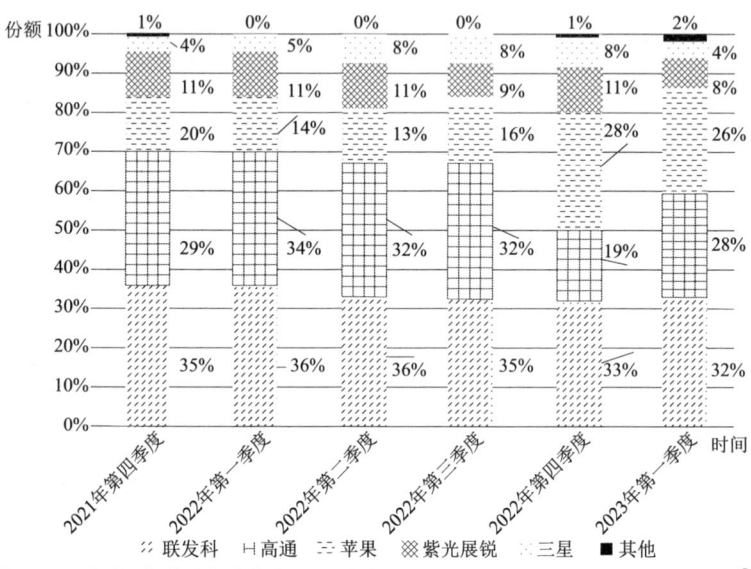

图7-3 全球手机芯片制造商从2021年第四季度到2023年第一季度的市场份额②

---

① 雷科技."今日山寨，明日主流"：跌宕起伏的联发科发展史[EB/OL].(2022-08-20)[2023-07-15]. https://36kr.com/p/1878303563041927.

② 网界.Counterpoint公布2023QI手机应用处理器出货量 联发科以30%的占比位居榜首[EB/OL].(2023-06-03)[2023-07-15]. http://news.cnw.com.cn/shuoji/20230603/64826.html.

2015 年，联发科推出了 Helio 系列芯片，试图在中高端市场与高通展开竞争。它推出了拥有十核心"三段簇"设计的 X20/X25 系列芯片，同时在中低端市场推出了主打低功耗的 Helio P10 芯片。然而，X20/X25 系列芯片由于调度不当和发热控制问题，很快失去了在高端市场的竞争力，P10 芯片面对高通的骁龙 625 芯片时也有所不足。在技术升级方面，联发科也显得后继乏力。联发科的处理器技术更新较为缓慢，在芯片突破个位数 nm 级别的同一时期，联发科仍使用 20nm 工艺制程，这在一定程度上限制了芯片性能的提升。[1] 此外，它没有自主研发的强大 GPU，导致在图形性能方面表现相对薄弱，这也是它在综合体验上存在问题的原因之一。X20/X25 芯片采用的"三段簇"架构调度不佳，导致发热和耗能问题严重，这使得联发科在高端处理器市场陷入困境。在这一局面下，联发科曾陷入两难境地。在智能手机市场的中高端领域，只有少数几家厂商如魅族和 OPPO 等选择使用联发科的处理器，而其他厂商更倾向于选用更为优秀的竞争对手的产品。[2]

　　然而，4G 之后 5G 时代的迅速到来使联发科从窘境中看到了脱身的可能。2019 年 12 月，联发科正式推出了全新的 5G 品牌天玑系列（S）。虽然首款高端 5G 芯片天玑 1000 系列在能耗方面遇到了一些问题，但天玑 700、天玑 800 系列中低端处理器的推出，抓住了三星和高通等竞争对手的产品空白期，成功占领了国内入门级 5G 市场，使联发科首次超越高通，成为全球最大的智能手机芯

---

[1] 木兮.曾经风生水起的联发科，为什么如今一落千丈？[EB/OL].(2018-01-05)[2023-07-15]. https://g.pconline.com.cn/x/1063/10631324.html.

[2] 徐燕.曦力是否够"犀利"联发科 Helio X20/X25 解析[J].电脑爱好者,2016(11):104–107.

片供应商。这一成就让联发科在站稳中低端市场的基础上，开始有了进军高端市场的雄心。

接下来的一年，联发科推出了天玑1100、天玑1200两款旗舰处理器。虽然出于产品战略设计的原因，并没有太多厂商选择搭载这两款处理器，但它们卓越的性能和优异的能耗比仍然给消费者留下了深刻印象，也使联发科的下一代旗舰产品备受期待。2022年是联发科里程碑式的一年，它发布了天玑8100、天玑9000系列旗舰处理器，首次真正地向高通长期把持的高端处理器市场发起了冲击。利用台积电的4nm制程工艺和精心设计，天玑9000处理器成功实现了超越骁龙8 Gen 1处理器的性能突破，展示了联发科在技术和创新方面的实力。这次突破意味着联发科正式向高通的骁龙发起挑战，标志着其在高端市场的努力和进步。然而，尽管如此，曾经的智能手机处理器霸主高通并没有被联发科的挑战吓倒，它在2023年迅速做出了反应，推出了搭载台积电4nm制程的骁龙8+ Gen1处理器，该处理器的发布让它立刻夺回了"最强安卓处理器"的头衔，高通和联发科的战争才刚刚开始。

尽管目前联发科仍然占据全球最大的SoC（系统级芯片）市场份额，但是在高性能芯片领域它仍然需要进一步发展，高通在该领域的积淀仍然深厚。随着5G时代的来临，越来越多的3G、4G芯片将无用武之地，从图7-3中近年来联发科的市场份额略有萎缩的趋势我们也可以判断，联发科需要尽快提升芯片技术能力，向高端芯片市场进军，以保持足够的市场竞争力和市场份额。

智能汽车行业

智能汽车是集感知、计算、决策于一体的综合系统。2023年5月，联发科宣布与英伟达合作，为智能汽车提供完整的AI智能座舱方案。此时的智能汽车行业已经进入多元化发展阶段，但正如英伟达创始人兼首席执行官黄仁勋的所说，"AI和加速计算正在推动整个汽车行业的转型"，这也为联发科进入智能汽车领域提供了机会。

联发科由于在多媒体、通信、移动计算、高速连接等领域积累了技术，以及擅长技术集成，因此能在智能汽车发展到多元阶段入局，并提出了"科技能够改善人类的生活、与世界连接，每个人都有潜力用科技创造无限可能（everyday genius）"[①]的愿景（V）。在智能汽车领域，它的解决方案（S）是集成多媒体、通信、移动计算、高速连接等领域的技术，将跨平台的领先技术进行整合并延展，赋能市场普及前沿科技，为智能汽车的座舱平台、联结平台、驾驶平台、关键组件提供高性能、低功耗的移动计算技术、先进的通信技术、丰富的多媒体功能。为集成上述能力，联发科选择的合作伙伴（P）包括ARM、英伟达，以及全球领先的汽车制造商和供应链厂商等。联发科在移动计算领域积累了近30年的技术，在汽车行业也积累了10年以上的行业经验，因此与合作伙伴构建了良好的能力信任（T）。同时，它长期推行的一站式解决方案在多媒体、通信等领域大获成功，因此也获得了良好的关系信任。在运营（O）

[①] Gartner. Forecast analysis: automotive semiconductors, worldwide, 2021-2031, January 18, 2023; Table 1 - Automotive semiconductor forecast by application.

方面，联发科为 Dimensity Auto 座舱平台提供了高扩展性 AI 多核处理器，搭载深度学习加速器（MDLA）和视觉处理单元（MVPU），效能表现优秀；联接平台凭借 5G、Wi-Fi、蓝牙、全球卫星导航系统、NTN 双向卫星通信能力等独立无线通信技术，打造了基于 3GPP 公开标准的前沿汽车通信技术，包括 MediaTek 5G NTN、V2X 以及 5G RedCa 等；驾驶平台充分发挥其 APU 高算力等先进特性，成为先进驾驶辅助系统（ADAS）的核心组成部分；在关键组件提供电源管理芯片全系列解决方案，支持先进的屏幕融合技术，赋能全新一代电动汽车实现搭载 OLED 柔性屏、超大屏、多屏显示等。[1]

联发科的生态范式选择

联发科在 VCD 领域利用一站式解决方案站稳脚跟，又基于此优势进入 DVD 领域，在两个领域都建立起成功的商业生态。在此之后，一站式解决方案成为联发科成功的关键，助其在移动 2G 手机领域培育了良好的生态，它也基于此进入了智能手机领域。在智能手机领域，尽管不同国家设立了不同的 3G 应用标准，但是一站式解决方案依然为联发科构建了良好的生态。由此可见，联发科培育的是赋能型生态，是开放程度适中、多元化适中的生态，是与生态伙伴互相协调、互相信任的生态。

---

[1] 联发科. MediaTek Dimensity Auto 汽车平台 [EB/OL]. [2023-07-15]. https://www.mediatek.cn/ products/automotive-3.

联发科生态扩张至新的行业

在目前的智能手机市场竞争之中，联发科在入门级安卓智能手机芯片制造中占有一席之地，尽管已经研制出高性能的 5G 芯片天玑系列产品，但是在高端芯片市场的占有率仍然逊于高通。因此，联发科需要改变进攻低端市场的原有思路，提升自身核心品牌价值，在整合一站式解决方案的基础上进行关键创新，开拓自身的高端芯片市场。

在智能汽车、电视以及智能穿戴设备领域，联发科也在积极探索，试图进入。在车载芯片领域，联发科的 Autus 芯片将人工智能及相关应用带入汽车制造、驾驶，提出新型智能汽车解决方案。与此同时，作为一家领先的芯片制造商，联发科在智能电视领域不断扩大市场份额，为智能电视芯片提供了高性能、低功耗的解决方案，还支持人工智能技术，重新定义了智能电视的功能。在智能穿戴设备领域，联发科的智能穿戴芯片是高度集成的解决方案，具有低功耗和高性能的特点。由此，联发科未来的发展重点应是智能设备领域，无论是人工智能还是高端芯片，发展道路都将继续拓展。

生态培育总结

联发科的生态培育过程总结

联发科能够在 VCD、DVD 与手机芯片领域取得成功，离不开它在培育生态时的战略选择（见图 7-4）。在早期，联发科明智地选择了回避当时热门但竞争激烈的 PC 市场，而是积极切入竞争相对较弱的光驱芯片市场。这一决策在当时被认为是剑走偏锋，但却成了公司取得成功的关键因素之一。在那个时代，传统的光碟机使用的是分别配备视频和数字解码芯片的设计，而联发科率先推出了一站式解决方案，即用一颗芯片集成视频和数字解码功能，从而大大降低了生产成本。通过将原本需要两颗芯片的功能整合到一颗芯片上，联发科不仅为厂商带来了成本效益，同时加快了产品开发，缩短了生产周期。到 2004 年，国内生产的 DVD 产品中有高达 60% 采用了联发科的芯片。VCD 与 DVD 尽管并不是同一种产品，但是技术路径相近，DVD 只是在性能上相对 VCD 略有提升，但并没有突破性技术创新。所以从 VCD 到 DVD 实际上是邻近生态培育的过程。

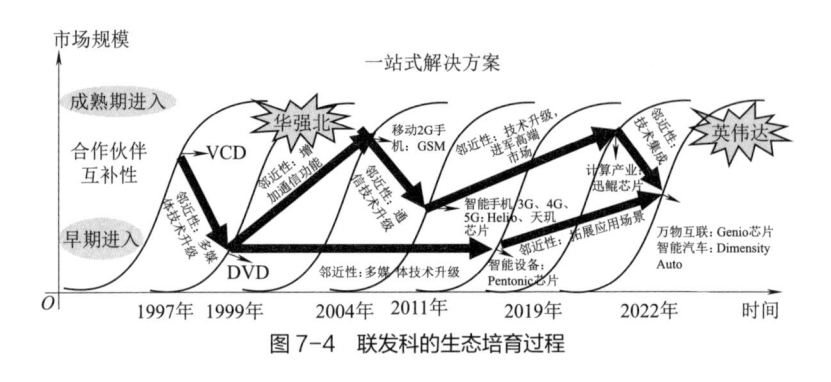

图 7-4　联发科的生态培育过程

DVD 芯片市场增速放缓之后，联发科主动选择进军手机芯片市场。相较于 VCD 与 DVD，手机本质上只是增加了通信功能，所以联发科可以基于自己成熟的 DVD 生态向这一邻近领域扩张。与培育 VCD、DVD 生态的过程类似，联发科同样将一站式解决方案搬到手机芯片中。在这个过程中，联发科迎来了大陆放开手机牌照审批的重要时刻，它充分利用了自研芯片便宜且性能良好的特性，借助华强北这个生态伙伴在手机市场的推动，迅速占据了国内手机市场的显著份额。在此之后，联发科一直专注于中低端手机芯片市场，从 2G、3G 到 4G 手机芯片，以"亲民"策略牢牢把握中低端手机市场；但它不满足于中低端市场，在 4G 手机时代试图向高端芯片市场进军，结果折戟沉沙，沉寂数年。在 5G 时代到来之时，联发科抓住机遇再次变得炙手可热。2019 年，联发科发布的天玑系列 5G 手机芯片令其摆脱窘境，并使它第一次在高端芯片市场向老对手发起挑战。尽管在高端芯片市场联发科依然无法与高通全面抗衡，但它依旧努力提升芯片性能，向计算产业进军，后又研发出迅鲲系列芯片。

除了在手机芯片领域取得成功，联发科还积极拓展其他业务，涉足万物互联的多个领域。一方面，它在智能电视、智能穿戴设备、智能定位等领域进行了积极的探索与创新，推出 Pentonic 系列芯片。这种多元化的战略使联发科能够在不同领域寻找增长机会，并将技术实力与市场洞察力应用于更广泛的场景。另一方面，联发科也涉足万物互联领域，推出 Genio 系列芯片。同时，它还与英伟达合作开发智能车载芯片，并在 2023 年推出了 MediaTek Dimensity Auto 汽车平台，这标志着联发科进一步深入汽车智能化领域。

联发科未来的战略目标明显是更高端和智能化。通过不断推出创新的产品和解决方案，联发科将不仅在手机领域继续保持领先地位，还将不断拓展其他领域的业务，为人们的生活和工作带来更多便利与智能化体验。这种多领域的布局将进一步巩固联发科在半导体行业的地位，并为其未来的成长创造更广阔的空间（见表 7-1）。

表 7-1　联发科的生态培育过程

阶段	阶段 1	阶段 2	阶段 3	阶段 4	阶段 5
市场	兴起	多元	聚集	巩固	更新
VCD/DVD（多媒体产业）	启动低成本的集成一站式解决方案；这种解决方案降低了技术壁垒	台湾公司在新竹工业园区集聚；为伙伴提供一站式软件设计套件	V：希望提供更多的集成解决方案，降低行业整体成本 S：提出一站式单芯片解决方案 P：与深圳地区和总部双重合作伙伴关系 T：与大陆合作商建立了商业互信 O：利用大陆生态伙伴的互补性开展合作	V：希望进一步在VCD领域及后续相关产业发展 S：增加了播放的倍速 P：与大陆持续保持合作关系 T：依靠大陆企业的需求与发展政策优势保持低成本优势 O：仍然保持它的低进入壁垒优势	联发科从VCD、DVD升级到手机领域；研发Pentonic芯片，从多媒体技术升级到智能设备领域

206　持续共赢

续表

阶段 V	阶段 1	阶段 2	阶段 3	阶段 4	阶段 5
市场	兴起	多元	聚集	巩固	更新
移动2G手机（通信连接）	V：联发科发现DVD市场增速放缓，需要转型 S：在2G手机领域提供与VCD类似的单芯片一站式解决方案 P：与本地小的地方OEM合作	V：涉及整合各种多媒体功能的手机芯片，降低芯片供给价格，扶持大陆自身制造供应链，联发科希望占据中低端手机市场 S：提出并改进一站式解决方案 P：与合作伙伴华强北启用山寨制造网络创新 T：不断提高整体解决方案的性能 O：促进了山寨产业链的繁荣	V：与多元阶段相同 S：继续提高其一站式解决方案的性能，以满足不断增长的需求 P：使中国移动制造网络迅速发展成所谓的"山寨网络" T：与山寨制造商持续合作 O：与山寨网络促进了中国大陆产业转型升级	继续改善一站式模型，将更新颖的功能添加到解决方案中，决策与聚集阶段相同	从2G手机到智能手机领域

第七章　联发科培育商业生态系统的现实案例　　207

续表

阶段 V	阶段 1	阶段 2	阶段 3	阶段 4	阶段 5
市场	兴起	多元	聚集	巩固	更新
智能手机（计算产业）		V：在 2G 手机领域取得成功，希望提升及丰富大众生活，使之更加开放、多元 S：针对各个标准，为智能手机市场提出一种新的一站式解决方案模型，并开放生态，采用安卓系统 P：与 ADI 和 TD-SCDMA 等运营商、竞争对手高通公司以及安卓社区内的相关厂商合作 T：为生态伙伴提供设计支持和培训会议 O：与硬件、软件、设计合作伙伴协同创新	V：与多元阶段相同 S：改进一站式解决方案，寻求更加集成的芯片解决方案 P：逐渐开放生态，使用安卓系统，并与腾讯等软件商合作 T：与腾讯取得了商业互信 O：与腾讯获得了双赢	V：与多元阶段相同 S：以"亲民"策略占据中低端手机芯片市场，在2014年推出 4G 手机芯片并且支持4G LTE 模式	V：尝试向高端芯片进军，但技术路线偏航导致失败 S：5G 时代抓住机遇在芯片市场重生 O：在智能设备、万物互联、车载芯片领域布局

208　持续共赢

续表

阶段 V	阶段 1	阶段 2	阶段 3	阶段 4	阶段 5
市场	兴起	多元	聚集	巩固	更新
Dimensity Auto 汽车平台		V：科技能够改善人类的生活，与世界连接 S：集成多媒体、通信、移动计算、高速连接等领域技术，将跨平台的领先技术进行整合并延展，赋能市场 P：ARM、英伟达，以及全球领先的汽车制造商和供应链厂商等 T：30多年的技术能力和10多年的行业知识积累建立的能力信任，以及长期集成合作积累的关系信任 O：Dimensity Auto 座舱平台、联接平台、驾驶平台关键组件分别发力			

第七章　联发科培育商业生态系统的现实案例

续表

阶段 V	阶段 1	阶段 2	阶段 3	阶段 4	阶段 5
市场	兴起	多元	聚集	巩固	更新
结论	共同愿景的单芯片解决方案；介绍一站式解决方案；启动新的供应链	设计一站式解决方案；与更多的伙伴合作，培育制造产业链以获得低成本优势	选择特定伙伴的山寨网络；提供一站式的平台；开放架构并与安卓等一系列厂商合作	与具有互补性的合作伙伴建立联盟；把改进最终用户解决方案作为主导设计；巩固一站式平台	向已有技术引入新理念；成功基于已有生态开拓邻近新领域；抓住时代机遇成功向高端市场进军

联发科生态培育经验启示

从联发科发展 VCD、DVD、移动 2G 手机以及智能手机的过程，我们可以总结出联发科成功构建商业生态的一些经验启示。

（1）基于生产成本的一站式模式

联发科的一站式模式在多个领域展现出了重要作用。该商业策略不仅有助于降低行业标准、统一产品质量和性能标准，还能有效降低生产成本，提升竞争力。在 VCD、DVD 和智能手机等移动项目中，联发科成功应用了一站式模式，整合供应链各环节，实现了更高效的生产流程，从而推动了行业的标准化和成本优化。此外，这一模式在生态培育中也发挥了关键作用，通过构建完整的产业生态系统，联发科与合作伙伴共同提供全面解决方案，提升用户体验，扩大市场份额，并推动合作伙伴之间的协同创新。综上所述，联发科的一站式模式在多个方面为其自身发展和整个产业的进步做出了重要贡献。

（2）基于生态互补性促进伙伴创新

联发科充分利用大陆合作伙伴网络的强大制造能力，以及生态合作伙伴的互补性支持自身的创新活动。这一策略使得联发科能以较低的成本提供多样化的产品，迅速满足市场不断变化的需求。通过与大陆的合作伙伴合作，联发科借助当地的制造能力，有效降低生产成本，从而为市场提供更有竞争力的产品。大陆拥有庞大而高效的制造产业体系，这使得联发科能够在短时间内实现产品的批量生产，满足快速变化的市场需求。此外，随着市场需求不断增加，联发科不断丰富其一站式模式，以满足当地市场的特殊需求。通过与当地合作伙伴共同发展，联发科将更多功能纳入其产品生态系统，实现了定制化的产品开发，为消费者提供更加符合自身情况的解决方案。

（3）基于生态邻近性进行创新

联发科在培育生态的过程中基于生态的邻近性进行开拓创新，以主导设计、降低生产使用成本和提供用户喜欢的应用界面为核心战略，在市场竞争中成功击败了许多行业巨头。它通常在已有的成熟商业生态基础上，开拓相近的生态领域，并取得了显著的成功。从 VCD 到 DVD，再到 2G、3G、4G 和 5G 手机，以及计算产业和智能汽车等领域，联发科一直采用这种策略，不断扩大自己的影响力和市场份额。在智能手机产业这个更加复杂的领域，联发科积极与之前的合作伙伴合作，同时也与运营商、设计公司以及安卓开放社区的贡献者建立了合作关系。这种广阔的合作网络不仅扩大了联发科的影响范围，还使它能够更好地把握市场动向，从而满足不同合作伙伴和用户的需求。联发科的战略在一定程度上为其带来了市场的成功和领导地位。通过以用户为中心的界面设计和强调成本效益，它赢得了用户的喜爱，并在市场上形成了强大的竞争优势。而在开拓新生态领域时，联发科的延伸战略也显示出其敏锐的市场洞察力和持续创新能力。

第八章

华为培育商业生态系统的现实案例

华为简介

1987年，时年43岁的任正非在深圳宝安县[①]创立华为技术有限公司，总部现位于广东省深圳市龙岗区。华为以开发面向电信局的程控交换机起家，逐渐成长为全球领先的ICT基础设施和智能终端提供商，当前主要涉及运营商业务、企业业务、消费者业务和云服务等领域。华为的企业愿景（V）是把数字世界带入每个人、每个家庭、每个组织，构建万物互联的智能世界，服务全球运营商50强中的45家及全球约1/3的人口。根据华为2022年年报，华为目前约有20.7万员工，从事研究与开发的人员约占公司总人数的55.4%，2022研发投入达1615亿元，占全年销售收入的25.1%。[②]

[①] 于1993年撤销，包括今深圳市（龙岗区）及香港区域。——编者注
[②] 华为. 华为投资控股有限公司2022年年度报告[R/OL]. 2022[2023-07-15]. https://www-file.huawei.com/minisite/media/annual_report/annual_report_2022_cn.pdf.

在英国品牌价值咨询公司 Brand Finance 发布的《2022 全球品牌价值 500 强》中，华为成功跻身前十，位居第九。

与英特尔、ARM 和联发科的案例相似，本章将分别对华在 5G、智能手机、计算行业，以及大模型领域的经历进行阶段分析，以明晰其在不同发展阶段的 VSPTO。图 8-1 就是华为在这些领域的商业生态发展与跃迁过程。

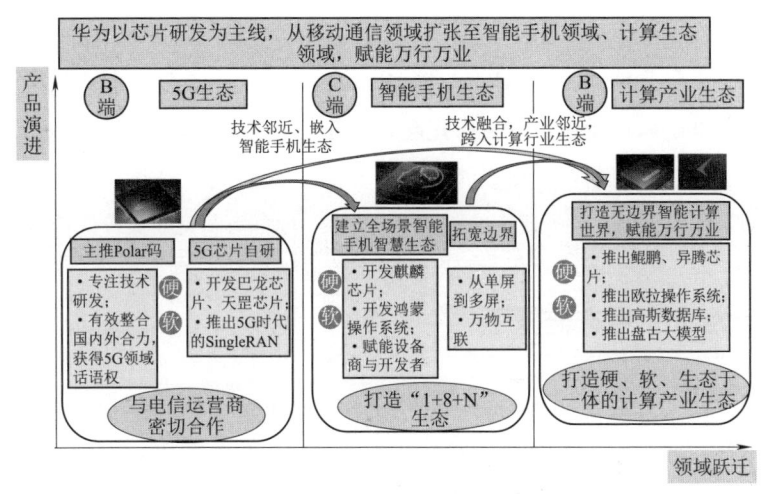

图 8-1 华为商业生态培育的关键历程

华为的发展历程实际上是其在硬件与软件领域不断突破创新、生态开放程度不断提升的过程。华为通过硬件层面芯片研发的不断深入推进，软件方面标准、操作系统的迭代创新，不断积蓄优势，实现了从移动通信技术领域向智能手机、计算产业再至赋能万行万业的渐次跃迁，在此过程中，它所构筑的生态领域也在不断扩张。在芯片研发方面，5G 生态培育阶段华为主要开发了巴龙芯片、天罡芯片。基于芯片开发的基础，华为开始向智能手机市场拓展，成功开发麒麟芯片。鉴于智能手机领域与计算产业的邻近性，以及在处理芯片和通信芯片方面的能力基础，它此后又通过技术进步和融合，开发了鲲鹏芯片、昇腾芯片，进军计算产业。总体上，芯片的连续成功研发奠定了华为从移动通信领域扩张至智能手机和计算产业的发展基础。在软性系统方面，华为与硬件开发同步推进，在 5G 阶段，主推 Polar 码，并推出 SingleRAN。在跃迁到智能手机阶段后，为了解决断供风险，华为自主开发鸿蒙操作系统，并构建 HMS（华为移动服务，HUAWEI Mobile Services）。在计算产业领域，华为推出欧拉操作系统，搭建起硬、软、生态于一体的计算产业生态。如今，以数字基础设施底座为支撑，华为推出了以"盘古大模型＋行业大模型"为代表的软性平台体系，赋能万行万业数智化转型。

华为 5G 生态培育

移动通信技术是通过无线电波为用户提供实时信息传输的技术，包括以通信设备、芯片为代表的硬件，以及以通信协议、操作系统为代表的软件。自 20 世纪 80 年代第一代移动通信技术实现商用并获得巨大成功以来，经过四代通信技术的发展，目前已经进入 5G 时代。

第一代移动通信技术大多采用频分多址技术和模拟信号，但存在频谱利用率低、保密性差等问题。从第二代移动通信技术开始，数字信号传输取代了模拟信号传输，系统容量和保密性比第一代有了明显提升，且数据传输服务可以实现。在 2G 时代，GSM 脱颖而出，成为最广泛的移动通信制式。第三代移动通信技术最早由 ITU

（国际电信联盟）提出，其高频宽和数据传输稳定的特征也使得视频和语音等大数据传送更为普遍，这也为后期移动应用程序的发展打下了基础。第四代移动通信技术推出了全IP系统，这一变革彻底替代了电路交换技术，并增加了数据传输的容量（宋铁成等，2018）。当前，我们已步入5G时代，5G技术的主要特点是超宽带、超高速度和超低延时，能够以1Gbps以上的速度传送数据，而第四代长期演进（4GLTE）服务的传输速率仅为75Mbps。2019年6月，中国电信、中国移动、中国联通、中国广电获得5G商用牌照，5G时代正式开启。2019年9月，中国联通和中国电信签署《5G网络共建共享框架合作协议书》，两家计划合建一张5G接入网络。5G技术能够实现人与人、人与物、物与物之间的通信，催生出如无人驾驶、VR/AR、AI、远程医疗、车联网、无人工厂、智慧城市等新事物，正在且将持续改变人类社会生产生活。

兴起阶段：早布局、大投入，力争领跑

对5G技术标准话语权的竞争早已展开。2013年2月，欧盟宣布投入5000万欧元以加快第五代移动通信技术研发。2013年5月，韩国三星电子有限公司宣布已成功完成5G核心技术攻关，预计2020年实现商用。同年11月，华为宣布5G技术研发与创新投资计划——在2018年前至少投资6亿美元。在日本，电信运营商NTT DoCoMo于2014年5月正式宣布将与爱立信、诺基亚、三星等六家厂商合作开发5G网络，计划在2015年展开户外测试，于2020年实现商用。此外，美国高通等技术公司以及AT&T（美国电话电报公司）等运营商也在发展5G技术。全球5G技术竞争与技术标准话语权的抢夺相当激烈。

事实上，早在 2009 年，华为就已开始 5G 相关技术的前期研究，并在随后几年向外界展示了其研发的 5G 原型机基站。为抢占 5G 前沿技术高地，华为在全球开设了多个 5G 研创中心，拥有数千名专注于 5G 研发的专家和工程师。这一阶段，华为的愿景（V）是：在 5G 通信技术标准上，在世界通信领域掌握一定话语权，在技术上要实现比 4G 提升 1000 倍的网络容量，要能够连接 1000 亿的物联网设备，提供 10Gbps 的用户速率和极低时延，为万物互联打下基础。

为实现这一愿景，华为在 5G 技术研发上采取的解决方案（S）是硬件方面增强自主研发能力，软性方面增强标准、解决方案供应能力，通过与运营商良性合作营造生态共赢格局。基于技术路线的不确定性，华为采取多路径研究和探索的方法，组织多个研发小组分别尝试不同的技术路径，并且在研究与探索过程中，无论成败如何，管理层都保证能平等对待参与研发的每一个团队，这极大激发了所有研发小组的积极性。在 5G 技术研发过程中，华为非常注重知识产权保护，启动了 5G 知识产权专利收费以保护自身 5G 创新专利技术。

在合作伙伴（P）方面，华为始终坚持全球开放合作，与来自全球 20 多个国家的研究团队展开研究合作，与合作伙伴建立了良好的生态信任（T）。华为自身的奋斗、创新精神和国际化沟通能力使得国外合作伙伴信任其研发能力，国内合作伙伴也鼎力支持其在 5G 领域的探索。

在 5G 技术研发的运营（O）方面，华为也展现了良好的运营能力，这主要是华为坚持以奋斗者为本、敢于创新和投入的精神决定的。它充分利用了自身和合作伙伴的优势，成功完成了 5G 技术研发并通过测试，在国际 5G 通信技术标准方面取得了相当的话语权。

多元阶段：主推 Polar 码

中国在移动通信领域经历了 1G 空白、2G 跟随、3G 突破、4G 同步的过程后，终于在 5G 时代成为领跑者。由于 CDMA2000、WCDMA、TD-SCDMA 等多套主流标准并存，在相关应用开发较弱且金融危机的影响下，欧美 3G 业务遭受巨大冲击，部分行业巨头甚至破产。因此，在吸取 3G 多套标准同步发展的深刻教训后，高通、爱立信等巨头都坚定地认为全球应该建立一个统一的 5G 标准。

在 5G 技术中，无线基础如调制解调、天线等技术已经十分成熟，较难实现新的突破，技术信道编码则相对容易。围绕这一领域，全球展开激烈竞争。在物理层信道编码标准领域，美国主推 LDPC、中国主推极化码（Polar code，俗称"Polar 码"）、欧洲主推 Turbo 2.0（未能入选 5G 编码）。[1]

在多元阶段，华为的愿景（V）是尽量争取在 5G 技术标准上的话语权，以占据通信核心技术上的有利位置。为了实现这一愿景，华为的解决方案（S）是在信道编码标准上主推 Polar 码。

Polar 码是一种信道编码技术，而信道编码是通信领域的底层技术，类似于物流场景中运送货物前先将货物重新打包固定住，防止货物在运送过程中被损坏或丢失。2008 年，土耳其的埃达尔·阿

---

[1] 华为 .3GPP 确定 Polar 码为 5G 控制信道编码方案 [EB/OL].(2016-11-19)[2023-07-15]. https://www.huawei.com/cn/news/2016/11/3GPP-Polar-5G.

里坎教授发明了 Polar 码，华为将其进一步商业化落地。[①] 在研发 Polar 码相关技术时，华为申请了大量相关专利以形成护城河。高通则主推 LDPC，也事先埋伏了很多专利，二者有所交叉。

在 5G 技术的多元阶段，要想在技术标准上取得话语权，除了自身过硬的技术实力，合作伙伴（P）也非常重要。研发过程中华为吸纳了业内知名学者、专家等的加入，同时巨大的国内市场、政策支持，以及高校、运营商等机构也是华为的坚实后盾。基于此，华为才能成功在 5G 通信核心技术上占领一席之地。在 3GPP RAN1#87 次会议上，5G 信道编码技术方案确定了以华为主导的 Polar 码作为控制信道的编码方案，而高通的 LDPC 则作为数据信道的编码方案。

在 5G 通信技术的多元阶段，华为与国内外合作伙伴建立了良好的生态信任（T），特别是在国内，无论是学界、业界还是政府部门，都对推动华为方案进入 5G 技术标准做出努力。在生态运营（O）方面，华为有效整合了国内外力量，形成合力，成功在 5G 通信核心技术上获得了话语权。

聚集阶段：5G 芯片自研，推出 SingleRAN

以 1991 年徐文伟加入为起点，华为开启了艰难的芯片自研之路。[②] 对移动通信设备提供商来说，移动通信设备中的芯片无疑是核心技术，保证核心技术的自主可控与领先优势，是设备提供商能

[①] 白瑜.任正非对话 5G 极化码发现者：加大基础研究投入　引燃科学灯塔 [EB/OL]. (2018-7-27) [2023-07-15]. https://tech.sina.com.cn/roll/2018-07-28/doc-ihfvkitx8717559.shtml.

[②] 芯片老兵戴辉．大解密，1991 年徐文伟主导的华为第一颗 ASIC 芯片是如何诞生的？ [EB/OL]. (2018-09-13) [2023-07-15]. https://www.sohu.com/a/253587885_100024064.

够生存下去的关键条件。在初期，华为所需芯片主要由外部采购而得。外部采购芯片，一方面是成本相对高昂，另一方面是总体响应速度及个性化定制程度与华为需求存在差距，所以华为开启芯片自研。

巩固阶段，在技术已经成熟的条件下，作为通信领域的巨头，华为的愿景（V）是确保包括芯片在内的核心技术能够自研并持续保持领先。

华为的解决方案（S）是：在硬件方面开发巴龙芯片、天罡芯片，在软性方面推出 5G 时代的 SingleRAN。巴龙 5000 芯片是华为研发的全球首款 5G 基带芯片，采用 7nm 制程工艺，支持 SA（独立组网）和 NSA（非独立组网）两种组网方式，领先高通 5G 基带芯片 1 年之久。而天罡芯片是华为公司发布的业界首款 5G 基站芯片，尺寸缩小了 55%，重量减少 23%，支持超宽频谱，可以支持 200 兆频宽，可以让全球 90% 的站点在不改造市电的情况下接入 5G。[1] SingleRAN 是华为发布的集成式基站建网理论框架与解决方案，能够帮助运营商在多制式情况下建网。

华为的合作伙伴（P）包括了各大运营商、供应链上下游、跨行业的合作伙伴、高校等研究机构，以及国内政府机构等。值得一提的是，在政策的大力支持下，5G 基站很快在国内铺开，缓解了国外对华为 5G 技术的限制。

由于受到美国的打压，华为在这一阶段的生态信任（T）存在很大问题，除了国外排斥华为 5G 技术，上游的芯片供应商还对华

---

[1] 华为. 华为发布全球首款 5G 基站核心芯片　致力打造极简 5G[EB/OL]. (2019-01-24)[2022-07-22]. https://www.huawei.com/cn/news/2019/1/huawei-first-5g-base-station-core-chip-5g.

为断供，导致华为没有芯片可用。而这一问题的解决不仅需要华为自身的努力，还需要国内构建完整的生态系统。

但即使面临如此的外部环境，华为在此阶段依旧通过过硬的技术实力和国内政策的支持，顺畅地运营（O）了其所建立的5G生态。

巩固阶段：5G改变社会

在巩固阶段，华为的愿景（V）是：让消费者享受数据高速传输服务，推动虚拟现实、自动驾驶、工业互联网和智能社会等发展，以5G赋能万千场景、万行万业。

华为提出的解决方案（S）是：在5G技术应用上，采取多元化、国际化战略。5G技术不仅可应用于智能手机终端，还是发展虚拟现实、无人驾驶和工业互联网的必要基础，华为采用多元化战略在这两个方面推进研发推广。同时积极开拓海外市场，将5G相关业务和技术推向海外。

华为非常重视5G应用相关、跨行业的合作伙伴（P），联合推动建立多个跨行业组织以开展跨行业合作，如5G应用产业方阵、5G汽车联盟、5G工业互联及自动化联盟等。现阶段，华为在其商业生态系统中占据领头企业的生态位，正在尝试与合作伙伴建立信任（T），逐步提高其商业生态运营（O）能力。

更新阶段：向多领域进发，赋能千行百业

5G通信的更新阶段是不断地嵌入行业，赋能更多的应用场景。根据行业调研，在具体行业应用中，由于场景要求差异极大，对5G的性能要求差异也很大。通过在行业领域的耕耘，5G通信技

术也需要不断地迭代和更新。其中，5.5G 是 5G 向 6G 进发的中间产品，是在不改变 5G 关键技术情况下的迭代升级版本，能为用户提供万兆体验，同时其千亿连接的使能能够进一步推进万物互联，为智能化搭建基本底座。华为预测，大约在 2025 年 5.5G 可投入商用。[①]至于 6G 通信技术，其覆盖范围更广，频谱更全，应用范围将面向全社会各类场景。据报道，6G 的研究节奏与 5G 基本符合，其周期可能会持续 10 年以上，预计在 2030 年后才投入商用。华为位于渥太华的实验室已和相关大学就 6G 研发展开了讨论，其愿景（V）是继续在移动互联领域保持竞争力。目前，华为已着手布局，比如在 6G 技术中继续使用 Polar 码，其合作伙伴（P）是国内外研究机构。

多年来华为在 5G 领域的竞争优势，一方面是其雄厚研究实力的结果，另一方面，也为其向其他临近领域进军奠定基础。华为在培育 5G 生态的同时，也进入了手机领域，为运营商生产贴牌手机。从贴牌手机到推出华为品牌智能手机，核心就在于手机芯片与操作系统。基于华为 2012 实验室的已有研究基础，华为有信心在智能手机领域构建自身竞争力，其从 5G 生态领域向智能手机领域的跃迁也由此开启。

智能手机生态培育

在移动通信技术快速发展的背景下，全球智能手机行业已臻成

[①] 华为.华为提出5.5G网络关键特征及创新方向[EB/OL].(2022-07-24)[2023-07-15].
https://www.huawei.com/cn/news/2022/7/5-point-5g-innovation-10gbps-elaa-winwin.

熟，智能手机成为日常生活的必需品。智能手机具有独立的操作系统，可通过移动通信网络实现无线网络接入，与个人计算机一样，它允许用户自行安装软件以实现功能扩展。[①]从智能手机的全球发展历程来看，它主要有以下几个关键阶段。

智能手机的萌芽大约在20世纪末。1999年摩托罗拉推出天拓A6188；次年爱立信推出R380sc，该机已能实现网络连接；2001年诺基亚第一款PDA手机9110上市；这些产品的面市开创了智能手机的先河。当然，这一阶段的手机还不是严格意义上的智能手机。2002年是智能手机发展的关键一年。这一年众多智能手机品牌和机型纷纷面世，智能手机的定义不断更新的同时，其广阔的应用及市场前景也被业界青睐。基于此，摩托罗拉的A388型手机，多普达的dopod686型手机，以及此后诺基亚7650的上市与波导"易王三合一"PDA手机等的相继推出，迎来了智能手机发展的井喷时期。

2007年，苹果发布iPhone，代表着智能手机进入新阶段。iPhone的发布推动了智能手机主流设计的形成。2008年，首款基于安卓系统的HTC G1手机上市。此后，智能手机操作系统、CPU、内存等参数不断被刷新，智能手机步入快速发展时期。而智能手机主流设计的形成，标志着智能手机行业进入聚集阶段。此阶段，手机应用的数量在飞速增加的同时，性能也随着迭代升级而不断提升。在数字技术的支持下，智能手机各类应用业务繁荣发展，而智能手机行业也逐步从聚集阶段向巩固阶段推进。

2012年1月，华为推出第一款智能手机产品Ascend P1，此时

---

① 前瞻百科.智能手机[EB/OL].(2014-04-13)[2023-07-15].http://baike.qianzhan.com/detail/bk_61f68c64.html.

智能手机行业已经杀成一片红海，国外品牌有苹果、三星，国内有小米、魅族、OPPO等。在这一背景下，华为以消费者为中心，采取差异化战略，聚焦核心技术创新，自研麒麟系列芯片，打造鸿蒙操作系统和生态，一步步在智能手机行业崛起。

聚集阶段：定位高端市场，构建完整技术架构

2011年，华为正式涉足智能手机业务，此时正值3G时代下智能手机高速发展期。如何在这一市场中形成竞争能力并生存下来成为华为面临的主要问题。

此阶段，为了积累用户基础，华为在智能手机终端的愿景（V）是：构建完整技术架构，并将其成功应用于产品中，让越来越多的用户了解到华为这个手机品牌，为此后的技术赶超打下基础。

为实现这一目标，华为的解决方案（S）是：将目标市场定位于高端市场，大力整合内外部技术创新资源，在软件技术方面开发基于安卓系统的第一代Emotion UI操作系统，并发布了第一款智能手机Ascend P1，打开了智能手机市场。

3G时代，华为在智能手机市场的市场地位与技术实力相对薄弱，它通过选择合适的合作伙伴来增强竞争力。此阶段，华为的合作伙伴（P）包括德州仪器、ARM等国外顶尖核心组件技术供应商，以及通达集团、索尼等国内外知名外围组件技术供应商（王福祥，2021）。

巩固阶段：差异化竞争，聚焦核心技术创新

在巩固阶段，随着发展形势的变化，华为的发展愿景也进行了调整。以芯片为代表的硬件，以操作系统为代表的软件，以及以手

机为中心、连接其他终端的生态成为智能手机的关键。在聚集阶段,华为在软件方面主要采用谷歌的安卓系统与GMS(谷歌移动服务)一揽子方案,芯片则主要来自高通等企业。随着中美贸易摩擦的加剧,软、硬件的接连断供对华为的发展造成严重威胁。在这一背景下,华为调整了发展愿景(V):突破硬件、软件发展局限,打造硬件开放、软件开源,软硬件一体化的生态圈。

华为智能手机业务的解决方案(S)是:聚焦科技创新,自研麒麟芯片、鸿蒙操作系统与HMS,构建完整生态体系。在芯片断供的背景下,它加码投资芯片产业上下游企业,采取战略联盟发展的方式,联合产业链上下游打造去美化芯片生产线。

为缓解GMS(谷歌移动服务)断供所造成的影响,华为发起"松山湖会战"[①],几千名工程师集中攻关HMS。与此同时,鸿蒙操作系统的开发也紧锣密鼓地展开。由此,在软件层面,华为底层操作系统与HMS搭配,成为完整的软件系统。在初始设置方面,分布式操作系统鸿蒙可以实现对手机、平板、PC、耳机、智慧屏等所有终端的跨设备支持,实现华为"鸿蒙操作系统+终端产品"软硬件一体、万物互联的终极目标(彭芳兰,2021)。为了增强鸿蒙系统的可扩展性、兼容性,基于其上的操作系统生态必须从增强操作系统分布式能力、拓展终端设备支持品类和完善软硬件开发者解决方案三个方面进行升级布局。在分布式能力增强上,华为持续优化分布式任务调度能力,为应用提供通用的分布式服务。同时,让开发者聚焦于业务实现方面,无限拓展应用的分布式场景。消费者

---

① 第一财经.揭秘华为"松湖会战":数千工程师集结 浇灌鸿蒙生态[EB/OL].(2020-09-14)[2024-03-06]. https://new.qq.com/rain/a/20200914A0MMKG00.

则能够在一个应用场景中，用不同的设备获取视觉、触觉与听觉的应用输出，并能在不同的设备上对同一个应用进行输入，获得强大的分布式体验。

在硬件方面，华为自主研发芯片以突破断供封锁。通过在芯片架构上减轻对 ARM 的依赖，提高芯片设计架构自主程度，并与芯片领域的合作伙伴分工协作，强化自研能力，华为海思麒麟芯片将华为智能手机的差异化优势继续延续。

为了完善开发者解决方案，对设备商和开发者进行赋能，华为建立全场景智慧生态。面对应用开发者，华为在工具链、仿真模拟器以及方舟编译器等方面不断进行迭代。面对硬件开发者，华为持续为从业人员提供丰富的软件开发工具包、开发工具、开发版和模组，让应用开发者、硬件开发者等合作伙伴更好地获取万物互联的市场。结合这三个方向的生态价值理念，华为投入资金鼓励开发者参与鸿蒙操作系统生态的建设，做好利益分配，构建合作共赢的鸿蒙生态系统。

在智能手机行业，华为的合作伙伴（P）有上海微电子、中微半导体等芯片产业链上下游的国内企业，其目标是打造完全"去美化"的自主可控虚拟 IDM，加工生产智能手机除处理器芯片外的核心部件芯片，缓解部分芯片供应危机。作为鸿蒙生态系统的主导者，华为已有大量的基于鸿蒙系统的生态伙伴支持其自身业务。据报道，目前已有 300+ 应用和服务伙伴、1000+ 硬件伙伴、50 万 + 开发者共同参与到鸿蒙生态的建设当中。[1]

---

[1] 赵超. 鸿蒙登场！它的征途是万物互联 [EB/OL]. (2021-06-13)[2023-07-15]. http://finance.people.com.cn/n1/2021/0603/c1004-32121679.html.

在智能手机业务领域，华为已经在鸿蒙生态上与众多合作伙伴建立了生态信任（T）。鸿蒙生态主要面向下一代物联网，目前并没有智能手机领域的厂商加入，作为一个与安卓生态竞争的生态，华为需要进一步与生态内合作伙伴，特别是生态互补者建立良好的信任，以吸引更多的合作伙伴加入。

华为的生态包括硬件相关的生态和软件相关的生态，只有运营（O）好这些生态，才能发挥其应有的价值，助力华为实现愿景。而鸿蒙生态的建立，意味着华为正在成为一个平台公司。对平台公司而言，好的运营与好的技术同样重要，都需要持续不断地投入。当前，华为围绕其生态建立了 HarmonyOS 开发者社区及鸿蒙系统 HarmonyOS 技术社区等，通过建立网络社区持续提升生态运营能力。

更新阶段：拓宽系统边界，提升通用性、兼容性、可拓展性，打造"1+8+N"生态

万物互联的大趋势下，智能手机必须满足更加高端和智能的功能要求，通用性、兼容性、可拓展性成为其发展的主要方向。

通用性实际上指智能手机技术架构升级空间的预留问题，在 5G 智能手机的创新研发过程中，原有智能手机产品的整体技术架构要保证可用，但同时应对关键节点留出未来升级空间。兼容性主要指在万物互联即将实现的背景下，智能手机能够作为核心实现与其他智能设备的联通。可扩展性则为万物互联提供了基本窗口。随着穿戴设备等相关智能设备种类的不断丰富，手机作为核心所需要连接的设备种类与数量需求也随之增加，万物智联的大背景下，一方面，要能够有适配的芯片来支撑相关设备的互联需求；另一方面，也需要有匹配的软件系统来搭建统一平台以进行互联对接。

此阶段，华为的愿景（V）是：基于已有优势进一步扩大竞争力，打造硬、软一体的，以智能手机为核心，以智能手环、智能手表等为代表的智能穿戴设备，并以音箱、车机、平板、计算机等八大关键智能终端为载体，向外无限辐射的"1+8+N"智能手机生态体系。华为的生产线也逐渐增加了智能手环、平板电脑、计算机等一系列产品。当时，中美经贸仍处于正常往来状态，华为计算机芯片与操作系统主要来自国外。2018年开始，在美国无端挑衅下，中美贸易冲突爆发，美国断供芯片、操作系统等。这一巨变下，华为决定进一步向计算行业拓展，以自研芯片、操作系统构筑华为自主可控的技术底座。

计算行业生态培育

计算行业主要有云计算和智能计算两方面。图8-2梳理了2013—2018年云数据中心与传统数据中心的数量对比，云数据中心的快速增加和传统数据中心的踟蹰不前，较为清晰地解释了华为选择持续投入"云+智能计算"这一行业的原因。当前传统服务器市场已处在巩固阶段，全球超大数据中心的数量不断上升，全球的云计算巨头都在不断大量铺设自己的云IT基础设施。新增的数据中心大部分是云计算数据中心，而非传统的数据中心，传统数据中心的增加逐年放缓。

当前，"云+智能计算"产业（以下简称"计算产业"）介于巩固与更新阶段之间。计算基础设施是数字文明时代的强大支撑。基于智能算力基础，得益于物联网、大数据、区块链等技术的深化应用，人工智能、语音识别、图像识别、视频分析等领域飞速发展。

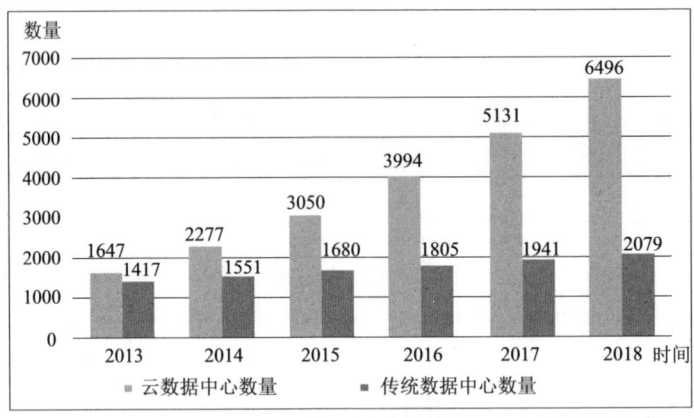

图8-2 2013—2018年云数据中心与传统数据中心总数量对比[①]

巩固阶段：英特尔仍占据主要市场，华为以研发蓄力打造又便宜又好的产品

华为于巩固阶段进入计算产业。此时，英特尔占据计算产业主要市场，以"英特尔+传统服务器"为典型代表的传统计算中心虽然总量仍在不断增加，但增速逐渐放缓。此阶段，华为以又便宜又好为宗旨，进入计算产业市场。华为的愿景（V）是：以自研芯片为抓手，以又便宜又好为发展方针，打破芯片单一供应商的限制，实现供应链与发展战略上的双重突破。

为了实现这一愿景，华为的解决方案（S）是：加大研发力度，拓展应用场景，以应用牵引，推动芯片、存储及其他核心技术、产品迭代升级。由此，华为开始了芯片研发，从用于交换机多功能接口控制的SD502芯片、SD509芯片的接续推出，到此后通信系统

---

① 整理自网上公开资料。

芯片研发工作向华为中央研究部基础业务部负责的转移，再到海思半导体的成立，华为计算产业研发能力不断积累。随着芯片研发能力的不断提升，华为芯片应用分别向 B 端与 C 端市场扩展，存储、传输、管理、AI 计算也成为其计算产业的主攻领域。

更新阶段：推出鲲鹏芯片、昇腾芯片、欧拉操作系统、盘古大语音模型

传统计算产业的高速扩张已成为历史，在英特尔占据主要优势地位的情况下，华为在计算产业的发展需要寻觅新的空间。在数据对经济赋能作用日趋凸显的背景下，"云 + 智能计算"的模式成为计算产业发展的新路径。基于这一前瞻性判断，华为在此阶段的愿景（V）为：以"云 + 智能计算"为基本方向，从硬件和软件两方面发力，承担生态领导者的角色，打造无边界智能计算世界，赋能万行万业数智化转型。

为达成生态愿景，华为的解决方案（S）为：硬件方面打造计算产业专用芯片，软件方面开发对应操作系统，以研发蓄能盘古大模型，并根据具体行业特征开发基于通用大模型基础的行业大模型，打造组合优势，重构中层赋能平台建构，营造智能计算产业基础生态。

在硬件方面，经过多年研发，华为已形成以"鲲鹏 + 昇腾"为核心的基础芯片族，并以此为基础构筑异构计算架构。围绕"鲲鹏处理器"和"昇腾 AI 芯片"，华为打造鲲鹏和昇腾两大计算平台，提供覆盖云、边、端的全栈全场景智能计算解决方案。鲲鹏包括服务器和 PC 机芯片，鲲鹏 920 是首个 64 核的数据中心处理器，其性能优异，能够同时将 CPU、桥片、网络和磁盘控制器四合一。昇腾包括训练和推理芯片，用于训练的昇腾 910 的半精度算力达每秒256万亿次，用于推理的昇腾310整型算力达到每秒16万亿次，而功耗仅有8W。[①]

在软件方面，华为推出开源操作系统——欧拉，这一操作系统通过开放的社区形式与全球开发者共同构建一个开放、多元和架构包容的软件生态体系，孵化支持多种处理器架构、覆盖数字设施全场景，推动企业数字基础设施软硬件、应用生态的发展。华为推出的欧拉操作系统可广泛部署于服务器、云计算、边缘计算、嵌入式等多样性的设备，已经实现主流计算架构全覆盖。同时，欧拉操作系统包括ARM、x86、RISC-V等全部主流CPU指令集，支持NPU、GPU和DPU等多种异构算力，应用场景覆盖IT、CT和OT，能够适配一万多款应用，支持几乎所有的主流应用场景。此外，在数据库领域，华为云打造的国内首款软硬协同、全栈自主的高斯数据库（Gauss DB），凭借"高可用、高安全、高性能、高弹性、AI-Native"等技术特性，现已广泛应用于金融、政务、交通、能源等关键信息基础行业。

在中层平台发展方向方面，华为认为通用大模型与行业大模型的结合将是未来主流的发展路径，因此以研发赋能盘古大模型，并根据具体行业特征开发基于通用大模型的行业大模型，重构中层赋能平台建构。2020年，华为云盘古大模型开发正式立项。2023年7月7日，盘古大模型3.0版正式发布，其支持全栈创新，为行业而生。盘古大模型3.0版是一个"5+N+X"的整体、系统的模型体系。其中，"5"对应了华为的五大基础模型，分别为NLP（中文语言）大模型、CV（视觉）大模型、多模态大模型、预测大

[①] 此部分数据均来自华为官网。

模型与科学计算大模型。在五大基础模型之上，则是具有行业知识的 N 个行业大模型，目前已有政务、金融、制造、药物分子、矿山、铁路、气象等大模型。气象领域的大模型在预测精度与速度方面展现了惊人的成效，其研究成果已在《自然》杂志发表，《自然》审稿人对该成果给予高度评价："华为云盘古气象大模型让人们重新审视气象预报模型的未来，模型的开放将推动该领域的发展。"[1] 万行万业、万千场景是数智化转型的最终目标，所以最上层的 X 对应了无穷场景模型。据报道，盘古大模型已经深入金融、制造、政务、电力、煤矿、医疗、铁路等 10 多个行业，支撑 400 多个业务场景的 AI 应用落地。[2]

为了搭建计算产业生态，华为秉持"有所为，有所不为"的原则，致力于搭建底层硬、软于一体的生态体系，其上的细分领域、万行万业则由生态合作伙伴开发。华为现阶段的合作伙伴（P）大多是国内整体技术能力较弱的企业，所以华为还需承担中国软件厂商起点低的重担。当前，利用在中国的影响力，华为与中国相关产业联盟企业组织紧密合作。在 2023 年鲲鹏昇腾开发者峰会上，华为披露鲲鹏和昇腾 AI 开发者已经超过 350 万+，合作伙伴超过 5600 家，解决方案认证超过 15500 个。[3] 截至 2022 年 12 月底，欧拉开源社区企业成员超过 600 家，商业累计装机部署数量达到 300

---

[1] 华为. 华为云盘古气象大模型研究成果在《Nature》正刊发表 [EB/OL]. (2023-07-06) [2024-03-06]. https://www.huawei.com/cn/news/2023/7/pangu-ai-model-nature-publish.

[2] 王惠绵. 华为云正式发布盘古大模型 3.0 打造世界 AI 另一极 [EB/OL]. (2023-07-07) [2024-03-06]. http://www.ce.cn/cysc/newmain/yc/jsxw/202307/07/t20230707_38622470.shtml.

[3] 36Kr. 华为：鲲鹏和昇腾 AI 开发者已经超过 350+ 万，合作伙伴超过 5600 家 [EB/OL]. (2023-05-06)[2024-03-06]. https://36kr.com/newsflashes/2245905488211587.

万套，在中国服务器操作系统的新增市场中，欧拉在新增市场的份额达到25%。[①]

在生态信任（T）方面，华为具备一定的能力信任，当前，华为更需要让生态伙伴相信其的确在构建生态，并且能秉持"有所为，有所不为"的原则。

在生态运营（O）方面，华为已越来越具有平台属性，高度重视生态运营，各生态部门也正持续组建。华为现阶段与生态伙伴的合作模式有三种：第一种是生态伙伴负责定制、交付和支持，并分得项目大部分的收入；第二种则无须定制，合作方只负责交付和支持，可能获得一半的项目收入；第三种是应用市场模式，开发者根据所开发应用的下载量获得相应分成，互联网领域的应用证明了此种模式可行。

华为生态范式选择

华为的5G芯片为自研芯片，架构、内核基本不对外开放，但十分重视技术应用的多元化。在生态发展的不同阶段，华为先后推动虚拟现实、自动驾驶、工业互联网和智能社会等发展，以5G赋能万千场景、万行万业。因此，华为的5G通信属于赋能型生态范式。

华为的智能手机生态聚焦核心技术创新，自研麒麟系列芯片，打造鸿蒙操作系统，构建了完整的生态体系。在更新阶段，华为不断

[①] 科创板日报.国内基础软件跨越生态拐点！华为欧拉商业累计装机300万套，A股小伙伴有这些[EB/OL]. (2022-12-29)[2023-07-15]. https://www.chinastarmarket.cn/detail/1226322.

拓宽系统边界，提升通用性、兼容性、可拓展性，打造"1+8+N"生态。因此，华为的智能手机生态选择的是协调型生态范式，即不开放技术架构，但开放技术的接口和应用，吸引生态合作伙伴加入。

华为的计算产业生态以"云+智能计算"为基本方向，形成"硬软一体"的生态体系。其中，在硬件方面打造计算产业专用芯片，形成以"鲲鹏+昇腾"为核心的基础芯片族，并以此为基础构筑异构计算架构，因此其在硬件部分选择的是协调型生态范式。然而，在软件方面，华为推出开源操作系统欧拉，通过开放的社区形式与全球开发者共同构建一个开放、多元和架构包容的软件生态体系，因而其软件部分的生态属于社区型生态范式。综合来看，华为的计算产业生态整体上为共演型生态范式。

华为在不同领域的生态范式选择与行业特征有巨大联系。首先，在5G通信领域，华为自研芯片，赋能运营商、工业互联网、智能汽车等产业，与联发科的一站式解决方案类似，通过开放应用建立生态，属于赋能型生态。其次，在智能手机领域，华为打造"1+8+N"生态，由于行业互补生态伙伴涉及的领域增多，与英特尔相似，华为开放技术接口和应用，因而属于协调型生态范式。最后，在计算产业生态，由于硬件、软件等多方面的生态互补者进一步增加，华为的生态越来越开放，在硬件和软件部分分别呈现协调型生态范式和社区型生态范式，因而整体上属于共演型生态范式。总体上，华为产业生态范式的选择与行业特征高度相关，随着涉及的领域逐渐从硬件向"硬软云网一体化"发展，华为需要的生态互补者越来越多元，其生态也将越来越开放。

华为向新行业新地区的生态扩张

从万物互联到万物智联,以数智化转型推动降本增效成为数字经济时代全行业的基本发展趋势。以宽带接入5G为代表的互联网接入,以云为代表的数据存储、计算,搭建了数字时代的基础设施底座,在此基础上的产业互联网、消费互联网通用平台,以及具体领域、行业的细分专用平台,共同构成了转型所需的中间能力支持。

目前,在5G领域的网络接入优势,在计算产业领域的芯片、操作系统、数据库优势,构成了华为赋能万行万业的数字基础设施底座。中层平台正在建设以盘古大模型为基础的"5+N+X"模型体系,形成"通用大模型+行业细分大模型"的架构。同时,通过搭建通用平台加行业经验赋能具体行业,华为成立多个"军团",赋能煤炭、石化、钢铁、五金等行业。通过上述准备,华为已经搭建好向具体行业进军的基础条件,可以有步骤地实现向具体行业和目标地区的生态扩张。

总体上,从移动互联领域到智能手机,再到计算产业与如今的万行万业赋能,华为生态系统越来越开放。更开放的生态也反映了华为生态信任构建的逐渐深入,具备行业、场景知识、经验的合作伙伴的加入将进一步助力其大模型系统推进数智化转型,平台化运营方式则是其向新行业新地区生态扩张的主要体现。

生态培育总结

总体来看,经过多年发展,华为在5G通信、智能手机与计算产业均已进入更新阶段,如何以生态系统培育为抓手保持并扩大领先优势成为未来华为各产业发展所需考虑的问题。分产业来看，华为的 5G 产业经历了全生命周期，而智能手机与计算产业则是均在存在强劲竞争对手的背景下进入的。故而，由于进入阶段的不同，华为三种产业在不同阶段的愿景、解决方案与生态伙伴的选择等也存在明显差异，具体如表 8-1 所示。

华为各阶段生态培育方法比较

本章基于 VSPTO 模型，对华为在 5G 通信、智能手机和计算行业的 VSPTO 战略抉择进行了分析。总体来看，华为以"一硬一软一生态"为基本发展策略，从移动通信技术领域逐步扩展至智能手机领域、计算产业领域。

首先，基于已有优势，华为选择移动通信领域作为重点发展方向。华为最初的目标只是生存，后在 2G 时代实现了飞跃，3G 时代开始挑战现有格局，4G 时代达到与时代同步，5G 时代逐步建立起自主的通信行业标准，此阶段华为与运营商形成良好合作关系，生态的开放性相对较低。基于在移动通信行业的积累，华为在硬、软两方面均形成了深厚基础，与运营商的良好关系使其达成生态系统共赢的初步认识。

其次，华为开始涉足手机和电脑终端方面的业务，受到美国打压后开始自研基础技术，硬软技术尽量做到自主可控。与此同时，华为的生态开放程度有所提升，以智能手机为核心，基于华为操作系统的开放，合作伙伴在华为生态中的角色分量在提升。

最后，基于芯片、操作系统、数据库等方面的基础，华为进一步向计算产业出发，通过开发鲲鹏、昇腾芯片，开发欧拉操作系统、高斯数据库，打造计算产业的底层基础，"有所为，有所不为"

表 8-1 华为在 5G 通信、智能手机和计算行业的 VSPTO

阶段 行业	阶段 1 兴起	阶段 2 多元	阶段 3 聚集	阶段 4 巩固	阶段 5 更新
5G	V：力争实现领跑5G S：早布局大投入 P：高校、政府等支持机构 T：以强大技术实力和奋斗精神赢得合作伙伴信任 O：借助良好外部研发环境实现目标	V：获取 5G 标准话语权 S：推出 Polar 码 P：行业协会、高校，政府和国内制造业企业 T：以技术实力赢得信任 O：协调各方，实现目标	V：掌握领先的 5G 核心技术 S：开发巴龙芯片和天罡芯片 P：产业链上下游、运营商 T：被上游芯片供应商卡脖子 O：协调国内力量，解决制约瓶颈	V：赋能万行万业，构建智能社会 S：推出智能终端，探索 5G 需求场景 P：上下游产业链、跨行业企业 T：受到生态伙伴质疑 O：建立各类产业联盟	V：继续领跑 S：进入下行业 P：国内外研究机构

续表

阶段	阶段 1	阶段 2	阶段 3	阶段 4	阶段 5
行业	兴起	多元	聚集	巩固	更新
智能手机			V：构建完整技术架构并应用于产品，让越来越多的用户了解到华为这个手机品牌 S：定位于高端市场，大力整合内外部技术创新资源，打开了智能手机市场 P：国外尖端核心件技术供应商，以及国内外知名外围组件技术供应商	V：建立软硬件一体化生态圈 S：差异化发展，聚焦核心技术 P：产业链上下游企业、用户，运营商等 T：被消费者和合作伙伴认可，但遭遇芯片断供 O：建立并运营鸿蒙生态系统	V：打造以智能手机为核心的生态体系 S：以"1+8+N"为战略，打造跨越系统边界、多屏联动的生态体系

第八章　华为培育商业生态系统的现实案例　　239

续表

阶段	阶段1	阶段2	阶段3	阶段4	阶段5
行业	兴起	多元	聚集	巩固	更新
计算产业				V：以自研芯片为抓手，打破芯片一供应商的限制，实现华为供应链与发展战略上的双重突破 S：加大研发力度，拓展应用场景，以应用牵引，推动芯片、存储，以及其他核心技术，产品迭代升级	V：以"云+智能计算"为基本方向，从硬件和软件两方面发力，承担生态领导者的角色，打造无边界智能计算世界，赋能万行万业数字化转型 S：推出鲲鹏、昇腾芯片，欧拉操作系统，高斯数据库，盘古大语言模型，并构建相应生态系统 P：整体技术能力较弱，但具备行业知识、场景经验的国内合作伙伴 T：具备一定信任 O：以平台模式运营

240　持续共赢

是此阶段华为生态的核心体现。通过硬件开放、软件开源，华为生态进一步开放。如今，基于华为计算基础设施底座，盘古大模型急需具备行业知识与场景经验的合作伙伴加入以完善盘古大模型生态体系，其生态的开放度也达到历史最高水平。

华为生态培育的经验与启示

从华为生态培育的历程可以发现，华为并非在一个行业处于蓝海阶段的时候进入，而是均在竞争极为激烈甚至行业格局已基本形成时才进入。这也意味着，华为的生态培育极为困难。而华为在这三个产业的成就反过来也证明，其生态培育方法对于其他企业必然具有一定启示意义。

从5G通信到计算产业发展，华为的愿景（V）从最初的构建移动互联世界，到打造智能终端，再到发展计算产业，以至如今赋能万行万业的数字化转型进程，愿景的改变一方面反映了华为业务重心在B端与C端间的调整，另一方面也是华为不断筑牢数字底座，以形成其赋能万行万业能力的过程。为了实现愿景，华为的解决方案（S）是以研发蓄力，紧抓核心技术，以"一硬一软一生态"为基本框架，攻克技术难关，以邻近性为前提，实现从移动互联领域到计算产业领域的不断跃迁。在此过程中，华为的生态开放性逐渐提升，合作伙伴（P）的重要性也逐渐提升：5G时代与运营商形成良好合作关系，智能手机时代以手机为核心增强扩展性，计算产业时代以硬件开放、软件开源、"有所为、有所不为"发展合作伙伴。同时，生态的开放也意味着华为生态信任建设的成效，目前其已从善意信任发展至能力信任。而在运营方面，计算产业加大模型的平台化运营为其主要方式。

04 落地实践篇

进入本书的落地实践篇章，我们将深掘 VSPTO 在计算产业、人工智能、工业互联网以及国家数字生态构建中的具体应用。正如俗语所言，"授人以鱼不如授人以渔"，此方法论不仅能指导大型企业如何构建自身的商业生态，更重要的是，它能为国家战略性行业的具体实践提供行动框架，助力国家数字经济的高质量发展。通过这四个精心设计的章节，读者将见证理论如何转化为实践，从而深化对于商业生态系统培育的理解与应用。

第九章

如何培育计算产业生态

发展计算产业是我国实现制造强国、网络强国、数字中国建设的关键支撑。2021年10月，习近平总书记在主持中央政治局集体学习时强调："近年来，互联网、大数据、云计算、人工智能、区块链等技术加速创新，日益融入经济社会发展各领域全过程，各国竞相制定数字经济发展战略、出台鼓励政策，数字经济发展速度之快、辐射范围之广、影响程度之深前所未有，正在成为重组全球要素资源、重塑全球经济结构、改变全球竞争格局的关键力量。"[1]作为IT技术领域的后发国家，中国想要在数字经济这一新赛道站稳脚跟，就必须注重计算产业生态系统的培育。本章将运用商业生态培育方法论以及生态培育模型，对我国的计算产业生态进行深入的剖析。

根据商业生态系统培育方法论，培育计算产业生态需要回答三

---

[1] 习近平：不断做强做优做大我国数字经济，参见：https://www.gov.cn/xinwen/2022-01/15/content_5668369.htm。——编者注

个问题，并遵循"五步论"。第一个问题是要明确计算产业处于何种位置，包括确定生态构建基础和确定生态的生命周期阶段两个步骤，对应本章第一节。第二个问题是计算行业的核心企业要明确自身的关键性策略，确定战略愿景（V）、解决方案（S）、合作伙伴（P）、生态信任（T）和生态运营（O），本章第二节对计算产业核心企业的 VSPTO 决策进行了分析。第三个问题是计算产业的核心企业需要决定未来去往何处，包括抉择计算产业的生态类型和寻求生态的继续扩张，对应本章第三节。

计算产业生态发展背景及现状

计算产业是与 IT 计算能力相关的各种产业，可以划分为硬件、基础软件和应用软件等多个领域，涵盖了处理器芯片、PC、服务器、存储器、操作系统、中间件等多种软硬件类型及其相应行业。产业生态培育首先要明确生态的构建基础和生命周期阶段。确定生态构建基础既需要考虑整个计算产业的生态构建基础，包括宏观环境、组织特征、技术开放性和应用多元化程度；也要考察核心企业的生态构建基础，包括现有的产业价值网络和泛社区网络。接下来，还需要明确计算产业生态处于何种阶段（兴起、多元、聚集、巩固、更新），核心企业在每个阶段所需要采取的生态培育策略是不同的。基于以上方面，本节将介绍计算产业生态的发展背景及现状。

宏观环境

计算产业的宏观环境总结起来有三点。首先，长期以来，我国计算产业竞争力不强，核心技术相对薄弱。我国计算产业总体上大而不强的矛盾仍然很突出，典型的软肋就是"缺芯少魂"——处理器芯片的核心技术长期掌握在英特尔等境外公司手中。据半导体研究机构 IC Insights[①] 统计，在 2021 年，中国大陆公司的芯片产量仅占中国芯片市场的 6.6%。[②] 根据 Gartner（高德纳咨询公司）发布的半导体公司营收排名报告，2022 年全球收入排名前 25 的半导体制造商中有 14 家公司来自美国，而中国大陆没有任何公司能够进入全球前 25。[③]

其次，我国计算产业的发展面临着极具挑战和风险的外部环境，外部环境的压力使得计算产业生态的培育迫在眉睫。2018 年 4 月，美国商务部禁止美国企业向中兴通讯销售元器件；2019 年 5 月，美国商务部把华为及其 70 个附属公司列入出口管制的实体清单；2019 年 10 月，美国商务部将海康威视、科大讯飞等 8 家中国科技企业列入出口管制的实体列表。2022 年 8 月，美国《芯片和科学法案》正式由时任总统拜登签署生效，该法案禁止获得联邦资金的公司在中国大幅增产先进制程芯片。美国的单边主义对中国的计算产业造成了很大的冲击，威胁着中国计算产业的未来发展。然而，这也使我们国家进一步加大了对国产技术自主可控的支持力度。与计算产业紧密相关的芯片得到了政府的高度关注，一系列支

[①] 此机构已于 2022 年 12 月 30 关闭。——编者注

[②] The McLean Report. Chinese chip companies supplied 6.6% of China market in 2021[EB/OL]. (2022-05-19)[2023-07-15]. https://www.electronicsweekly.com/news/business/796904-2022-05/.

[③] 搜狐网. 全球 & 中国大陆半导体厂商排名前 25 [EB/OL]. (2023-04-03)[2023-07-15]. https://www.sohu.com/a/671735199_121687424.

持国产芯片研发的优惠政策已经出台。

最后,我国具备足够的经济实力、市场基础和技术潜力来发展计算产业和培育计算产业生态。中国作为世界第二大经济体,经济发展举世瞩目,具有大国市场优势。中国计算产业正成为全球计算产业发展的主要推动力和增长引擎。[1]我们还要看到,虽然计算产业的部分核心技术受制于人,但我国云计算、人工智能、物联网、边缘计算和 5G 等数字技术的创新都已经接近或位于世界前沿。同时,随着安全可靠技术和产业联盟(安可联盟)的成立,国产操作系统和国产 CPU 的替代路径得以明确,这也使得集成电路设计和软件企业在安可产业趋势下获得巨大的成长空间。这个领域被认为是一个价值数万亿的市场。在数字化浪潮的推动下,我国计算产业将迎来新的巨大发展机遇。

组织特征

确定计算产业的构建基础,需要考虑的一个重要因素是计算产业的组织特征。表 9-1 展示了我国计算产业的主要领域、软硬件类型、主要公司和品牌、应用成熟度和国产化情况。

从表中可以发现,在我国计算产业中,多数软硬件的应用成熟度至少达到了中等水平,其中存储器、服务器、整机、中间件、办公软件的应用成熟度达到了较高水准。在国产化情况方面,存储器、服务器和整机能够实现较高程度的国产化替代,甚至实现完全替代;软件的国产化程度高低不一,但多种类型的软件都能实现一

---

[1] 夏晓伦,乔雪峰. 开拓万亿级计算产业大蓝海 共享数字经济红利 [EB/OL]. (2020-08-07)[2023-07-15]. http://finance.people.com.cn/n1/2020/0807/c1004-31814976.html.

定程度的替代。

表 9-1　国内计算产业的组织特征

领域	软/硬件类型	品牌/公司	应用成熟度	国产化情况
硬件	处理器芯片	龙芯、飞腾、华为鲲鹏等	较低	较低（PC/服务器）
	存储器	华为、海康威视等	较高	较高
	服务器	浪潮信息、中科曙光等	较高	党政军全替代
	整机	联想、紫光等	高	党政军全替代
基础软件	操作系统	欧拉、麒麟软件、统信软件、麒麟信安等	中	超过 25%
	中间件	东方通、金蝶中间件等	较高	超过 25%
	数据库	达梦数据库、南大通用、人大金仓、华为高斯等	中	约 10%
应用软件	办公软件	金山 WPS、中标普华等	高	超过 25%
	管理软件	用友软件、金蝶软件等	中	核心应用有待渗透

资料来源：《安可集成具有多大市场？》[1]，此表对数据进行了更新

然而，处理器芯片却存在核心技术受制于人的隐患，应用成熟度和国产化程度都比较低。计算产业的发展有赖于先进的处理器芯片，但国产芯片暂未取得市场的主导地位。综观当前国际的计算产

---

[1] 国盛证券有限责任公司. 安可集成具有多大市场？[EB/OL]. (2019-11-24)[2023-07-15]. http://stock.finance.sina.com.cn/stock/go.php/vReport_Show/kind/lastest/rptid/627916433973/index.phtml.

业，英特尔公司主导的 x86 服务器芯片市场占比最大、利润最高，在 PC 及服务器端占据着市场垄断优势。x86 架构在市场上之所以具有统治地位，不仅是因为英特尔构筑的技术壁垒和专利壁垒，指令集构建的生态系统也形成了高壁垒。其次，ARM 架构的芯片也逐渐开始占据一席之地。ARM 架构的芯片以往主要用于移动端，但互联网企业巨头如亚马逊、谷歌也开始采用 ARM 架构来开发自己的服务器芯片。最后，RISC-V 架构芯片也在兴起，尽管其目前的市场份额很小，与 x86 架构芯片的市场地位仍然有着非常大的差距，但也能给我国计算产业带来更多的机会。随着摩尔定律的失效和后摩尔时代的到来，处理器芯片的技术可能会在新架构、新材料方面取得进展，这或许会成为我国计算产业的一个重要机遇。

构建基础

确定行业的生态构建基础，需要考察行业的技术开放性和应用多元化程度，这在客观上能帮助了解行业的生态多样性及复杂性，进而判断行业当前形成的生态解决方案是否契合行业特征。技术开放性体现了供给层面的特征，而应用多元化体现为需求层面的特征，决定了是否需要合作伙伴协助开拓应用市场。

计算产业生态的构建基础如图 9-1 所示。在硬件领域，计算产业的技术开放性程度总体较低。其中，处理器芯片是计算产业的核心技术之一，存在着相当高的技术壁垒和专利壁垒。而在基础软件领域，技术开放性程度相比硬件更高，因为开源操作系统和数据库正在兴起；在应用软件领域，技术开放性程度适中，开源软件数量迅速增加。总体而言，在技术开放性层面，当前的计算行业能提供的核心技术虽然类别多，但开放程度偏低。未来，受益于智能计算的兴起，计算产业的开放性程度可能会有所提升。

在应用多元化层面，当前计算产业的应用场景已经十分广泛，应用的多元化程度较高。未来，计算产业必然大量涉及大数据、AI和物联网技术的应用，应用场景会更加丰富。根据计算产业的技术开放性程度偏低而应用多元化程度偏高的特征，计算产业的核心企业需要基于自身技术，赋能不确定性高的行业市场应用，因此计算产业有必要构建商业生态。

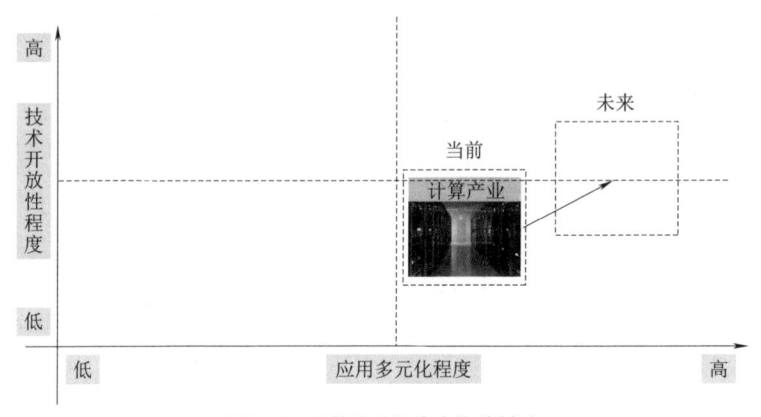

图 9-1 计算产业的生态构建基础

核心企业确定自身的生态构建基础，需要考察现有的产业价值网络和泛社区网络。图 9-2 是核心企业的计算产业生态图。图的上半部分是产业价值网络，指企业为当前产业价值的实现而建立的直接合作伙伴系统，从最上游的研发到最下游的销售，凡是参与这一价值创造过程的合作伙伴均在产业价值网络里面。在计算产业中，产业价值网络最底层的是提供芯片的企业，由此延伸到存储器、整机、操作系统、中间件、数据库、云服务以及各种应用的提供商，乃至高校和科研机构等第三方合作伙伴。计算产业的核心企业如果需要构筑生态，有必要在这些企业中选取领袖合作伙伴。

图 9-2 的下半部分是泛社区网络。泛社区网络指核心企业所面对的整个社会资源池，核心特征是当前还没有参与核心企业的价值创造过程。总的来说，位于社会资源池板块的生态合作伙伴可以分为两大类：第一类，核心企业产业价值网络之外的潜在合作伙伴，当前不参与价值创造过程；第二类，所有能够支撑核心企业实现产业价值，但又不直接创造产业价值的间接合作伙伴，例如政府、企业、高校、科研机构、金融资本、客户和开源社区等。而对于产业价值网络中的合作伙伴和泛社区网络中的两类生态伙伴，相应的培育机制需遵循"差序格局"原则，简单地说，就是计算产业的核心企业需要有针对性地对不同层次的合作伙伴进行差异化培育。

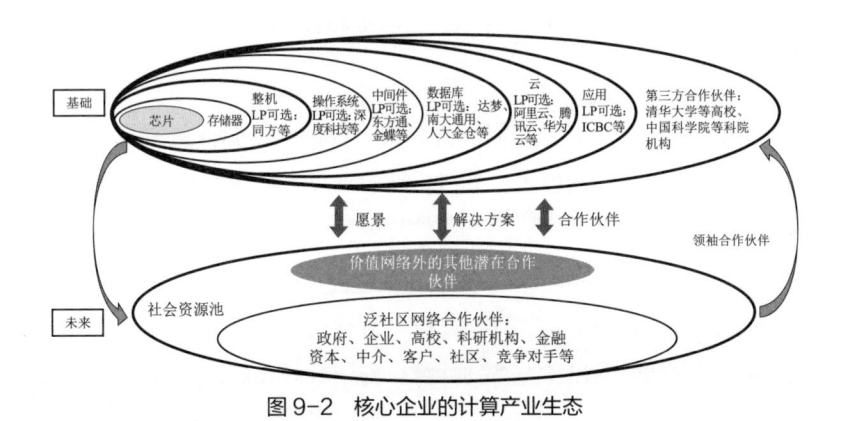

图 9-2 核心企业的计算产业生态

生命周期阶段

计算产业已有多年的发展历史，图 9-3 展示了计算产业生态的生命周期阶段。计算产业生态目前整体上处于巩固阶段，部分企业已经在向更新阶段迈进。图中还列举了各个阶段具有代表性的核心企业或品牌。需要注意的是，图中各阶段上方标注了一些代表性企业，这表明它们在当时进入了计算产业或是它们当时的生态培育很值得讨论，并不表示目前这些企业仍然处于该阶段。

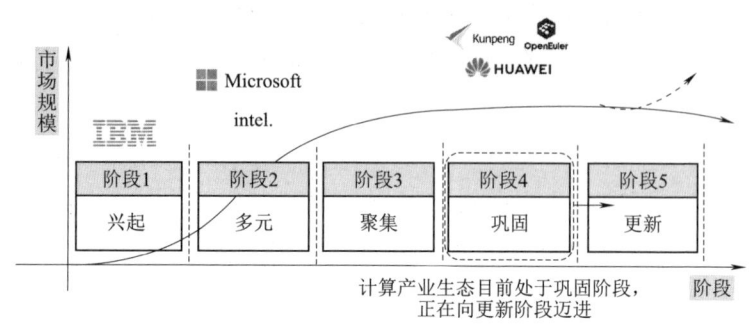

图 9-3　计算产业生态的周期阶段

在计算产业生态的兴起阶段，代表性的核心企业是 IBM，IBM 在 20 世纪 80 年代推出了小型机，针对计算产业的兴起市场提出了新的单一解决方案。

在计算产业生态的多元阶段，核心企业需要以多样化的解决方案来满足不确定的市场，这一阶段具有代表性的核心企业包括微软和英特尔。微软推出了一系列计算机操作系统和软件，而英特尔主要研制 CPU 处理器，是全球最重要的个人计算机零件和 CPU 制造商之一，它们试图成为行业标准的制定者。在计算产业生态的聚集阶段，英特尔和微软仍然是代表性的核心企业。

在计算产业生态的巩固阶段，代表性的核心企业之一是华为。

华为在国内计算产业占有重要的一席，鲲鹏芯片、欧拉操作系统、高斯数据库正在崛起，其生态培育策略值得研究。

目前，计算产业生态正在迈向更新阶段。这一阶段的特点是智能计算兴起。华为鲲鹏和欧拉正扎根这一兴起的利基市场，并提出了相应的愿景。微软和英特尔也仍然处于计算产业的最前列，而 IBM 已经风光不再。计算产业的核心企业可依托在云计算、AI、5G 等领域的领先优势，去积极携手伙伴持续打造多元算力的新计算服务场景，让各种应用跑在最合适的算力之上，为客户带来最大的价值。

计算产业生态培育

本节旨在介绍计算产业生态的培育方法，首先分析计算产业生态培育的理论机制，然后引入企业案例来具体说明如何应用生态培育模型。在计算产业生态周期的每个阶段，我们分别选取了较为典型的核心企业，以它们为案例说明如何进行 VSPTO 决策。

生态培育理论机制

根据商业生态系统培育方法论，计算产业生态的培育要回答三大问题：计算行业处于何种位置？核心企业的关键性策略是什么？企业将去往何处？

第一个问题，也就是确定计算产业生态的构建基础和生命周期阶段，这部分内容为核心企业的生态培育策略提供了前提和依据，已经在上节中呈现。

对于第二个问题，计算产业中的核心企业要明确自身的关键性策略，形成 VSPTO 决策。核心企业在构建商业生态系统时，首先需要拥有明确的战略愿景。这个战略能够清晰定位企业的发展方向，并具备吸引力，能够带领合作伙伴一同构建生态系统。生态愿景构建要考虑企业使命和合作伙伴的价值分享，要考虑行业发展趋势，还要考虑未来社会可能发生的变革。

接下来，核心企业需要有解决方案。这些方案包括短期和长期的内外制度设计、投融资、技术、产品/服务方案以及人力组织等，旨在解决公司及整个生态系统层面的挑战和需求。解决方案要有所为有所不为，发布价值主张，逐渐确定产品内容，容纳生态伙伴。

核心企业还要拥有和培育生态合作伙伴（P）。在行业生态的兴起阶段，应尽量选择相对有联系的行业的领袖；在多元和聚集阶段，最优选择是有相同发展诉求、相同生态构建意愿的居行业首位的企业，次优选择是行业第二或第三的企业，并助其成为第一；在巩固阶段，维持先前的领袖合作伙伴；在更新阶段，寻找能引领新的细分市场或行业的合作伙伴。

计算产业核心企业在不断培育壮大商业生态的不同阶段，需要依据自身情况，以培育生态信任（T）为目标导向。生态信任主要包括善意信任、能力信任和关系信任。核心企业需要期望形成主观的信任（善意信任）到客观的信任（关系信任、能力信任）。在计算产业的兴起阶段到多元阶段，核心企业对生态伙伴主要需要培育善意信任，并很可能持续进行；从多元阶段到聚集阶段，核心企业需要在生态伙伴面前培育其打造该行业生态的能力信任，并可能持续下去；从聚集阶段到巩固阶段，核心企业的能力和关系信任都应当形成。

在每个商业生态培育阶段，核心企业都需要有好的运营团队去支撑各个阶段的生态培育策略，进行生态运营（O）。生态运营包括生态设计、生态实施、生态持续优化和生态评估等阶段，以期形成生态绝佳运营的闭环。

对于第三个问题，计算产业的核心企业需要决定企业会去往何处，即抉择计算产业的生态类型和寻求生态的继续扩张。计算产业的生态类型分为四种：赋能型生态、协调型生态、共演型生态和社区型生态。不同起始阶段、不同VSPTO决策会形成不同特征的生态，但它们都可以是成功的生态。计算产业的核心企业具体要构建何种生态，主要根据技术开放性程度和应用多元化程度来决定。

核心企业在寻求生态继续扩张时，既可以选择将生态扩张至新的行业，也可以将生态扩张到新的地区。核心企业在选择并决定进入新的行业后，无论该行业的生态发展处于哪个阶段，均需提出新的愿景，要用新的愿景去凝聚愿意为之共同努力的合作伙伴，去建立新的信任关系；技术层面的解决方案既可以是技术领先且相对不开放，也可以是技术相对开放；应用层面的解决方案应保证能在至少一个应用场景中接近当前行业的最优解决方案；在合作伙伴的抉择上，核心企业可以主动选择当前生态中合适的合作伙伴共同进入新的行业，因为当前生态中的合作伙伴更容易接受核心企业的新愿景，双方也更容易在新行业建立信任关系。

企业案例

本节展示了在计算产业的不同生命周期阶段，计算产业的核心企业如何做出生态培育决策，从而为我国计算产业的生态培育策略提供参考。在兴起阶段，选取较为典型的IBM作为案例；在多元阶段，选取最具代表性的微软和英特尔作为案例；在聚集阶段，选取英特尔作为案例；在巩固和更新阶段，选取华为作为案例进行分析。

兴起阶段：IBM

在计算产业生态的兴起阶段，IBM 是具有代表性的核心企业，它有两种最主要的产品——小型机和个人计算机。1975 年 9 月，IBM 首次推出了小型机 IBM 5100，这是世界上较早的"便携式"计算机，在当时仍以大型机为主的市场上实为一种创举。IBM 小型机的后续产品主要是作为服务器用于中小型企业，而非面向个人用户。1981 年 8 月，IBM 推出了微型计算机 IBM PC5150，这也是世界上第一台个人计算机，"个人电脑"这个新生市场随之诞生。[1] IBM PC5150 的价格相对便宜，售价为 1600~4500 美元，存储容量为 16KB~256KB，可以用于家庭。IBM 推出的小型机和个人计算机在计算产业的发展史上具有标志性的意义。

在这一阶段，IBM 的愿景（V）是提供服务器和 PC 的单一解决方案，解决方案（S）是研发、生产和推广小型机和 PC 产品。IBM 对于这两种产品的解决方案是有所不同的——在 PC 产品方面，IBM 采取"开放路线"[2]，不采用自己的处理器和操作系统，而是出于即时可用性的考虑从外部购买，即由合作伙伴提供，从而形成了组装机模式；IBM 还大方地公开了技术细节，以便其他人可以创建软件和扩展插槽外围设备，这同样也带动了新产品的推广，

---

[1] 搜狐网. 百年 IBM：值得全球商界研究的转型变革典范 [EB/OL]. (2019-02-15)[2023-07-15]. https://business.sohu.com/a/512751025_120099890.

[2] 光明日报. PC 再次面临历史选择 [EB/OL]. (1998-01-15)[2023-07-15]. https://www.gmw.cn/01gmrb/1998-01/15/GB/17574%5EGM5-1511.HTM.

形成了"开放标准",使不同厂商的标准硬件可以互换。[1] 而在小型机方面,IBM 的路线更封闭一些,采用的是自己开发的 IBM Power 系列处理器和 AIX 操作系统。IBM 最典型的合作伙伴(P)是微软和英特尔,培育措施体现在由微软为 IBM 的 PC 提供操作系统,英特尔提供微处理器;IBM 设计好标准后,将 PC 的软硬件外包给这些合作伙伴,让合作伙伴给这些标准"填空"。当时微软收购了 SCP-DOS 后对其进行适当改进,形成 MS-DOS 操作系统后安装到 IBM PC 机上。借助于 IBM 品牌的力量,微软一跃成为 PC 机操作系统的领导者。IBM 的 PC 采用英特尔微处理器也是同理。正是由于 IBM 提供的合作机会,微软和英特尔才能够一跃而起。在生态信任(T)方面,IBM 的 PC 产品采取了开放路线,通过采用合作伙伴的软硬件以及一定程度上的技术公开获得了微软、英特尔等若干生态伙伴的善意信任。在生态运营(O)方面,IBM 在 PC 市场上的"开放路线"吸引了大量厂商,聚拢了诸多合作伙伴,击败了苹果所坚持的自己生产硬件、开发软件、设计用户体验的"封闭路线"。[2] IBM 的 PC 产品占据了市场主导地位,其生产的 PC 后来也成了所有厂商生产 PC 的标准(IBM 兼容机)。然而,IBM 没能持续优化自己的生态。它推出的 PC 实际上是基于英特尔的 x86 硬件架构及微软公司的 MS-DOS 操作系统,这为其计算产业的后续演变埋下了伏笔。

---

[1] 李超,林成炜.【浙商宏观 Ⅱ 李超】三轮反垄断浪潮均源自生产要素垄断 [EB/OL]. (2021-02-08)[2024-03-06]. http://finance.sina.com.cn/stock/stockzmt/2021-02-08/doc-ikftssap4841310.shtml.

[2] 佚名. 安卓 iOS 渐行渐远:是否复制 Windows 模式成区别 [EB/OL]. (2015-06-08) [2024-03-06]. http://tech.china.com.cn/it/20150608/186759.shtml.

在这样的 VSPTO 决策下，IBM 在 20 世纪 80 年代一度取得了成功，小型机的市场份额曾经达到服务器市场的 70%，在计算产业的发展史上留下了浓墨重彩的一笔。然而好景不长，IBM 在 PC 和服务器市场上的地位以相似的方式遭到取代。

首先是被微软和英特尔取代。微软和英特尔最开始只是 IBM 的供应商，要依靠 IBM 生存。然而，微软和英特尔具有很强的创业精神，发展很迅速，核心产品操作系统和芯片迭代很快，超过了 IBM 标准的更新速度。此时微软和英特尔发现 IBM 的整体架构束缚了它们的发展，于是决定结盟并摆脱 IBM，自己来制定行业标准。一方面，英特尔推出了 PCI 定义局部总线的标准。英特尔强调如果想要对接其生产的 CPU，就必须对应其 PCI 总线。各种芯片、内存、调制解调器和 CPU 的连接都需要靠 PCI 总线。英特尔的 CPU 一直在更新，而其他的芯片更新慢一些也无妨，因为能跟 PCI 连上就可以。这样，英特尔的发展就不会被 IBM 束缚，而且还拥有了行业标准的制定权。另一方面，IBM 将 PC 的操作系统外包给微软开发。很快，微软在操作系统竞争中取得了胜利，成为几乎所有 IBM 兼容机的主要操作系统。随着微软的生意越做越大，IBM 也意识到了微软的威胁，想收回对操作系统的控制权。IBM 也试图推出自己的操作系统 OS/2，但其系统本身的许多固有问题导致众多第三方软件厂商都没有选择跟进。最终的决定性战役出现在 1995 年，微软发布的 Windows 95 操作系统取得了巨大的成功，成为市场上最受欢迎的操作系统。随后，微软又发布多款操作系统，逐渐确定行业标准，IBM 的操作系统只能黯然离场。

与 PC 市场类似的故事也在更晚的年代发生在服务器市场——

IBM 的小型机后来也被英特尔和 Linux 取代。在产品和技术层面上，英特尔和 Linux 实现了对 IBM 的超越。IBM 小型机采用了自己开发的 IBM Power 系列处理器，以及基于 Unix 开发的 AIX 操作系统，整体稳定性强、运维方便、抗压能力优秀。然而，IBM 小型机的价格很高，且由于封闭的特性而赶不上技术的变化。相反，英特尔的 x86 服务器以开源软件 Linux 为核心开发，其在 2010 年发布的 Nehalem-EX 架构至强 7500 处理器使 x86 服务器在性能上足以抗衡 IBM 小型机，但成本却大大降低。同时，一些低成本、高效能的新技术都能在 x86 体系得到应用。

在生态层面的竞争上，英特尔为了构建服务器生态并取代 IBM 小型机付出了许多卓有成效的努力。根据本书作者团队的调研访谈，英特尔向其在中国的主要合作伙伴之一联想提供了大量支持。英特尔将联想多名工程师送到相关培训基地进行专业化培训，向联想工程师阐明了如何搭配零部件、如何组装机器、如何检测性能、需要使用和购买什么检测设备等一系列问题。不仅如此，英特尔向联想开放了自身的合作伙伴资源，促使其他许多上下游合作伙伴和联想合作，还向联想提供价格优惠。从 2010 年开始，英特尔用了大约 10 年将服务器生态构建成型，使得 IBM 的小型机风光不再。

多元阶段和聚集阶段：微软

在计算产业生态的多元阶段和聚集阶段，微软是全球最重要的操作系统提供商之一，是具有代表性的核心企业，它在计算产业的优势地位也延续到了今日。微软进入的主要是计算产业的软件领域，特别是操作系统。

在 VSPTO 决策上，微软的愿景（V）是成为行业标准的制定者，并为此提出了行之有效的解决方案（S）。在技术层面，微软研发了一系列最先进的计算机操作系统，实现了从 MS-DOS 到 Windows 的跨越：1983 年 11 月，微软宣布了即将推出的下一代操作系统，名为 Microsoft Windows。这个操作系统将为 IBM 计算机提供图形用户界面和多任务环境；1985 年 11 月，微软公司推出 Windows 1.0；1990 年 5 月，Windows 3.0 发布；1992 年 4 月，Windows 3.1 发布；1993 年 8 月，Windows NT 3.1 发布；1995 年 8 月，微软发布了 Windows 95，这是第一个不再需要 MS-DOS 的 Windows 版本，被广泛认为是一个用户界面非常友好的操作系统，具备集成的 TCP/IP 堆栈、拨号网络和长文件名支持；1998 年 6 月，Windows 98 发布；1999 年 4 月，Windows 2000 Beta 3 发布；2001 年 10 月 25 日，Windows XP 发布。在应用层面，英特尔主要聚焦于操作系统和其他软件领域的推广，并在这一领域占据了较多市场份额。在合作伙伴（P）方面，微软最初是与 IBM 形成合作关系，后来与英特尔结成 Wintel 战略联盟，以推动 Windows 操作系统在基于英特尔 CPU 的 PC 机上运行，主导全球 PC 市场。在生态信任（T）方面，微软与英特尔在计算产业的不同领域形成了互补，不仅通过愿景获得了英特尔的善意信任，还通过解决方案获得了英特尔的能力信任。在生态运营（O）方面，微软在操作系统等行业构建了行业标准，以协调合作伙伴的活动，并提高行业效率。通过对行业标准的确立与更新，微软不断影响行业的发展。

微软正确的 VSPTO 决策使其在计算产业的多元阶段成了行业标准的制定者，在操作系统和应用软件领域取得了重要的市场地位。

多元阶段和聚集阶段：英特尔

在计算产业生态的多元阶段，英特尔是全球最重要的计算机零件和 CPU 制造商之一，也是具有代表性的核心企业。英特尔进入的主要是计算产业的硬件领域，在此之前，该领域以 RISC CPU 架构为主，例如 IBM、SUN、DEC、MIPS 等。

在计算产业多元阶段的 VSPTO 决策上，英特尔的愿景（V）是成为产业标准制定者。为了实现这一愿景，英特尔实施了相应的解决方案（S）。奔腾是英特尔早期核心的 x86 处理器产品线，1995 年推出的微处理器"高能奔腾"（Pentium Pro）是至强系列服务器处理器的前身，直接面向商业用途的高性能计算机和服务器等。[1]1998 年，英特尔推出了至强处理器（Pentium II Xeon）。至强系列面向中高端企业级服务器市场，取代了之前所使用的高能奔腾品牌。后来，奔腾系列处理器主要面向 PC，其在 PC 领域的地位随后又被酷睿处理器取代。英特尔不断推出新产品，以保持硬件的技术优势。

对于多元阶段的合作伙伴（P）决策，英特尔的生态同样需要布局软件，以确保其硬件产品能够与之适配、卖得出去。根据作者团队的调研访谈，英特尔自身有一万多名软件工程师，在软件方面也有着不俗的实力。不仅如此，英特尔对生态合作伙伴非常重视。在服务器领域，英特尔选择了开源的 Linux 操作系统，积极投资于 Linux 内核，不断为其贡献代码，并大力推广 Linux。英特尔之所以大力推广 Linux 操作系统，其目的还是刺激市场对于英特尔芯片产品的需求。而在 PC 领域，英特尔在更早的时候就与微软的 Windows 结成了 Wintel 战略联盟，双方实现了操作系统和硬件的互补，占据了桌面操作系统的大部分市场份额。英特尔为构建计算产

---

[1] 新浪科技.巨人的脚步 英特尔服务器 CPU 发展全记录 [EB/OL]. (2007-09-04) [2024-03-06]. https://tech.sina.com.cn/h/2007-09-04/0600412198.shtml.

业生态还培育了更多的合作伙伴，例如选择联想作为其中国主要合作伙伴之一。在生态信任（T）方面，英特尔通过展现生态愿景、提供解决方案、向合作伙伴提供培训等方式，获得了微软、联想的善意信任和能力信任。在生态运营（O）方面，英特尔打造芯片组合优势，即在硬件层面不断升级、优化技术性能和应用多元化特点，形成芯片组合优势，并推出一系列行业标准。

在计算产业生态的聚集阶段（2001年起），英特尔的愿景（V）是成为新世界背后的引擎。"引擎"的提法表明了它的两种构想，一是单独驱动新世界，较为封闭；二是主要提供算力，场景较为单一。英特尔为这一愿景提供了卓有成效的解决方案（S）：在技术层面，2001年推出64位服务器芯片安腾，定位于高端服务器，超越Sun等公司；2006年推出了全新的Bensley服务器平台和多年来最重要的产品——至强5100系列，它具有先进的性能，且低成本和扩展性胜过小型机。在应用层面，英特尔的解决方案多元化程度适中：以提升计算能力为首要目标，应用到不同产业场景中，推动价格低廉的x86服务器（CISC架构）进入中小企业服务器市场。

对于聚集阶段合作伙伴（P）的选择，计算产业的很多合作伙伴仍然适用，英特尔不需要在行业内重新寻找大量新合作伙伴，而是开始在行业外寻找和培育合作伙伴。英特尔与清华大学、北京大学建立联合实验室，并积极与中国教育部合作，推动各项技术研究合作和人才培养计划。英特尔还积极打造FPGA中国创新中心，并全力助推中国FPGA生态建设。在合作伙伴培育方面，所有搭载英特尔核心的产品，如果在发布或推广环节的物料中展示英特尔标识或邀请英特尔嘉宾进行联合推广就可以算作与英特尔联合推广，从而获得来自英特尔的营销费用分摊报销。英特尔为培育企业层面的合作伙伴付出了诸多努力，例如向联想提供了大量行业技术诀窍和自身的合作伙伴资源，从而构建服务器生态。在生态信任（T）方面，英特尔在生态的聚集阶段通过更深入的合作、持续提供更专业的解决方案，将与合作伙伴之间的能力信任升华为关系信任。在生态运营（O）方面，当行业变得非常复杂时，仅仅通过引入行业标准，是不足以控制行业发展的，因此，英特尔开始与它的合作伙伴共同发展，并建立了一个软件社区和硬件平台，以吸引更多的合作伙伴一起参与设计，持续优化生态。

总结英特尔在多元和聚集两阶段的生态培育模式，可知它对硬件和软件都有布局，实现了"一硬一软一生态"。英特尔自身的核心优势是硬件，掌握了处理器芯片的技术和利润。在软件领域，除了自身的大量软件工程师，英特尔重点选择了 Linux 和微软 Windows 作为领袖合作伙伴，确保自身处理器芯片与这些操作系统高度适配，从而刺激了市场对英特尔硬件产品的需求。英特尔的一系列生态培育努力卓有成效，最终能够将计算产业生态培育壮大。

巩固和更新阶段：华为

在计算产业生态的巩固阶段，华为是具有代表性的核心企业之一。在这一阶段，华为进入了计算产业的硬件和软件领域。在硬件方面，华为从 2004 年投资研发第一颗嵌入式处理芯片开始，历经多年。目前，华为基于"鲲鹏+昇腾"的基础芯片族已经建立起来，并以此为基础构建了异构的计算架构。"鲲鹏"系列主要是服务器芯片，其中"鲲鹏 920"是首颗具备 64 核心的数据中心处理器，性能优异，能够做到 CPU、桥片、网络和磁盘控制器四合一。昇腾包括训练和推理芯片,用于训练的昇腾910,半精度算力达每秒256万亿次;用于推理的昇腾310,整型算力达到每秒16万亿次,功耗仅有8W。在软件方面,华为推出开源操作系统欧拉,这一操作系统通过开放的社区形式与全球开发者共同构建一个开放、多元和架构包容的软件生态体系,孵化支持多种处理器架构、覆盖数字设施全场景,推动企业数字基础设施软硬件、应用生态的发展。

理解华为的生态培育策略,需要对计算产业的生命周期阶段有更深入细致的洞察。计算产业整体处于巩固阶段,并且正在向更新阶段迈进,在此过程中又形成了两个赛道,如图9-4所示。一条赛道是传统的暴力计算,这条赛道由传统服务器主导,已处于巩固阶段。英特尔在这条赛道上占据了较为稳固的领先地位,建立了强大的生态,华为想要从英特尔手中争夺市场是困难的。但是随着云计算和AI等新一代数字技术兴起,计算产业整体迈向更新,转机已然在新

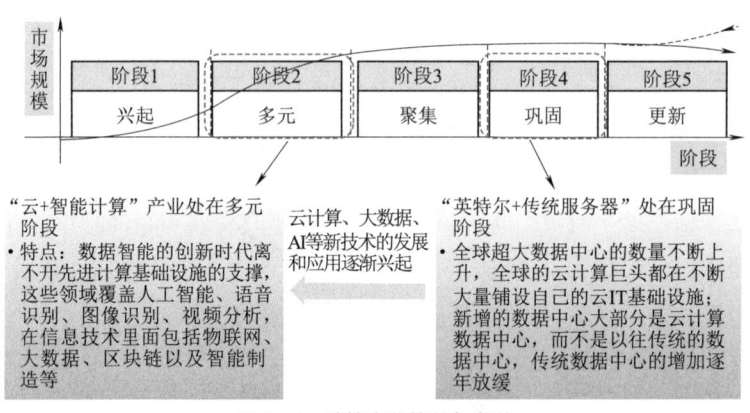

图9-4 计算产业的两条赛道

的赛道上出现。新兴的"云+智能计算"赛道目前还处于多元阶段，华为可以选择在这一赛道上发力，从而作为后发者将计算产业培育壮大。

在巩固阶段的生态培育决策上，华为的愿景（V）是基于"无边界计算"战略的智能计算业务布局。该战略致力于提供全栈 AI 计算平台，努力打造一个无边界的智能计算世界。为达成这一愿景，华为制定和实施了解决方案（S）：在硬件领域，围绕"鲲鹏处理器"和"昇腾 AI 芯片"，打造鲲鹏和昇腾两大计算平台，提供覆盖云、边、端的全栈全场景智能计算解决方案。在软件领域，华为推出的欧拉操作系统可广泛应用于各种形态的设备，包括服务器、云计算、边缘计算和嵌入式设备等。它已经实现了对主流计算架构的全面支持，包括 ARM、x86、RISC-V 等主流 CPU 指令集。同时，欧拉操作系统还能够充分利用多种异构算力，包括 NPU、GPU 和 DPU 等，以满足不同计算需求。欧拉操作系统的应用场景覆盖 IT、CT 和 OT，能够适配一万多款应用，支持几乎所有的主流应用场景。此外，华为云已经成为我国业界领先的云服务商之一。华为云推出了昇腾 AI 云服务，在高性能计算、智能推理加速以及安全保障等方面有突出表现，能够为开发者和企业提供高效而便捷的 AI 解决方案。总体而言，在计算产业的巩固阶段，华为的技术和应用场景已经做得较好了，初步打出了"云+智能计算"的组合拳。

在巩固阶段合作伙伴（P）的选择上，华为利用在国内的影响力，与国内相关产业联盟企业组织紧密合作，例如中国大数据与智能计算产业联盟，并寻找领袖合作伙伴。在华为伙伴暨开发者大会 2022 上，华为披露，目前已有超过 4500 家合作伙伴参与了鲲鹏和昇腾计划，共推出了超过 12000 个解决方案。与此同时，鲲鹏和昇腾计划的开发者已经超过 200 万人。[①] 欧拉开源以来，生态的发展很迅速，截至 2023 年 7 月，社区已汇聚全球近千家企业，覆盖芯片、部件、整机、操作系统供应商、独立软件开发商等产业链成员；吸引超过 15000 名开源贡献者参与社区技术创新和版本开发。[②] 在生态信任（T）方面，华为的产品和技术表现优秀，在计算产业具备一定的能力信任。但是，华为更需要让生态伙伴相信其在构建生态方面，有所为而有所不为。在生态运营（O）方面，华为非常重视生态的运营，各生态部门持续组建，与生态伙伴延续前文介绍的三种合作模式。

计算产业生态正在向更新阶段迈进，智能计算这一新兴的利基市场正在出现，计算产业的原有市场可能会被这一新兴市场取代。因此，华为还制定了计算产业生态更新阶段的愿景（V），即"为世界提供最强算力，让云无处不在，让智能无所不及"，这一愿景明确表明，华为将云服务和智能计算视为计算产业未来发展的关键方向。华为云、AI 大模型和昇腾芯片能够为这一愿景提供支撑。

中美计算产业生态对比

前文我们介绍了计算产业核心企业的生态培育策略，这些核心

---

① 周雨萌. 4500 家伙伴、200 万开发者，华为公布鲲鹏、昇腾、欧拉最新进展 [EB/OL]. (2022-06-15)[2024-03-06]. https://finance.sina.com.cn/jjxw/2022-06-15/doc-imizirau8638882.shtml.

② 许诺. 华为：鲲鹏昇腾伙伴已经超过 4500 家，开发者数量超过 200 万 [EB/OL]. (2022-06-15)[2024-03-06]. https://www.bjnews.com.cn/detail/1655286843168996.html.

企业分布在中美两国,核心竞争优势也处在不同的领域。接下来我们以华为和英特尔为例,对比中美两国的计算产业生态,进一步分析两国的优势企业是如何在计算产业的不同领域布局的。

英特尔和华为在计算产业的布局涵盖工厂、处理器、整机、操作系统、中间件、数据库、云和应用等诸多领域,但是侧重有所不同。如图9-5所示,英特尔的生态布局呈"L"形——技术贡献和主要利润控制点集中在上游的处理器、主板和工厂(Intel foundry services),整机、中间件、数据库、云和应用等其他领域则交给合作伙伴。华为的生态布局呈"M"形,技术和利润的支点不仅集中于处理器和主板,还在公有和私有云上;与之相对地,"两边"(工厂和应用)和"中间"(操作系统和中间件)则更多地由合作伙伴贡献。可以发现,英特尔和华为在软件和硬件的生态上都有合理的布局,但是差异显著。英特尔自身的核心竞争优势在硬件,而在软件领域,除了它自身有大量工程师,重点选择了Linux操作系统,大力推广Linux,同时与微软Windows联盟,这样能够确保自身硬件产品能高度适配这些操作系统,发挥生态的力量;华为是在硬件和软件领域都开发出了代表性的技术和产品,并遵循"硬件开放,软件开源,使能合作伙伴"的策略进行生态培育。

英特尔拥有做全栈的能力,然而其生态边界设定足够清晰,加上数十年生态打造经验,其生态伙伴非常信任其做生态的"意志"。区别于英特尔,华为面对的是整体技术能力相对较弱的国内合作伙伴,还需承担提高软件厂商水平的重担。这样,中美两国计算产业的核心企业就呈现出了差异化的生态培育策略。

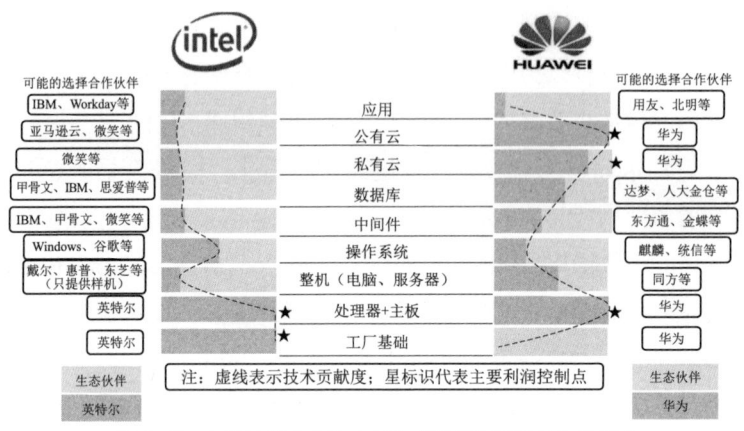

图 9-5 中美计算产业生态对比（以华为和英特尔为例）

计算产业生态发展趋势

在做出生态培育决策后，计算产业的核心企业要基于不同的生态构建基础和生态培育战略，形成不同的生态类型，并寻求生态的继续扩张。

生态类型

计算产业的核心企业需要选择生态类型。任何一种生态都可以是成功的生态。

如图 9-6 所示，在前文涉及的核心企业中，早期的 IBM 构建的是赋能型生态，个人计算机的核心技术是封闭的，应用多元化程度低，一般少而精。崛起于多元阶段的微软和英特尔构建的是协调型生态：在产品应用方面，它们分别建立了操作系统和处理器的行业标准；在技术要求上，微软和英特尔具有强大的技术开发能力，对生态有较强的控制力。华为在计算产业的不同领域选取了不同的生态类型。华为宣布的策略是"硬件开放，软件开源，使能合作伙伴"，但在硬件层面，以鲲鹏芯片为基础的生态仍然属于协调型生态；与英特尔相比，鲲鹏生态的技术开放性有所提高，鲲鹏中心和生产线能够赋能当地发展。而在软件层面，华为以欧拉操作系统为代表的生态则属于社区型生态——较为开放、解决方案多元，能满足多样的应用场景，且核心企业华为能对生态伙伴提供资源支持。

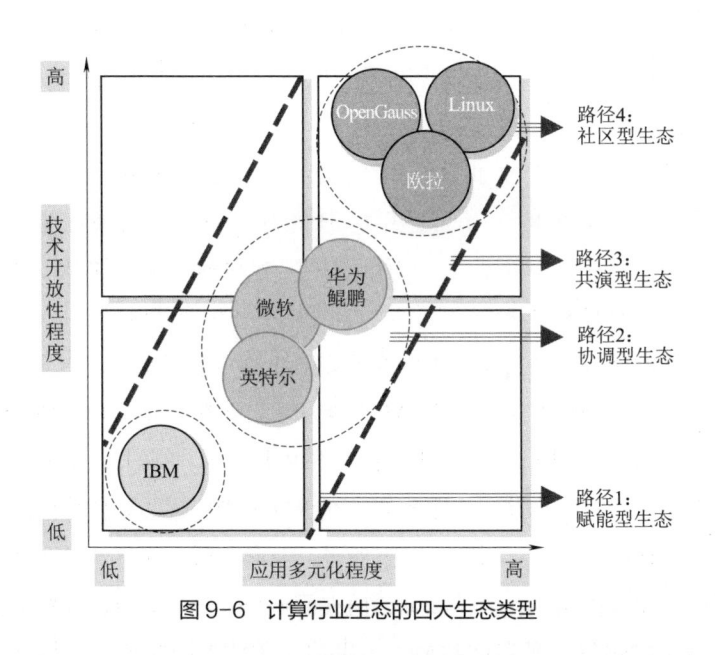

图9-6　计算行业生态的四大生态类型

从计算产业的核心企业案例可以发现，不同起始阶段、不同VSPTO决策会形成不同特征的生态，但它们都可以是成功的生态。我国计算产业的核心企业要构建何种类型的生态，需要根据它们的技术开放性程度和应用多元化程度来决定。

生态扩张

生态扩张有两个维度，即扩张到新行业和扩张到新地区。我国的计算产业生态处于更新阶段，可以向邻近行业扩张。我们可以把邻近行业分为新兴行业和传统行业两类。

在新兴行业方面，我们以英特尔和华为为例。英特尔在服务器市场根基深厚，牢牢占据着传统服务器市场的主导地位，市场份额有90%。华为如果要做传统服务器，很难超过英特尔。华为想要做服务器，只有两条路：要么造又便宜又好的服务器，要么把服务器换到另一个赛道上——云+智能服务器。原来的赛道只是暴力计算，而在新赛道上，计算产业既有暴力计算，还可以有智能计算和云计算。

计算产业的两个重要趋势是智能计算和云服务化。对于智能计算，华为要做的一方面是开发AI芯片，另一方面是打造更多的云来产生需求。因此，华为研制了鲲鹏和昇腾这两款异构的芯片，其中昇腾专注于AI芯片。随着大模型和生成式AI的兴起，智能计算的优势更加凸显，正成为计算产业的一个新发展趋势。这体现了计算产业的核心企业将AI的能力融入计算产业，并实现了向临近行业——AI行业的扩张。云服务化是计算产业未来发展的另一个重要趋势。目前，云服务器正在全球范围内逐步取代传统服务器。[①] 对企业而言，相比传统服务器，云服务器在成本效益、安装运维、弹性扩展、便捷性和灵活性方面更具优势。同时，云服务器能做到的不仅仅是存储数据，还更加注重数据的收集、分析和应用，能够与AI服务和应用更好地结合起来。

[①] 互盟数据中心. 从服务器分析CPU发展趋势[EB/OL]. (2022-11-29)[2024-03-06]. http://news.sohu.com/a/611286187_589332.

除了向 AI 等新兴行业扩张，计算产业还能向传统行业扩张，构建工业互联网。随着计算产业的技术进步、场景丰富和算力提高，工业设备正在不断地被连接，工业生产领域的互联互通正在增强。计算产业正向诸多传统行业扩张，体现为工业互联网已经覆盖能源、钢铁、矿业、化工、家电、装备制造、汽车等诸多行业。未来将会出现一个工业互联网生态系统，它能够让数字技术、数字平台、数据要素和各行业的人、机、物充分融合，从而赋能万行万业的发展。

除了扩张到邻近行业，我国计算产业生态也可以"出海"，即拓展新的区域，例如欧洲市场。因为近年来的中美贸易摩擦，中国企业自身需要打造第二个市场，而欧洲可以是一个潜在的巨大计算市场。我们以华为的海外扩张为例来说明这点。当前欧洲市场相对欠缺相关技术基础（如 5G、高性能计算解决方案等），而华为的 ICT 技术在欧洲市场有相对优势。尽管欧洲市场仍然存在不可忽视的政治风险，但德国、法国、挪威、意大利、瑞士等国仍然可以作为潜在的目标市场。

为了在欧洲扩张生态，华为做出了诸多努力。在英国，2019 年，长和电信的英国电信公司与华为签订了 197 亿港元的 5G 网络协议，这份协议的签署也表明了英国认可华为 5G 技术；2020 年 3 月，英国下议院表决，将允许华为继续参与英国 5G 网络建设；然而好景不长，2020 年 7 月，英国迫于美国的压力宣布禁用华为 5G 设备[1][2]，这表明商业生态系统的国际化会面临地缘政治风

---

[1] 人民日报. 英政府禁用华为引争议：将致英国创造力停滞数十年[EB/OL]. (2020-07-19)[2024-03-06]. https://baijiahao.baidu.com/s?id=1672658680289676495&wfr=spider&for=pc.

[2] 中国新闻网. 英前高官称英国禁止华为设备系迫于美国压力 外交部回应[EB/OL]. (2022-01-13)[2024-03-06]. https://www.chinanews.com.cn/gn/2022/01-13/9651354.shtml.

险。[1]然而，在欧洲的其他一些国家，华为的生态扩张仍然是有成效的。在挪威，2019年12月，挪威电信公司（Telenor）表示，在5G网络建设中将继续使用中国供应商华为公司的设备，同时新增瑞典的爱立信公司为5G供应商。未来4~5年的网络改造，挪威电信将继续使用现有供应商华为公司的设备来维护4G网络并将部分地区网络升级到5G。[2]在德国，这里汇聚了世界知名车企品牌如奔驰、宝马、大众等，随着工业4.0的到来，各汽车制造商都要借助CAE仿真技术提升核心竞争力，需要采用HPC（高性能计算集群）来承载。德国的在《财富》世界500强排名前3的汽车公司制造商，都在其HPC方案中采用了华为的基础设施。在意大利，2018年2月23日，华为与意大利最大的铁塔公司INWIT达成了战略合作谅解备忘录。双方宣布将在室内覆盖产品与技术、服务与平台以及生态与拓展领域展开紧密合作，旨在全面提升意大利室内覆盖网络的质量，扩大网络容量，打造面向5G演进的室内数字化网络。在瑞士，2019年10月15日，华为和瑞士电信公司Sunrise宣布它们在瑞士开设了一个5G研究中心。该中心被称为5G联合创新中心，是华为在欧洲的首个5G创新中心。[3]2023年，华为正积极参与"地平

---

[1] 中国日报网. 英国下议院表决，维持政府允许华为有限参与英国5G建设的决定[EB/OL]. (2020-03-11)[2024-03-06]. https://cn.chinadaily.com.cn/a/202003/11/WS5e67f4f1a3107bb6b57a5b0e.html.

[2] 新华社. 挪威电信表示华为将继续参与5G建设[EB/OL]. (2019-12-14)[2024-03-06]. https://baijiahao.baidu.com/s?id=1652869962605900244&wfr=spider&for=pc.

[3] 中华人民共和国商务部. 华为与瑞士sunrise公司在欧洲开设首个5G创新中心[EB/OL]. (2019-10-28)[2024-03-06]. http://www.mofcom.gov.cn/article/i/jyjl/m/201910/20191002908200.shtml.

线欧洲"计划和其他欧盟研究项目，这些项目涉及从人工智能到自动驾驶、高性能计算和量子传感等诸多技术。①

传统的计算产业赛道可能面临更激烈的竞争，但由于当前安可产业联盟的相关政策支持，以及全球 ICT 供应链在疫情过后的回暖，已经处于这一赛道的先行者仍然有一定机遇。另一方面，对于智能计算和云计算的新计算赛道，我国相关核心企业还有比较优势去构建以中国市场为主体、开放的国际化生态。

计算产业培育的关键启示

本章对计算产业生态培育的关键步骤进行了分析，关注了IBM、微软、英特尔和华为等具有代表性的企业案例，从中得到两个关键启示。第一，计算产业生态培育的典型成功模式是"一硬一软一生态"，核心企业要同时布局硬件和软件，进而构建起计算产业生态。英特尔的技术主要是在硬件领域发力，而在软件领域除自身有许多工程师外，还寻求与 Linux、微软等伙伴合作，确保自身硬件产品与这些操作系统高度适配，从而将生态培育壮大。华为则是在硬件和软件领域都开发了代表性的技术和产品，采用硬件开放、软件开源、赋能应用的策略来培育生态。这些都是合理的计算产业生态培育方式。第二，相对于计算产业的一些先行者，后来者又该如何培育生态呢？传统的暴力计算赛道面临着非常激烈的竞争，领

---

① 参考消息. 港媒：欧洲电信业反对移除华为设备 [EB/OL]. (2023-06-22)[2024-03-06]. https://www.cankaoxiaoxi.com/#/detailsPage/%20/79999d31dd974e55aab453664f0757cf/1/2023–06–22%2012:47?childrenAlias=undefined.

先企业例如英特尔在这一赛道上牢牢把控着先进技术和市场主导权,想要在这条赛道上培育生态并实现超越是相当困难的。后来者有两条道路可选:要么在旧赛道上做又便宜又好的产品,要么转换至新赛道——云+智能计算。在计算产业的更新阶段,选择在新赛道上培育生态显然有着更多的机遇。

第十章

如何培育人工智能产业生态

人工智能最早于 1956 年夏天在美国达特茅斯大学的一场学术会议中被提出并获得肯定，这次会议也标志着人工智能科学正式诞生，人们首次将像人类那样思考的机器称为"人工智能"。一般认为，人工智能指用机器模拟、实现或延伸人类的感知、思考和决策等思维或行为能力。2023 年，OpenAI 开发的 AI 大语言模型 ChatGPT 在全球范围内引起了新一轮 AI 热潮，展现出了令人类惊讶的学习和理解能力，它不仅能够根据上下文与人类进行有效互动，还能高效地协助人类完成一系列任务，展现了 AI 作为通用目的技术（general purpose technology）变革人类生产和生活方式的重大潜力及巨大商业价值。可见，AI 产业生态的培育至关重要。

本章基于商业生态培育方法论和生态培育模型，对中国的 AI 产业生态进行深入剖析。根据商业生态系统培育方法论，AI 产业生态的培育要回答三个问题，遵循五步。第一个问题是要明确 AI 行业处于何种位置，包括确定生态构建基础和确定生态的生命周期阶段两个步骤，本章第一节回答这个问题。第二个问题是计算产业中的核心企业要明确自身的关键性策略，本章第二节回答这个问题。第三个问题是 AI 产业的核心企业需要决定企业去往何处，包括抉择 AI 产业的生态类型和寻求生态的继续扩张，这部分内容对应本章第三节。

AI 产业生态发展背景及现状

AI 产业生态培育首先要确定 AI 产业生态的构建基础和生命周期阶段。确定 AI 产业的生态构建基础需要考虑三个主要因素：AI 产业的宏观环境、组织特征、开放性程度以及应用多元化程度；确定 AI 产业生态的生命周期阶段需要从核心企业着手，行业内不同核心企业构建的生态可能处于不同的生命周期阶段。基于以上方面，本节介绍了 AI 产业生态发展背景及现状。

宏观环境

要进行 AI 产业的生态培育，有必要先了解我国 AI 产业所处的宏观环境。我国 AI 产业的宏观环境可以总结为三点。首先，政府高度重视 AI 产业，密集出台一系列 AI 利好政策，加快人工智能产业布局和应用，这有利于促进 AI 产业生态快速成长。全球各主要国家为了维护国家安全、提升国家竞争力，高度重视 AI 发展，纷纷提出中长期人工智能国家级战略规划。我国的 AI 产业政策注重 AI 的产业化，助力中国的制造强国战略。近年来中国 AI 产业发展政策如表 10-1 所示，发展 AI 已经上升到国家战略层面，国家越来越注重 AI 的落地和 AI 技术的创新。

表 10-1　中国 AI 产业发展政策

时间	文件	政策要点
2015年5月	《中国制造2025》	• 着眼于两化深度融合，将智能制造作为重点发展方向； • 强调推进智能装备和智能产品的发展，推动生产过程实现智能化
2016年7月	《"十三五"国家科技创新规划》	• 强调发展新一代信息技术，加快人工智能等技术的研发和转化
2017年3月	《2017年国务院政府工作报告》	• 首次提及人工智能，并要求加快研发和转化，培育新材料、人工智能、集成电路、第五代移动通信等新兴产业
2017年7月	《国务院关于印发新一代人工智能发展规划的通知》	• 确定新一代人工智能发展三步走战略目标，将人工智能提升到国家战略层面
2017年12月	《促进新一代人工智能产业发展三年行动计划（2018—2020年）》	• 重点推动新一代人工智能技术的产业化和集成应用，实现人工智能与实体经济的深度融合
2018年3月	《2018年政府工作报告》	• 强调加强新一代人工智能的研发应用，例如在医疗、养老、教育、文化、体育等领域
2018年4月	《高等学校人工智能创新行动计划》	• 目标是到2020年建立50家人工智能学院、研究院或交叉研究中心，加强人工智能领域的人才培养
2018年10月	《科技创新2030—"新一代人工智能"重大项目2018年度项目申报指南》	• 启动了16个研究任务，涵盖新一代人工智能基础理论等多个技术方向
2019年3月	《2019年政府工作报告》	• 将人工智能升级为智能+，推动传统产业改造升级，深化大数据、人工智能等技术研发应用，培育新一代信息技术等新兴产业

续表

时间	文件	政策要点
2021年3月	《"十四五"规划和2035年远景目标纲要》	• 强调在新一代人工智能产业中构建开源算法平台，重点创新学习推理与决策、图形图像等领域，并聚焦高端芯片等关键领域
2023年4月	《生成式人工智能服务管理办法（征求意见稿）》	• 强调生成式人工智能内容要体现社会主义核心价值观，避免生成虚假信息； • 要求服务提供者对生成式人工智能产品的预训练和优化训练数据来源的合法性负责； • 提出生成式人工智能产品的预训练和优化训练数据需要满足多项监管要求

其次，疫情等突发事件同样促进了AI产业的兴起。自2020年开始，全球疫情带来的变化极大地推动了我国无人机、无人驾驶汽车等无人化需求的增长，这进一步加速了我国人工智能技术的商业化进程。AI技术应用医疗领域的政策将会逐渐宽松，医疗领域将会涌现更多的AI应用场景，如为医护人员提供决策支持，开发医疗机器人协助诊疗等。计算机视觉技术在安防领域的应用重点在于监测和识别。过去，这一技术主要服务于政府客户，但随着疫情防控需求的增加，越来越多的社区和企业用户开始应用该技术。此外，人工智能作为一种通用目的技术，还有望催生出一批新兴业态。同时，它还能够加速制造业的转型，提高生产效率，为经济复苏和增长提供支持。在需求的推动下，自动驾驶技术的发展也会加速。高德纳预测，实现自动驾驶技术的大规模商业应用至少还需要10年。然而，疫情所带来的需求可能会缩短这一进程。

最后，我国AI产业的市场空间广阔、社会接受度较高、部分AI技术具有优势。我国人口规模超14亿，AI商业应用场景广，市场需求大，已成为全球第二大 AI 单一市场，AI 领域的投融资约占全球的 60%。根据 IDC 的预测，2026 年中国 AI 市场将实现 264.4 亿美元市场规模，2021—2026 年的复合增长率（CAGR）将超过 20%。尤其是 ChatGPT 问世以来，中国出现了 100 多个 AI 大模型，各大互联网科技企业和高校争相投入 AI 大模型的研发，百度文心一言等大模型引起了广泛的市场关注。因此，我国 AI 产业的市场空间可能会比机构先前预测得更加广阔。我国国民对 AI 认知度也很高，今日头条发现约 53% 的受访者支持 AI 的全面发展。中国行业企业对 AI 引入持积极态度，约 56% 的中国企业管理层支持 AI 的采用和推广。在技术层面上，"云+AI+5G" 催生了多样的 AI 行业。中国 AI 在应用层有优势，基础层较薄弱，巨大的数据量和应用场景数量为 AI 技术的发展提供了巨大潜力。

综合考虑我国 AI 产业发展的政治、经济、社会和技术因素可知，我国的 AI 产业在政治上受到了重视，已经上升为国家战略；在经济上具有很大的市场空间和增长潜力；在社会上受到多数人支持，具有丰富的商业应用潜力；在技术上，尽管基础层有薄弱环节，但应用层有优势。我们可以认为，未来中国 AI 产业的发展趋势明朗，中国具备 AI 发展的优质"土壤"，目前的宏观环境对于我国 AI 产业生态的构建是有利的。

组织特征

AI 产业链可以分为硬件层、框架层、通用技术层和应用层四层。硬件层主要包括 AI 芯片，用于提供算力。AI 芯片主要可分为三类：GPU、FPGA 和 ASIC（李鑫等，2022）。GPU 芯片通用性较强，并且适合大规模的并行计算，但能耗和价格较高；FPGA 芯片可以通过编程来灵活地配置芯片架构以适应算法更新，且能效更高，但开发门槛也很高；ASIC 芯片则是更加定制化的专用集成电路，通过将算法固化来实现高性能和高能效，且量产后具有显著的成本优势，但也面临着开发周期长和算法迭代的风险。框架层指 AI 框架，它可以是一个机器学习库或一系列计算包，能够应用于各类机器学习算法的编程实现；目前最主要的两个 AI 框架分别是脸书开发的 PyTorch 和谷歌开发的 TensorFlow。除此之外，在国外，微软（Bot Framework）、IBM（SystemML）、亚马逊（AWS 分布式机器学习平台）都开发了自己的 AI 框架；在国内，华为（MindSpore）、腾讯（Angel、NCNN）、百度（PaddlePaddle）、商汤（训练框架 Parrots）也在积极探索构建 AI 框架。技术层包括 AI 大模型和 AI 行业通用技术（计算机视觉、自然语言处理等）。在国外，OpenAI（ChatGPT、GPT-4）、谷歌（PaLM 2）和 Meta（原脸书，LLaMA）均开发了 AI 大模型；在国内，AI 大模型也如雨后春笋般涌现，百度（文心一言）、华为（盘古大模型）、腾讯（混元大模型）和阿里（通义大模型）等都开发了自己的 AI 大模型。应用层则是 AI 的一系列应用场景，包括但不限于自动驾驶、无人机、仓储物流、健康医疗、智慧城市、智能安防、互联网、金融、电力等。国内知名的企业有华为、阿里、腾讯、字节跳动、商汤科技、旷视科技、海康威视、依图科技、科大讯飞、易道博识、以萨技术等。AI 产业生态结构和部分代表性企业如图 10-1 所示。

当前 AI 产业发展竞争激烈。我国 AI 产业的组织特征是技术层和应用层较为发达，企业数量较多，独角兽企业频现，在市场上占据一定的地位，但基础层薄弱，特别是 AI 芯片领域与发达国家的企业存在一定的差距。如表 10-2 所示，在 2018 年全球 AI 芯片公司排名中，前十名依然是欧美韩日企业，排名最靠前的中国企业华为是第十二名。时至今日，英伟达的 AI 芯片性能依旧处于最前列。

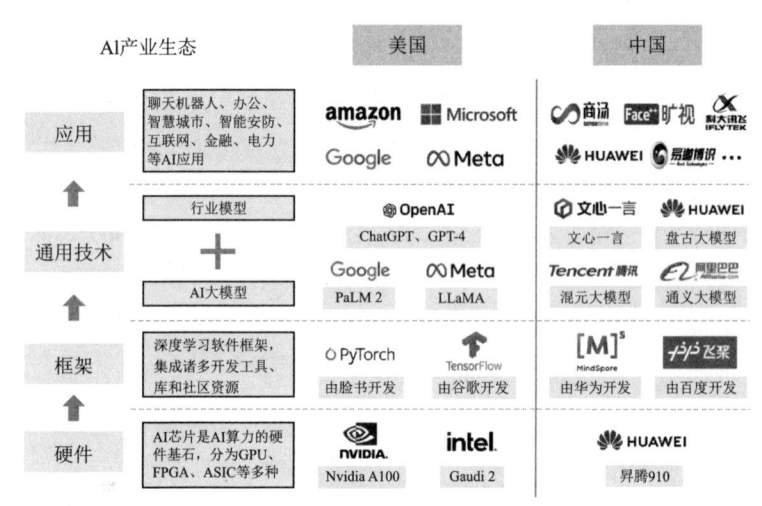

图 10-1 AI 产业生态结构和部分代表性企业

表 10-2　2018 年全球人工智能芯片企业排名

排名	公司	评分
1	英伟达	85.3
2	英特尔（Mobileye, Nervana, Movidus）	82.9
3	IBM	80.2
4	谷歌	78.0
5	苹果	75.3
6	超威半导体	74.7

续表

排名	公司	评分
7	安谋/软银	73.0
8	高通	73.0
9	三星	72.1
10	NXP（恩智浦半导体公司）	70.3
11	Broadcom（博通公司）	68.2
12	华为（海思）	64.5
13	Synopsys	61.0
14	联发科	59.5
15	Imagination	59.0
16	Marvell（美满科技）	58.5
17	Xilinx（赛灵思）	58.0
18	CEVA（基华物流）	54.0
19	Cadence（楷登电子）	51.5
20	Rockchip（瑞芯微）	48.0
21	Verisilcon（芯原）	47.0
22	General Vision（通用视导）	46.0
23	Cambricon（寒武伦）	44.5
24	Horizon Robotics（地平线）	38.5

资料来源：Compass intelligence[1]

---

[1] 量子位.全球AI芯片企业排行：英伟达第1，华为第12（七家中国公司入围Top24）[EB/OL].(2018-05-04)[2024-03-06].https://www.sohu.com/a/230393573_610300.

中国的 AI 产业发展迅速，群雄角逐，但行业的头把交椅仍虚位以待。实际上，市场上存在大量伪 AI 公司，它们借用 AI 概念，但并没有真正通过 AI 显著提高效率或降低成本。另外，很多企业因为赶上了 2016 年和 2017 年的 AI 风口，获得了过高的估值，但在商业化方面并没有真正落地，持续烧钱却难以"造血"。但是，疫情促进了云计算、智能 AI 计算应用的发展，使人脸识别等智能设备普及开来，AI 大模型的诞生更是给 AI 产业带来了重要变革。我国 AI 产业正面临新的机遇与挑战，因而进行生态培育变得越来越重要。

构建基础

确定 AI 产业的生态构建基础，主要需要考虑 AI 产业的技术开放程度和行业应用的不确定程度，如图 10-2 所示。目前 AI 技术的开放程度中等偏上，未来 AI 计算技术的开放程度会更高。AI 开源项目正如雨后春笋般不断涌现。不仅如此，近年来有相当多的 AI 技术处在创新触发阶段，如人工智能云服务、强化学习、决策智能等，一个典型代表是基于大语言模型的 ChatGPT。而量子计算、无人驾驶等技术仍有待探索，或许还需要超过十年的时间才能实现。

目前 AI 应用场景仍然有待挖掘，未来 AI 应用场景非常广阔，但不确定性很高。ChatGPT 一经问世就使人们意识到，在未来 AI 会给人们的生产生活带来翻天覆地的影响，它也已经展现出了巨大的商业价值，可谓是"未来已来"。AI 仅有算法、算力和数据是不够的，还要有应用场景，这对 AI 厂商的生存和盈利至关重要。目前，AI 的"算景"有待挖掘，应用场景的深度和广度还有待开拓和提升。未来，我们可以预期 AI 会在越来越多的行业和场景有用武之地，同时，AI 技术的不确定性也很高。聊天机器人、人工智能 PaaS 由 2018 年的萌芽期开始进入 2019 的顶峰期，NLP、VPA 无线扬声器、机器人流程自动化软件、虚拟助手则从期望膨胀期进入泡沫化低谷期，近两年火爆的自动驾驶则遭遇了期望的下降与实现时间延长的双重冲击，可见 AI 应用有相当高的不确定性。因此，AI 产业的核心企业单凭自身的资源和优势是不够的，还需要外部资源的辅助。AI 产业的核心企业需要与生态伙伴共同演化、发展，以应对技术和市场应用都不确定的 AI 行业。由此可见，AI 产业迫切需要构建商业生态。

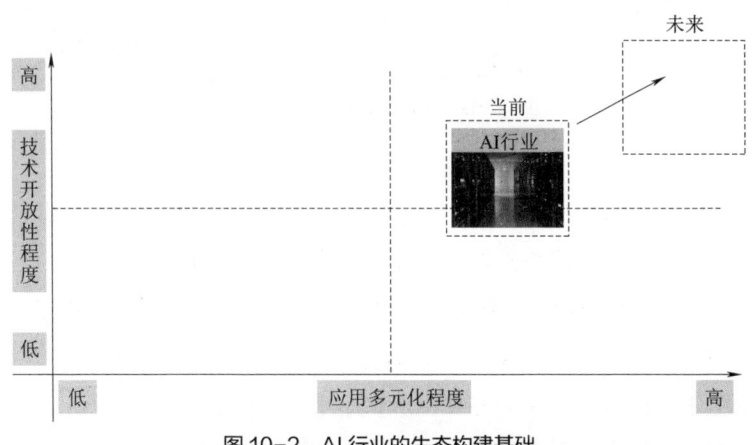

图 10-2 AI 行业的生态构建基础

确定核心企业的生态构建基础，需要考察现有的产业价值网络和泛社区网络。图 10-3 是核心企业的 AI 产业生态图，上半部分是产业价值网络，下半部分是泛社区网络。在 AI 产业中，产业价值网络最底层是硬件层企业，提供 AI 芯片，由此延伸到框架层、通用技术层（包括盘古大模型等 AI 大模型，还包括行业大模型）、应用层企业乃至第三方合作伙伴。AI 产业的核心企业如果需要构筑生态，有必要在这些企业中选取领袖合作伙伴。

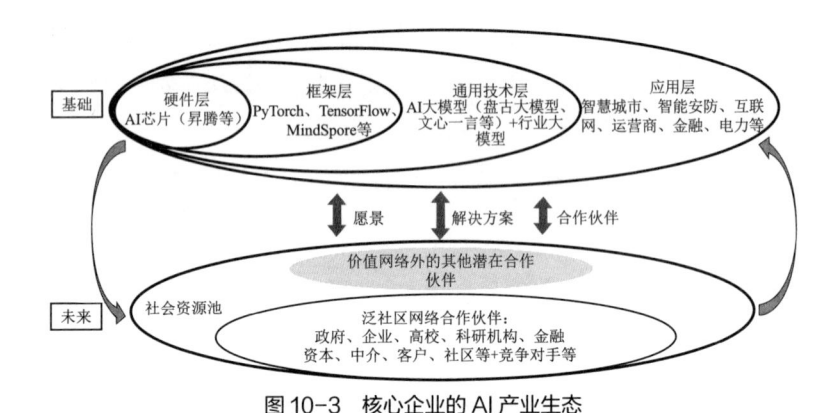

图 10-3 核心企业的 AI 产业生态

泛社区网络指核心企业所面对的整个社会资源池，核心特征是当前还没有参与核心企业的价值创造过程。位于社会资源池板块的生态合作伙伴可以分为两大类：第一类是核心企业产业价值网络之外的潜在合作伙伴，当前不参与价值创造过程。这些潜在合作伙伴可用于国产替代，例如芯片供应链上 EDA 领域的国内替代厂商华大九天，以及芯片供应链上 IP 可替代伙伴 RISC-V 的 GPU。第二类是所有能够支撑核心企业实现产业价值，但又不直接创造产业价值的间接合作伙伴，例如政府、企业、高校、科研机构、金融资本、客户、开源社区、中国人工智能学会等。而对于产业价值网络中的合作伙伴和泛社区网络中的两类生态伙伴，相应的培育机制需遵循

"差序格局"原则,就是 AI 产业的核心企业需要针对不同层次的合作伙伴进行差异化培育。

生命周期阶段

从全球范围来看,AI 的发展总体上经历了三个阶段,如图 10-4 所示。

第一阶段：1956—1974
- 1956年达特茅斯人工智能夏季研讨会
- 贝尔曼方程：AlphaGo算法的雏形

主要缺算法、算力

第二阶段：1975—2010
- 美国开发的第五代计算机,当时也称为人工智能计算机
- AI算法：多层神经网络算法、BP反向传播误差算法

主要缺算据

不断提升的技术成熟度：算据+算力+更好的算法+算景

第三阶段：2011至今
- 2011年以来,出现了新工具、新思想和新算法
- Hadoop机制、IBM Watson大数据普及、算法优化、计算改进
- AI大模型兴起,成为新的发展趋势

主要缺算知、算景

图 10-4　AI 发展的三个阶段

AI 的第一个发展阶段是 1956—1974 年。第一代人工智能,即符号主义,提出了基于知识和经验的推理模型,用这个模型来模拟人类的理性智能行为,像推理、规划、决策等(张钹等,2022)。这一代 AI 的优点在于可解释性,与人类思考问题的过程很一致。基于知识的符号学习,可以克服基于数据驱动机器学习方法的缺陷。而第一代 AI 也存在很严重的缺陷：专家知识十分稀缺,且非常昂贵；

以自然语言形式表示的知识难以处理；有很多知识很难表达，比如那些不确定的知识、常识等；难以自动从数据中获取知识（张钹等，2022）。由于算法不成熟和算力条件不具备，AI 的第一个发展浪潮也最终走向消亡。

AI 的第二个发展阶段是 1975—2010 年。第二代 AI 是广为人知的深度学习。深度学习即通过深度神经网络的模型模拟人类的感知，如视觉、听觉、触觉等行为。第二代 AI 的优点在于不需要领域知识，技术门槛低；由于神经网络规模很大，它还可以处理大数据。但是，第二代 AI 仍有很大的局限性，包括不可解释性、不安全性、易受攻击、不易推广、需要大量的样本等。第二次 AI 发展浪潮，算法和算力都得到了一定的优化和提升，然而行业缺乏数据基础。从第一代和第二代 AI 的成就来看，AI 只能算是刚刚拉开序幕。

AI 的第三个发展阶段是 2011 年至今。第三代 AI 把第一代知识驱动的方法和第二代数据驱动的方法结合起来，尤其是最近的 AI 大模型已经成为这一阶段新的发展趋势。第三次 AI 发展浪潮，算力得到很大提升，算法百花齐放，但当前的挑战主要在于缺少"算知"和"算景"。算知指需要有丰富的知识作为核心资源（例如行业 know-how），能不断提升认知水平。算景指 AI 应用落地需有具体的应用场景，只有找到具体的应用场景才有意义。未来，AI 产业需要用通用大模型结合行业大模型（体现算知）来赋能应用场景（算景）。

AI 在历史上已经至少"死"了两次。因此，当讨论 AI 产业生态以及生命周期阶段时，我们是站在第三代 AI 的新起点上来培育 AI 产业，而不是从第一代 AI 开始考察。目前，我们可以认为 AI

产业仍然属于一种新兴高技术产业。当前 AI 行业的商业生态整体上处于多元阶段，部分企业正在向聚集阶段迈进。AI 企业目前主要分布在美国、中国和其他发达国家，在这一阶段，国际和国内 AI 产业群雄角逐，发展迅速，其中 OpenAI 占据了领先位置。

在图 10-5 中，AI 产业生命周期各阶段的上方都标注有一些代表性企业，这是想说它们是在当时进入了 AI 产业或是它们当时的生态培育很值得讨论，并不表示这些企业目前仍然处于该阶段。在 AI 产业生态的兴起阶段，当时具有代表性的核心企业包括谷歌、脸书（现更名为 Meta）和英伟达等，其中谷歌开发的 TensorFlow 和脸书开发的 PyTorch 是目前两个最主流的 AI 框架。在 AI 产业生态的多元阶段，技术解决方案需要非常多元化，以满足不确定的应用市场。在这一生态发展阶段，一个极具潜力的 AI 行业已经出现。华为是其中的代表性核心企业之一，它推出了 AI 计算框架 MindSpore 以及 AI 芯片昇腾。AI 大模型的涌现使得 AI 产业正在从多元阶段迈向聚集阶段。OpenAI 异军突起，其开发的 ChatGPT 和 GPT-4 是 AI 产业具有标志性意义的大模型，国内厂商华为等也推出了自己的 AI 大模型。总体而言，上述提到的核心企业处于 AI 产业的前列。

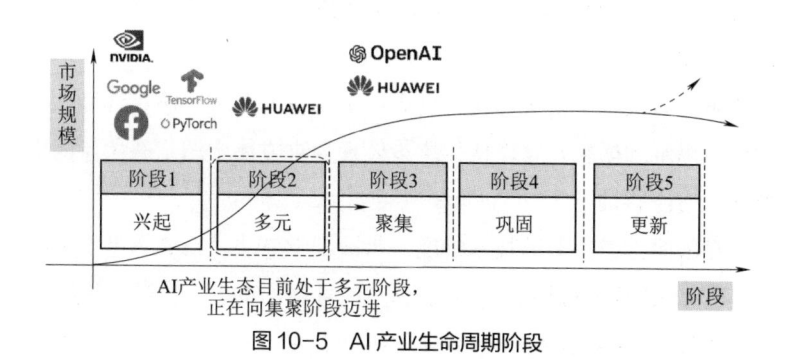

图 10-5　AI 产业生命周期阶段

AI 产业生态培育

本节旨在介绍 AI 产业生态的培育方法，首先分析 AI 产业生态培育的理论机制，然后引入企业案例来具体说明如何应用生态培育模型。在 AI 产业生态周期的每个阶段，本节分别选取了具有代表性的核心企业，以它们为例说明如何进行 VSPTO 决策。

生态培育理论机制

在明确企业的位置后，AI 行业的核心企业要确定自身的关键性策略，形成 VSPTO 决策。

核心企业首先要确定战略愿景（V），明确自身的发展定位，并具备吸引力，引领合作伙伴一同构建商业生态。对于 AI 产业，核心企业需要面对的是充满未知的市场，技术和市场应用不确定性很高，生态打法更需要明确战略愿景。愿景的构建要遵循三个原则：考虑企业使命和合作伙伴的价值分享，考虑行业发展趋势，还要考虑未来社会可能发生的变革。

对于 AI 产业生态培育策略，解决方案和合作伙伴的决策需要考虑 AI 技术、AI 应用以及生态伙伴选择，三者缺一不可。我们可以构建如图 10-6 所示的一个立方体来更形象地去擘画 AI 生态培育的蓝图。解决方案决策体现为立方体中的技术和应用场景维度，分别对应纵轴和横轴。合作伙伴决策体现为立方体中的生态伙伴网络维度，对应斜轴。

在解决方案决策的技术维度，当前视觉算法、NLP 等已发展成熟，而新 AI 技术有待突破。核心企业 AI 技术的创新突破可以基于 3E 原则，包括可嵌入（embedded）、可延展（extendable）、可探索

（explorable）。首先，在可嵌入方面，将 AI 理论和算法研究嵌入当前行业，使能当前行业应用。其次，在可延展方面，通过进一步延展当前的 AI 理论算法，使能更多新的行业应用。最后，在可探索方面，通过生态伙伴积极探索 AI 的前沿技术以及应对复杂的应用场景。企业可遵循 3E 机制，与生态伙伴积极投入 AI 技术研究，并共同开发和丰富应用场景。

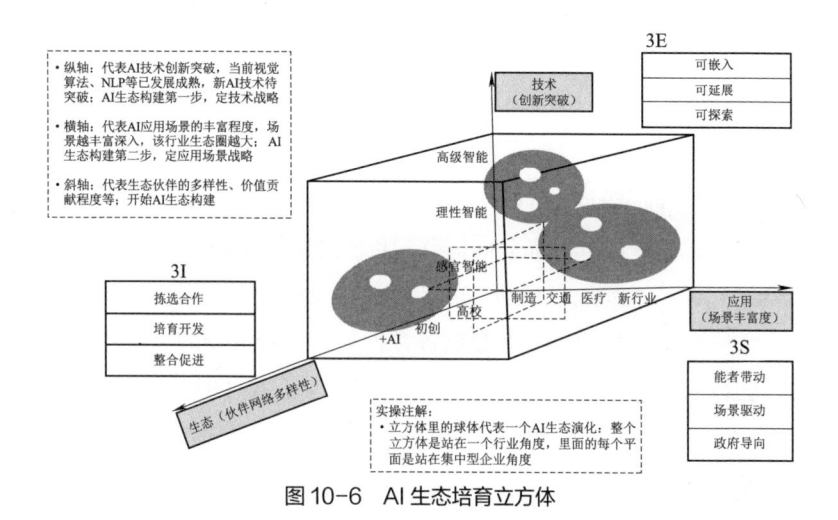

图 10-6　AI 生态培育立方体

在解决方案（S）决策的应用场景维度，AI 应用场景越丰富深入，该行业生态圈越大。核心企业的 AI 应用拓展可以基于 3S 原则，包括能者带动（skilled）、场景驱动（scenario）、政府导向（state）。关于能者带动，2006 年英伟达首席科学家戴维·柯克竭尽全力劝服 CEO 黄仁勋把 GPU 通用化，变成一个通用计算图形处理器，这帮助英伟达在 AI 领域找到了正确的生态愿景和方向。吴恩达聚焦机器学习、深度学习、计算机视觉等，2010 年加入谷歌开发团队

Xlab，主创的谷歌大脑帮助谷歌奠定了在 AI 领域的位置。关于场景驱动，从行业来看，传统市场规模较大的领域将继续领跑，未来传统行业的 AI 市场规模不断增大，投资机构更青睐自身未来产业布局的上下游。关于政府导向，AI 生态的发展要把握政府的导向，得到政府的支持，例如欧盟非常关注医疗 AI 给民众带来的利益，其 2020 年发布的《AI 白皮书》首先提到的就是医疗。此外，可再生能源 AI 市场可以帮助实现绿色化和数字化，也是欧盟发展的战略重点。

对于合作伙伴（P）决策，斜轴代表生态伙伴的多样性、价值贡献程度等。在生态伙伴拓展方面，核心企业可以基于 3I 原则，包括拣选合作（identifying-collaborating）、培育开发（incubating-developing）、整合促进（integrating-facilitating）。生态伙伴网络拓展的目的是获得最新 AI 技术算法，引进或者寻找有潜力的 AI 人才，寻找能丰富 AI 应用场景的伙伴或者数据资源，最后也最重要的，是基于既定 AI 技术和应用场景来构建 AI 生态。首先，关于拣选合作机制，核心企业直接拣选知名高校，引进或者与顶尖 AI 团队、院系合作；直接拣选已有领先 AI 技术，并正在探索应用场景的 AI+ 企业合作；直接拣选已有算法及应用场景的 AI 初创企业，进行战略合作，发展 AI 生态；直接拣选头部传统企业合作，基于自身 AI 技术能力，赋能这些大公司。其次，关于培育开发机制，核心企业与高校合作共同培育、选拔 AI 人才；培育高校去开发前沿算法，或者支持商业化落地；支持高校 AI 教育和培训（深度学习框架、算力等），培育 AI 生态；培育已有算法优势的 AI 初创企业商业化落地。最后，关于整合促进机制，核心企业可以整合知名高校已有领先算法的 AI 人才或者团队资源，促进其商业化落地；通过投资并购有算法及应用场景的 AI 初创企业，将其整合到自身 AI 生态发展中；以优势技术平台或者品牌纽带整合领先 AI+ 企业，促进自身 AI 生态发展；与头部企业合作，整合相关 AI 数据资源、AI 商业化应用场景资源。

对于生态信任（T）决策，AI 产业核心企业需要依据生态所处阶段以及自身情况，与生态伙伴构建善意信任、能力信任乃至关系信任。其中，善意信任是主观的信任，关系信任、能力信任是客观的信任。为了建立善意信任，核心企业需要向合作伙伴展现 AI 生态愿景以及实现愿景的能力，让生态伙伴认可自身构建生态的潜力与引领能力。能力信任往往与核心企业的 AI 解决方案是否可靠、适用和可行有关，既可以源于技术层面的 AI 软件或硬件能力，也可以源于核心企业对 AI 应用场景的深入挖掘。而关系信任的形成则需要生态伙伴与核心企业的长期深入合作和互相了解，这在 AI 产业同样适用。

在每个商业生态培育阶段，AI 产业的核心企业都需要运营团队去支撑各个阶段的生态培育策略，进行生态运营（O）。生态运营包括生态设计、生态实施、生态持续优化和生态评估等阶段，以期形成生态绝佳运营的闭环。生态设计需要核心企业确定愿景规划、解决方案定位以及生态伙伴培育计划，做法可以参照前文的 AI 生态培育立方体。在生态实施阶段，核心企业需要区分 AI 硬件层、框架层、通用技术层、应用层和社会资源池中的生态合作伙伴，并进行差异化培育，从而形成差序格局。核心企业还需要组织成立生态合作伙伴联盟，并积极参与或者组织 AI 领域的行业大会，目的是与各类生态合作伙伴分享战略愿景、解决方案和生态合作伙伴培育计划。在生态持续优化阶段，主要是核心企业对 VSPTO 生态培育策略进行优化。在生态评估阶段，AI 产业的核心企业需要评估以下四点：生态规模的扩展性及生态运营效率，生态合作伙伴的丰富多样性及其提供的产品的多样性，核心企业自身的自适应性，三种生态信任培育的成效。通过生态评估，AI 产业的核心企业可以调整和优化下一个阶段的商业生态设计。

企业案例

本节将介绍在 AI 行业的不同生命周期阶段，核心企业应如何做出 VSPTO 决策，从而为我国 AI 产业的生态培育策略提供参考。在兴起阶段和多元阶段，选取较为典型的谷歌、脸书和英伟达作为案例；在多元阶段和聚集阶段，选取华为作为案例；在聚集阶段，选取 OpenAI 作为案例。

兴起阶段和多元阶段：谷歌和 TensorFlow 框架

谷歌是美国的一家跨国科技企业，被公认为全球最大的搜索引擎公司，也是近年率先布局 AI 产业的核心企业之一。谷歌在 AI 领域做出了重要贡献，推出了一款主流的 AI 框架——TensorFlow。这是一种基于数据流编程的符号数学系统，被广泛用于实现各种机器学习算法。TensorFlow 具有多层次结构，可在各种服务器、PC 终端和网页上进行部署，并支持高性能数值计算，包括 GPU 和 TPU。它在谷歌内部的产品开发以及各个领域的科学研究中被广泛应用。TensorFlow 的开发和维护由谷歌大脑团队负责。自 2015 年 11 月起，TensorFlow 开放了源代码。

在 VSPTO 决策上，谷歌在 AI 行业的愿景（V）是用创新和负责任的方式开发 AI。谷歌早在 2016 年的开发者大会就提出了"Mobile first to AI first"，即生态愿景由移动设备转向 AI，成为 AI 行业的领袖，把 AI 技术作为未来产品和服务的核心。后来，谷歌的 AI 愿景进一步清晰。2023 年 1 月，谷歌官方表示 AI 具备造福社会和提供变革性创新的潜力，谷歌将专注于用创新和负责任的方式让 AI 更广泛地造福用户和社会，同时能够降低风险。

谷歌的解决方案（S）在技术层面上是投资于其 AI 算法，如搜索和机器学习技术。谷歌开发 AI 技术主要依托 Google X 和 DeepMind 这两个实验室：Google X 实验室专注未来高科技创意，而 DeepMind 实验室聚集了全球机器智能方面的顶级学者和专家。2023 年 4 月，谷歌宣布要将这两个实验室合并为 Google DeepMind。事实上，在 AI 行业的巨头中，无论是研发支出还是占据的收入百分比，谷歌都居于前列。谷歌于 2015 年 11 月推出了 TensorFlow 框架，该框架已经成为 AI 行业最主要的两个机器学习框架之一，它在图像识别方面表现优异，并能够更好地支持 CPU。TensorFlow 框架获得了先发优势，具有庞大且领先的生态，能够跨设备、多平台运行，并且有强大的社区、企业支持。2017 年，Google 的研究人员开发出 Transformer 模型（Vaswani et al., 2017），它是一种基于自注意力机制的神经网络模型。Transformer 模型在自然语言处理领域实现了突破，并深刻地影响了接下来几年 AI 的发展轨迹。在应用层面，AI 对谷歌的长期发展前景至关重要，同时也是贯穿其搜索、广告、云计算、自动驾驶、医疗保健及其他业务的主线，这些领域构成了谷歌 AI 的各个触角，极大地扩展了 AI 的应用场景。谷歌正在不断改进人工智能系统（分布式、集中式，本地或云端）解决方案，以期渗入用户的每一个设备。在 AI 领域，谷歌的王牌是亿万活跃用户的数据、用户偏好图谱和 Google Connect（谷歌连接）。

在合作伙伴（P）策略上，谷歌与 AI 初创企业 Anthropic 建立了合作关系。Anthropic 选择了谷歌云为首选云提供商，以获得构建可靠人工智能系统所需的计算能力。谷歌还从学术界着手，获得了学术界的诸多合作资源：通过开发者大会扩大其在 AI 行业的生态伙伴；还宣布成立了人工智能中国中心，以扩展在中国 AI 行业和学术界的合作伙伴关系。在生态信任（T）方面，作为著名的 AI 先行者，谷歌容易获得合作伙伴的善意信任。它在 AI 领域的布局很早，2011 年就成立了 AI 部门，并将生态愿景转为"AI first"。近年来谷歌在 AI 领域持续发力，TensorFlow 框架成为两大主流深度学习框架之一，在 AI 应用场景的挖掘上也有突出表现，这都使它能够获得合作伙伴的能力信任。

在生态运营（O）方面，谷歌有三个举措。首先，致力于持续优化 AI 生态系统，将其应用范围扩展到越来越多的领域，包括互联网、移动互联网、智能家居、自动驾驶和机器人等。通过这一扩展，谷歌能够积累更多的数据和信息，不断提升 AI 应用的能力和效果。谷歌试图将 AI 渗透到旗下各产品，为用户提供更加智能化的功能。其次，谷歌专注于积累底层 AI 技术，致力于研发更先进的深度学习算法，提升语音和图像识别能力，以实现更高水平的数据分析和应用。最后，培育 TensorFlow 社区，为业界和学术界提供一个标准的语言，使之能够方便地交流，以及将研究成果商业化。

兴起阶段和多元阶段：脸书和 Pytorch 框架

2017 年 1 月，脸书人工智能研究院（FAIR）推出了 PyTorch 框架。PyTorch 是一个基于 Torch 的开源 Python 机器学习库，主要用于自然语言处理等应用程序，目前已经成为主流机器学习框架之一。它是一个可持续计算包，具有两个主要功能：强大的 GPU 加速张量计算和内置的深度神经网络自动求导系统。

在 VSPTO 决策上，脸书在 2017 年提出了"让全球公民参与集体决策"的愿景（V），这体现出 AI 产业需要人人参与的特点。对于当前 AI 产业的发展，脸书希望每个人、每个企业、每个组织都成为创新的缔造者，共同建造、分享、治理美好智能生活。这一愿景也得到了印证——脸书的 CEO 坚持硬软开放开源模式：在硬件开源方面，2015 年，脸书首次开源 AI GPU 驱动的 Big Sur 平台；在软件开源方面，2017 年脸书与微软合作创建了 ONNX，2018 年实现了深度学习框架 Caffe 的发展与合并。

脸书的解决方案（S）可以概括为制定行业标准、构建社区型生态。首先，脸书开发并不断优化 PyTorch，并建设活跃的社区。为了支持 PyTorch，脸书将 Caffe2 开源代码并入 PyTorch，将自身的两大深度学习框架合二为一。Pytorch 在前端易用（发挥脸书做客户端的优势），在后端有技术亮点能抓住学术界的需求（发挥 Caffe2 的优势），前后端融合后，成功体现出相对于 TensorFlow 的优势。脸书不仅自身宣布采用 Pytorch 框架，还推动诸多行业巨头例如微软、阿里、亚马逊、优步等采用 PyTorch 框架，大大扩展了其应用场景。不仅如此，脸书还选取人工智能下一阶段最有吸引力的自然语言处理，提前布局，加紧 AI 初创企业并购。2018 年，脸书收购英国人工智能企业 Bloomsbury AI，获得自然语言处理相关技术；2020 年收购计算机视觉企业 Scape Technologies，后又收购英国初创公司 Deeptide，汇聚机器学习人才。

脸书和 Pytorch 的合作伙伴策略（P）随着 AI 产业生态生命周期阶段的演进发生了变迁，这是一个值得借鉴的亮点。在生态的兴起阶段，其合作伙伴策略是首发内部生态，夯实内部生态伙伴基础。脸书宣布翻译系统 Translate 用 PyTorch 编写，并将 Caffe2 开源代码正式并入 PyTorch，这使得它主力支持的两大深度学习框架合二为一。在生态的多元阶段，合作伙伴策略是联合对手伙伴，打入对手生态，优先扩展头部企业培育。2018 年，微软宣布其云计算平台 Azure 会支持 PyTorch，谷歌宣布其云计算平台谷歌云的所有服务将支持 PyTorch。谷歌、微软的伙伴还有 TensorFlow、Keras、mxnet、chainer 等。2019 年，优步使用 PyTorch，它构建了一种使用 PyTorch 作为后端的通用概率编程语言 Pyro。此后，阿里云和亚马逊云计算平台 AmazonAWS 宣布支持 PyTorch。阿里云伙伴有 TensorFlow、X-Deep Learning 等，亚马逊的伙伴有 TensorFlow、MXNet、Caffe1&2、Theano、Keras、CNTK 等。TensorFlow 是 Pytorch 最大的竞争对手，Pytorch 正是通过联合 TensorFlow 的伙伴，才打入了其生态，获取了竞争优势。

在生态的聚集阶段，脸书和 Pytorch 的合作伙伴策略是扶植创新伙伴，力争独家伙伴，面向未来。例如，OpenAI 宣布以后所有深度学习研究项目都会率先采用 PyTorch。总之，脸书和 Pytorch 发挥了自己的优势，硬软件开源，提出竞合关系，联手合作伙伴占据市场份额，从而在 AI 产业的生态构建上取得进展，赢得竞争优势。

在生态信任（T）方面，Pytorch 是两大主流深度学习框架之一，形成了开源社区，在 AI 技术上具有优势，容易获得合作伙伴的善意信任和能力信任。在生态运营（O）方面，脸书和 Pytorch 在生态实施阶段提出并利用了竞合关系，使得许多竞争对手选择 Pytorch：首先是利用了它们的防御性战略，目前巨头都选择了同时支持多框架（微软、阿里、亚马逊皆是如此），若其中一个不选，它们就会有失去市场的风险；其次是利用了它们之间的趋同博弈，即对深度学习市场未来不确定的必要性防御战略，假如 TensorFlow

被 PyTorch 取而代之，谷歌云仍然可以分一杯羹，但如果没有支持 PyTorch，那就会同时失去两个市场。

兴起阶段和多元阶段：英伟达

英伟达是图形处理器的发明者，也是人工智能计算的引领者之一。如图 10-7 所示，英伟达的发展历程跨越 3 个赛道，在今日独占鳌头。

在显卡时代（1993—1999 年），英伟达的目标市场就是显示市场，直至 1999 年推出 GPU 概念，公司挂牌上市。在 GPU 时代（2000—2009 年），英伟达顺势拿出了同时支持 3D 加速和 T&L 系列的显卡，在性能上大幅领先竞争对手 3dfx，并最终奠定了在游戏显卡领域的霸主地位。2006 年，它推出更适用于通用计算 GPGPU 的 Tesla 架构。2007 年，英伟达正式推出统一计算架构平台 CUDA，这是英伟达的制胜法宝。CUDA 处于软硬件结合的关键位置，是英伟达护城河中最关键的一环。CUDA 上面有一系列编程和 API 接口，能够将 GPU 视作一个并行数据计算设备，对计算任务与资源进行有效的分配和管理，让 GPU 的功能不仅仅局限于图像加速器，还可以用于图像计算以外的目的。英伟达的 GPU 本来不容易使用，CUDA 的出现使得开发者使用 GPU 进行通用计算的难度大幅降低。CUDA 能帮助开发者简单有效地对英伟达 GPU 芯片进行编程，并为开发者提供利用 GPU 并行计算的 API，从而解决复杂的计算问题。

2009 年对英伟达而言是决定命运的一年，CUDA 还未被业界采纳，独立显卡又出了质量问题。对此，英伟达决定裁员以削减成本，并延长股票回购计划，在 GPU 处理器和配套软件上面砸更多的钱，集中精力"笼络"流媒体公司、游戏玩家，以及最为苛刻的科学家和 AI 工程师，这可视作它开启生态建设的标志。

显卡时代

1993
- 由黄仁勋、克里斯·马拉科夫、卡蒂斯·普里姆三人联合创办
- 目标市场就是显示市场

1994
- 制订令电脑革命化的计划
- 与著名半导体厂商SGS-Thompson[①]建立了第一个战略合作伙伴关系

1995
- 发布第一个主流多功能芯片NV1,具有操纵杆、游戏端口、声效、显示、3D等功能
- 与SEGA(世嘉公司)建立伙伴关系

1996
- 和游戏开发者联盟制定Direct 3D的主要规则

1997
- 发布第一个高性能128-bit、Direct3D的显示芯片——RIVA 128
- 与戴尔、Gateway、Micron(美光)等全球电脑领先OEM建立合作

1998
- 推出了TNT系列显卡,拥有了与3dfx同台竞技的资格
- 和台积电建立策略联盟伙伴关系

1999
- 推出GPU概念
- 发布Vanta显示芯片,进入商用台式电脑市场
- 1月,纳斯达克挂牌上市

CPU 时代

2000
- 顺势拿出了同时支持3D加速和T&L系列的显卡,在性能上大幅领先3dfx,并最终奠定了其在游戏显卡领域的霸主地位

2001—2003
- 和苹果计算机建立合作伙伴关系
- 和IBM建立战略合作伙伴关系

2004
- 推出面向手机的新款超低功耗显卡处理器
- 发布GeForce 6系列产品

2006
- 推出更适用于通用计算GPGPU的Tesla架构

2007
- 正式推出统一计算架构平台CUDA,同时对CPU和GPU开放,降低了GPGPU应用的门槛
- CUDA为开发者提供利用GPU并行计算的API

2008
- 吴恩达发表了将英伟达GPU上的CUDA运用到神经网络训练的论文
- 发布Tegra处理器

2009
- 决定命运的一年:CUDA还未被业界采用,独立显卡出质量问题等;裁员以削减成本,延长股票回购计划,在GPU处理器和配套软件上砸更多的钱,集中精力"笼络"流媒体公司、游戏玩家,以及最为苛刻的科学家和AI工程师,可视作它开启了生态建设

AI 时代

2010
- IBM同意把英伟达的Tesla系列显卡(GPU)塞进自己的服务器,是第一家给予Tesla系列认可的主流服务器公司,英伟达数据中心业务线由此开始彻底爆发
- 与AI专家吴恩达交流后,决定进入AI领域

2011
- 发布"丹佛"计划,首次为PC开发CPU
- 发布CUDA 4.0

2012
- 亚力克斯·克里夫斯基(辛顿的学生,两人共同设计AlexNet)使用Nvidia GPU成功训练深度神经网络,开启新的人工智能时代
- 与谷歌的AI团队合作,建造最大的人工神经网络

2013
- 与IBM联合让GPU加速器技术正式进入企业级数据中心
- "数据中心加速器市场"(即AI芯片)这个名词的正式出现,也成就了英伟达AI时代奠基者的地位

2015
- 脸书是首家利用Tesla M40 GPU来训练深度神经网络的企业

2016
- 新的GPU芯片Tesla P100
- 发布了新一代旗舰显卡Geforce GTX 1080
- 世界第一台单机箱深度学习超级计算机NVIDIA DGX-1
- 初创加速计划

2017
- 发布了旗舰计算卡Tesla V100

2018
- 发布了全球首款人工智能自动驾驶平台

2019
- 新一代图形技术的GPU Quadro RTX 芯片系列

2020
- 推出软件库CUDA-X AI,以加快AI部署和应用

2020
- 推出7nm工艺GPU A100,它成为人工智能应用的"主力"

2022
- 推出4nm工艺GPU H100,这是当时世界上最先进的GPU,性能甚至大幅超越A100

图10-7 英伟达发展历程:显卡时代、GPU时代和AI时代

在 AI 时代(2010 年至今),英伟达在 AI 硬件领域独占鳌头。2010 年,IBM 同意把英伟达的 Tesla 系列显卡(GPU)塞进自己的服务器,是第一家给予 Tesla 系列认可的主流服务器公司,英伟达数据中心业务线由此开始彻底爆发。同时,在与 AI 专家吴恩达交流后,

---

[①] SGS-Thompson 是意法半导体公司(ST)的前身。——编者注

英伟达决定进入 AI 领域。2012 年，亚历克斯·克里切斯基（Alex Krizhevsky）使用英伟达 GPU 成功训练深度神经网络，开启新的人工智能时代。2013 年，英伟达与 IBM 联合使 GPU 加速器技术正式进入企业级数据中心。而"数据中心加速器市场"（即 AI 芯片）这个名词的正式出现，也成就了英伟达 AI 时代奠基者的地位。此后，英伟达的表现一直很亮眼：2017 年，发布了旗舰计算卡 Tesla V100 以及全球首款人工智能自动驾驶平台；2019 年，推出了 CUDA-X AI。在 AI 大模型时代，高端 GPU 的数量很大程度上影响了一个厂商能够训练多大的模型。2020 年，英伟达推出了先进的 7nm 工艺 GPU A100，它随后成为人工智能应用的主力产品；2022 年，英伟达推出了更为先进的 4nm 工艺 GPU H100，其性能甚至大幅超越了 A100，并针对 AI 大模型进行了专门的优化。这些世界领先的产品使得英伟达在 AI 芯片领域独占鳌头。

在 VSPTO 决策上，英伟达的愿景（V）是"开发更好的 AI 硬件，做全球供应商"，这一愿景坚定而明确地表现了英伟达在 AI 产业生态的定位。但是英伟达的愿景并非一开始便如此正确，其愿景的转变得益于能人指路。英伟达最开始专注于图像处理和游戏显卡，想要成为"显卡之王"。2006 年，英伟达的首席科学家戴维·柯克向 CEO 黄仁勋提出了一个重要建议：将图形处理器通用化，使其成为通用计算图形处理器（GPGPU）。柯克强烈主张，现有和即将推出的所有 GPU 都应该支持 CUDA 程序。[1]这一建议对于 GPU 的发展产生了深远的影响，英伟达在 2009 年决定大力投入建设

---

[1] 亿欧网. 英伟达终于等来了它的时代 [EB/OL]. (2020-08-23)[2024-03-06]. https://news.pedaily.cn/202008/458939.shtml.

CUDA 生态：大力投资 GPU 处理器和配套软件开发，并加大关注生态建设。愿景的重大转变为英伟达带来更多应用可能，也为其在 AI 行业获取竞争优势奠定了重要的基础。

英伟达的解决方案（S）在技术层面上是大力投资 GPU 处理器和配套软件开发，并在这一领域保持技术上的领先。例如，英伟达的 AI 芯片 A100 和 H100 的性能目前处于行业领先地位。在应用层面，英伟达不断扩展自己产品的应用领域，基于技术优势，赋能各个国家、各个行业伙伴应用落地 AI 技术。英伟达产品的应用场景已经较为广泛：第一，在数据中心方面，两大网络（服务器制造商和云服务提供商）部署其数据中心产品——Tesla GPU；第二，在 PC 游戏（GeForce GTX）、云端游戏（GRID）、游戏平台方面不断推出自己的产品；第三，在专业视觉领域、设计制造企业图像视觉领域，以 Quadro 为核心，与独立软件开发商合作；第四，其他终端设备，例如自动驾驶、机器人等。

英伟达相关的生态合作伙伴培育策略（P）包括以下几点。第一，关键人才推动引领，比如其首席科学家戴维·柯克竭尽全力劝服 CEO 黄仁勋把图形处理器通用化。第二，加入主阵营，携手 LLVM（一个编译器项目）开发者，令 GPU 计算比以往任何时候都更加普遍。第三，大力投资初创企业，从 2005 年开始，它累计投资参股了 15 家公司，2015 年后，转向 AI 初创企业。第四，与高校合作，免费为高校提供最新 CUDA 和鼓励设置课程。第五，为开发者提供培育和支持，降低门槛，扩大开发者覆盖面，使 CUDA 的入门设备投入降低到千元级别。第六，支持 OpenCL 开放标准，率先向开发人员发布 OpenCL 驱动程序，进一步巩固自己在 GPU 计算领域的领袖地位。

在生态信任（T）方面，英伟达由于 GPU 和 AI 芯片的强大实力而广为人知，在 AI 和硬件技术上也独树一帜，其提供的硬件解决方案具备先进性和可靠性，因此能够获得合作伙伴的善意信任和能力信任。

在生态运营（O）方面，英伟达的生态设计在愿景规划和解决方案定位上都更重视 GPU 等硬件，并着力使自己的 GPU 硬件成为通用技术标准，这与其他许多擅长软件领域的著名 AI 企业区分开来。在生态实施和持续优化方面，英伟达能够根据外部环境灵活调整运营策略，通过能人引路，采用正确的愿景向通用 GPU 转身，与合作伙伴进行长期的信任共创，这也成就了它作为行业领袖之一的地位。

多元阶段和聚集阶段：华为昇腾、MindSpore 和盘古大模型

华为也在积极布局 AI 产业生态，体现为昇腾芯片和 AI 计算框架 MindSpore。在 VSPTO 决策上，从 AI 产业生态的多元阶段开始，华为在 AI 行业的愿景（V）是"昇腾万里，普惠 AI"。"昇腾万里"体现了华为在 AI 产业的重要抓手是 AI 计算芯片。同时，发展 AI 的目的是实现"普惠"理念，这符合 AI 产业发展需要。

在 AI 产业的多元阶段，华为的解决方案（S）是推广昇腾芯片和 MindSpore 框架。华为的昇腾芯片系列包括两款人工智能处理器：昇腾 910 和昇腾 310。其中，昇腾 910 处理器旨在支持全场景的人工智能应用，具备强大的计算能力和灵活性；而昇腾 310 处理器专注于低功耗领域，例如边缘计算等场景。与英伟达的 CUDA 类似，昇腾也拥有异构计算架构 CANN，这是其生态的锚点。作为昇腾 AI 基础软硬件平台的核心，CANN 搭起了从上层深度学习框架到底层 AI 硬件的桥梁，能够全面支持各种主流 AI 框架。MindSpore 是华为于 2019 年 8 月推出的新一代全场景 AI 计算框架，于 2020

年 3 月宣布开源。MindSpore 是一个注重提升易用性并降低 AI 开发门槛的开发框架。它原生适应各种场景，包括端、边缘和云，并能够基于按需协同的方式进行工作。通过实现 AI 算法即代码的方法，MindSpore 使得开发过程更加友好，并显著减少了模型开发所需的时间，降低了开发门槛。借助 MindSpore 的技术创新以及与华为昇腾 AI 处理器的协同优化，它能够在运行时实现高效的计算性能，大幅提高计算效率。此外，MindSpore 也支持 GPU、CPU 等其他处理器。通过这些特性，MindSpore 为开发人员提供了一个强大而灵活的 AI 开发平台。

在 AI 产业的聚集阶段，AI 大模型涌现，华为的解决方案（S）是推出盘古大模型。盘古大模型 3.0 是一个面向行业的大模型系列，包括"5+N+X"三层架构，如图 10-8 所示。[①]L0 层涵盖了自然语言、视觉、多模态、预测和科学计算等五个基础大模型，可满足各行业场景中多种技能需求。L1 层包含了多个行业大模型，可提供经过行业公开数据训练的通用大模型，例如政务、金融、制造、矿山和气象等。L2 层为客户提供了更多细化场景的模型，专注于政务热线、网点助手、先导药物筛选、传送带异物检测、台风路径预测等具体行业应用或特定业务场景，以提供即插即用的模型服务。[②]在盘古大模型发布前，华为的盘古气象大模型研究成果在国际顶级学术期刊《自然》杂志正刊发表（Bi et al., 2023）。

[①] 环球网. 华为云发布盘古大模型 3.0，包含多个行业大模型 [EB/OL]. (2023-07-07) [2024-03-06]. https://tech.huanqiu.com/article/4Dc6E04Tl82.

[②] 张均斌. 华为云发布盘古大模型 3.0 [EB/OL]. (2023-07-07)[2024-03-06]. https://s.cyol.com/articles/2023-07/07/content_o6epWyuX.html.

L2 场景模型	政务热线 慧眼识事	网点助手财 务异常分析	供应链物流 器件分配	先导药物筛选 小分子优化
	传送带异物检测 掘进序列检视	铁路TFDS检测		台风路径预测 海浪预测
L1 行业模型	盘古政务 大模型	盘古金融 大模型	盘古制造 大模型	盘古药物 大模型
	盘古矿山 大模型	盘古铁路 大模型	盘古气象 大模型	
L0 盘古大模型	盘古自然语言大模型	盘古预测大模型		盘古科学 计算大模型
	盘古多模态大模型	盘古视觉大模型		

盘古大模型
5+N+X三层架构

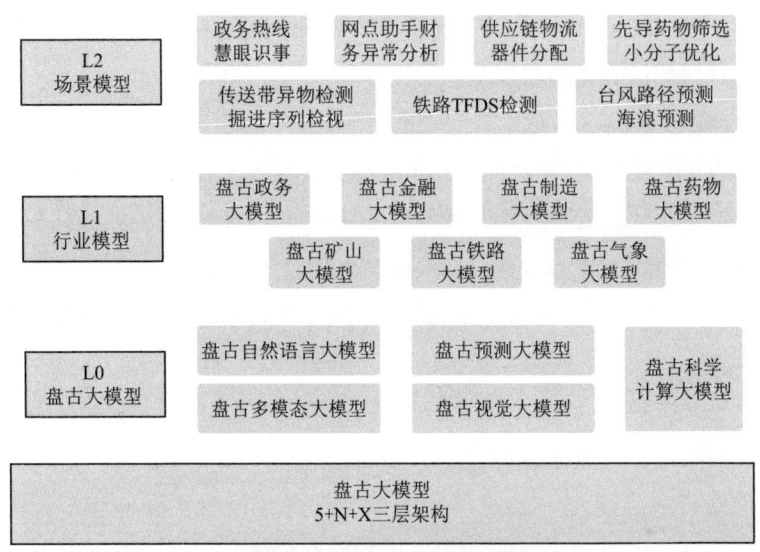

图10-8 华为盘古大模型架构

在合作伙伴（P）的决策上，华为推出昇腾万里伙伴计划，该计划是基于昇腾 AI 基础软硬件平台推出的一项合作伙伴计划，旨在促进更多的合作伙伴产品和解决方案适配昇腾 AI 平台，并和华为共建昇腾生态，华为向合作伙伴提供培训、技术、营销和市场的全面支持。截至 2022 年 6 月，昇腾合作伙伴超过 500 家，其中硬件伙伴超过 20 家。AI 框架 MindSpore 社区的下载量超过 166 万次，开发者数量达到 75 万人，解决方案同比增长三倍，超过 1000 个。[1]

在生态信任（T）方面，华为两个关键产品昇腾芯片和 MindSpore 框架在国内的 AI 产业是领先的，能够获得能力信任。同时，华为在

---

[1] 财联社. 华为昇腾合作伙伴数量超过 500 家 [EB/OL]. (2022-06-15)[2024-03-06]. https://baijiahao.baidu.com/s?id=1735665515043302125&wfr=spider&for=pc.

AI产业也通过硬件开放、软件开源来获取善意信任，它需要让生态伙伴相信其在构建生态，且有所为、有所不为。

在生态运营（O）方面，华为不仅在培育生态的过程中推行昇腾万里伙伴计划，而且注重AI产业生态的持续优化。面对AI产业各类生态角色的不断扩展和多元化的诉求，华为计划将生态发展模式从原有的"生态合作"进一步演进为"生态协同"，提出"四个主动"（主动开放生态、主动让利伙伴、主动统筹资源、主动培养人才）和"三个协同"（战略协同、资源协同、能力协同）。

聚集阶段：OpenAI

在计算产业多元阶段，许多AI公司都有自己的行业大模型，这些行业大模型往往都局限于单一任务或情景，画地为牢。例如，自然语言领域就有文本分类、词性标注、实体抽取等诸多任务，但是一类任务下的模型难以完成另一类任务的要求，因此多元阶段AI领域的任务种类相当繁杂，相应的行业大模型数量繁多。而接下来要介绍的OpenAI公司的目标就是做AI大模型，实现通用人工智能，让一个大模型能解决大量自主定义的任务。不仅如此，大模型相当于一种通用的功能，未来还能联合行业大模型来赋能万行万业。因此，大模型的出现会给整个AI产业带来非常深远的影响，使AI产业迈向聚集阶段。

OpenAI成立于2015年底，是一家美国人工智能研究公司，由萨姆·阿尔特曼（Sam Altman）和埃隆·马斯克等人创立，总部位于旧金山。近年来，OpenAI被认为是谷歌DeepMind的重要竞争对手。2019年3月，OpenAI从非营利机构转型为"有限营利机构"。2022年11月30日，OpenAI发布了著名产品ChatGPT，引发了全球范围内的轰动，掀起了新一轮AI热潮。2023年3月15日，

OpenAI 正式发布了 GPT-4，这是目前规模最大、功能最强大的多模态预训练模型，实现了语言和视觉的结合，在性能上甚至超越了先前备受关注的 ChatGPT。

在 OpenAI 的大模型备受欢迎的背后，一个重大受益者是微软。自纳德拉担任微软 CEO 以来，微软的重心转向了云与 AI。从 2019 年开始，微软多次向 OpenAI 提供大量资金，累计投资达到 130 亿美元。此外，微软还为 OpenAI 提供云平台 Azure 的算力支持。[①] 不过，微软也能从中获得非常丰厚的回报，根据协议，微软将获得 OpenAI75% 的利润，直至收回投资，此后，OpenAI 的所有权结构将恢复正常，在 OpenAI 的利润进一步到达某个水平之前，微软将持有 OpenAI49% 的股份。[②] 不仅如此，OpenAI 的技术会被整合嵌入微软的 Bing（必应）搜索引擎、GitHub 编码工具、微软 365 办公套件和云服务 Azure。例如，微软在 Azure 上发布了 OpenAI 服务，用户可以通过其访问已经过训练并在 Azure AI 基础设施上运行推理的 ChatGPT。因此，微软可能是 OpenAI 背后的实际盈利者，其投资回报使其能够在 AI 大模型时代抢占先机，栖身于前沿位置。

在愿景（V）方面，OpenAI 首席执行官萨姆·奥尔特曼（Sam Altman）强调 OpenAI 的使命是确保通用人工智能造福全人类。为此，OpenAI 提出了三项原则：希望通用人工智能可以为人类赋能，

[①] 网易科技. 花费 130 亿美元投资 OpenAI，能给微软带来什么？潜力很大，不确定性也很多 [EB/OL]. (2023-04-10)[2024-03-06]. https://www.163.com/tech/article/I1V4Q1LF00097U7T.html.

[②] 腾讯科技. 外媒：OpenAI 获微软注资 100 亿美元 估值飙升至 290 亿美元 [EB/OL]. (2023-01-10)[2024-03-06]. https://new.qq.com/rain/a/20230110A02PSY00.

使人类能够在宇宙中实现最大程度的繁荣；希望以公平的方式，更广泛地分享通用人工智能的益处、获取和治理；要正确应对潜在风险。由此看来，OpenAI 一直并将继续以追求普惠的通用人工智能为第一目标，坚定地开发 AI 大模型。

在解决方案（S）方面，OpenAI 坚定地选择 GPT（Generative Pre-Trained Transformer，生成式预训练 Transformer 模型）架构来持续加注大语言模型的技术路径，并为此投入巨大。在 2015—2017 年，OpenAI 还没有固定技术路径，而是进行了一系列项目探索，包括 OpenAI Gym、OpenAI Five 以及一些生成式模型。到了 2017 年，谷歌开发的 Transformer 横空出世，这种架构对语言模型的并行训练更友好，填补了 OpenAI 所需的最后一环。Transformer 模型主体包括 Encoder（编码器）和 Decoder（解码器）两部分，分别用于对源语言文本进行编码和将编码信息转换为目标语言文本。这引出了 AI 大模型发展的两条路径：谷歌的 BERT 系列模型舍弃了 Decoder 部分，仅使用 Encoder 部分；而 OpenAI 的 GPT 架构恰恰相反，是基于 Transformer 的 Decoder 部分发展起来的，舍弃了 Encoder 部分。从那时起，OpenAI 就确定了以 GPT 架构的大语言模型为主要方向，并逐渐将资源转移到大语言模型领域，开启了对 GPT 算法路径的巨额押注。[1]

2018 年 6 月，OpenAI 发布了 GPT-1，但两个月后，谷歌发布了在任务表现上更优秀的 BERT 模型。面对这一情况，OpenAI 决定进一步加码，于 2019 年 2 月推出了 GPT-2。尽管 GPT-2 在生成

---

[1] OneMoreAI. 2 万字复盘：OpenAI 的技术底层逻辑 [EB/OL]. (2023-04-17)[2024-03-06]. http://news.sohu.com/a/667465843_115207.

式任务上表现出色，但它在理解类任务上仍然不及谷歌的 BERT。在这种背景下，OpenAI 仍然坚持 GPT 路线，并大幅加快了基础算法规模化的速度。2020 年 5 月，它推出 GPT-3，该模型的参数量是 GPT-2 的百倍，训练数据量是 GPT-2 的 50 倍。GPT-3 不仅在生成式任务上表现优越，在理解类任务上也实现了赶超，引起了许多创业公司的关注。为了使模型更准确且更贴近人类的需求，OpenAI 在 2022 年 1 月发布了 InstructGPT，并后续迭代为 GPT-3.5。GPT-3.5 一经推出便受到了广泛好评，后来 OpenAI 直接将 GPT-3.5 替代 GPT-3 成为默认的 API 接口。至此，OpenAI 的大语言模型产品均以 API 的形式提供。2022 年 11 月 30 日，OpenAI 发布了对话式产品 ChatGPT，随后在全球范围内引起了巨大的反响。2023 年 3 月 15 日，OpenAI 发布了更为先进的 GPT-4。可以发现，OpenAI 的成功得益于其独到的眼光和正确的解决方案，以及在技术暂时落后、不被看好的情况下不惜进行巨大投入。

在合作伙伴（P）方面，OpenAI 的关键合作伙伴是微软。早在 2019 年 3 月，微软就向 OpenAI 提供了 10 亿美元的资金支持。此外，AI 模型的训练需要大量的算力，而微软的云服务 Azure 是 OpenAI 的独家云提供商。OpenAI 每年在微软云服务上投入巨额资金进行模型训练，这也是微软对 OpenAI 投资的重要组成部分。得益于微软的资金支持和云服务，OpenAI 的计算能力不断增强，最终推出了突破性成果——GPT-3。2021 年，微软再次向 OpenAI 投资，双方合作关系进入新的阶段。微软获得了 OpenAI 新技术的商业化授权，并能够将 OpenAI 的工具集成到自己的产品中，例如 Office 和必应。2023 年 1 月，微软与 OpenAI 进一步加强了合作，计划通过数年、数十亿美元的投入来加速 AI 技术的突破，并在超级计算机和云服务方面为 OpenAI 提供支持，同时在更多微软产品中部署 OpenAI 的模型。可以说，与微软的合作对于 OpenAI 的崛起至关重要。

除了与微软合作，OpenAI 的生态本就大有可为。在生态信任（T）方面，OpenAI 的普惠 AI 愿景、坚定的投入和卓越的技术实力使其赢得了善意信任，ChatGPT 和 GPT-4 展现的强大性能使其赢得了世界范围的能力信任。OpenAI 还通过互利互惠，与微软建立了关系信任。在生态运营（O）方面，OpenAI 也做出了相当大的创新。比如发布了 ChatGPT Plugins（插件集），它可以由 ChatGPT 连接和调用第三方应用程序来满足己方需求。OpenAI 想要看到的是，在未来，用户能够用 ChatGPT 调用外部应用来实现各种需求，而非由外部应用调用 ChatGPT，这打破了人们对 AI 应用方式的传统认知。如果这一计划实施顺利，ChatGPT 可以变成一个"应用商店"乃至"操作系统"，能够调用外部应用程序和行业大模型，集成海量伙伴企业和用户，极大丰富自身的应用场景，使得 OpenAI 的生态迅速壮大。

AI 产业生态发展趋势

在做出 VSPTO 决策后，AI 行业的核心企业要基于不同的生态构建基础和不同的 VSPTO 生态培育战略，形成不同的生态类型，并寻求生态的继续扩张。

生态类型

关于四大生态类型的选择，核心企业需要基于自身的生态构建基础去考虑。拥有AI深度学习框架的核心企业，所选择的生态类型应该是社区型生态，鼓励更多学者和用户使用该学习框架；拥有AI平台的核心企业，包括拥有自己的底层硬件等算力基础设施做保障，则应构建协调型生态。如图10-9所示，华为的MindSpore与谷歌的TensorFlow、脸书的Pytorch一样，是完全开源的，总体上构建的是社区型生态。OpenAI尽管一些早期项目是开源的，但先进产品ChatGPT和GPT-4截至2023年5月并未开源，技术开放性程度有限，同时通用人工智能的特性决定了其应用多元化程度会相当广泛，总体上看，它构建的是共演型生态。英伟达一方面有自己相对闭合的CUDA支持GPU，另一方面又支持开源标准OpenCL，

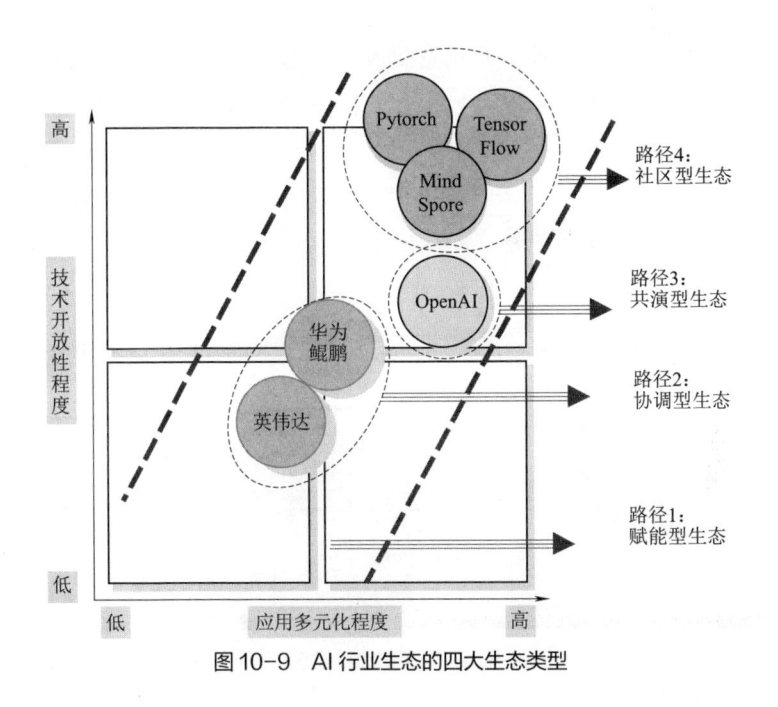

图10-9　AI行业生态的四大生态类型

构建的是协调型生态。华为昇腾和英伟达类似，支持各种深度学习框架，开放接口，因此构建的是协调型生态。

生态扩张

由于 AI 未来技术和应用的不确定性，AI 行业的核心企业想要扩张至新的行业，需要携手行业的领袖伙伴或者细分行业的头部企业去推广应用场景。对于 AI 生态扩张至新的地区，可以遵循 3I 原则扩展合作伙伴，在新的市场培育 AI 生态（如图 10-10 所示）。在孵化阶段，要通过招募、资金技术支持、入股创业等多种手段寻找顶级 AI 人才；要与高校和研究机构保持合作，发起学术会议，向其提供数据和算力资源；要支持开发者和构建 AI 社区；要与政府建立联系、开展合作。在拣选阶段，生态合作伙伴的扩展对象包括未来头部企业和细分行业的独角兽。在整合阶段，要重新整合领

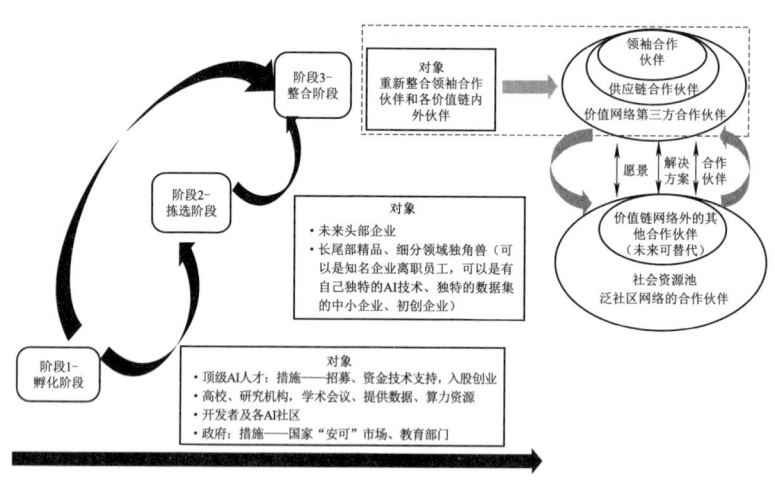

图 10-10　AI 生态扩张至新的行业或地区——3I 机制

袖合作伙伴和各价值链内外的合作伙伴，与未来领袖合作伙伴共同决定新行业、新区域。

AI 生态可以扩张至其他行业。将 AI 技术用于各个行业的应用场景，能够赋能万行万业。未来，AI 应该是一种"白开水"和"空气"，在各个行业都能找到应用场景。只要一种 AI 技术成熟了，它就能带来丰富的应用，可横跨多个行业。例如，商汤科技（以下简称"商场"）是知名的 AI 独角兽企业，它从计算机视觉领域起家，在人脸识别技术上实现了突破，并实现了商业化落地。随后，商汤还基于自己的老本行，建立起了一套通用人工智能基础设施，把 AI 业务向各个行业扩展。以智慧城市为例，商汤构建了商汤方舟城市级开放平台，能用视觉分析检测如井盖、围栏、护栏的位移，抓取违章停车的图像，还能预估交通拥堵情况，预测火灾的发生等。商汤还将 AI 技术应用于安防（SenseID 身份验证一体机、商汤星云智能摄像机）、交通（商汤睿途智慧交通平台）、医疗（SenseCare 智慧医疗平台）、金融（金融大数据、金融身份核验技术）、商业（智慧商超解决方案）、教育（AI 教材、教育平台、实验课程、实验室、教育服务）、汽车（高级辅助驾驶系统、L4 级无人驾驶、智能车舱）和手机（手机图像处理、智能视频解决方案）等行业。就这样，商汤的技术用在了生活中、城市中的各个角落，实现了对多个行业的扩张，在 2020 年的收入规模达到 34.5 亿元。

商汤科技的竞争对手旷视科技有着类似的扩张逻辑。在创业初期，旷视科技的主营业务是一款基于人脸追踪的游戏《乌鸦来了》，但它的目标并没有局限于游戏行业，而是要用人工智能改变从虚拟世界到现实世界的整个生活。它先是扩张到人脸识别和云计算行业，推出 Face++ 云平台；随后又将 AI 业务扩张到智慧城市和智慧建筑（"昆仑"系统和"盘古"系统）、安防（智慧公共安全解决方案、智能多算法网络摄像头、测温摄像机）、交通（智慧交通管理、机场解决方案）、金融（金融认证核验解决方案、金融支付解决方案）、商业（智慧商业网点解决方案）、工业（智慧物流操作系统"河图"、MegBot 系列物流机器人）等行业，并在 2020 年实现了 13.91 亿元的收入规模。

未来，AI 通用大模型可以成为一个"应用商店"。AI 通用大模型将能够调用其他行业的外部应用程序，或者是能够与行业大模型相结合，从而赋能万行万业。传统上，许多行业应用 AI 的方式是在自己的应用中加入 AI 模块、调用 AI 模型，使 AI 服务于己。但是 OpenAI 展现出了一种截然不同的逻辑——由 ChatGPT 连接和调用第三方应用程序来满足己方需求。此前，AI 大模型的一个缺憾是难以获取实时信息，而 OpenAI 在 2023 年 3 月宣布部分解除了 ChatGPT 无法联网的限制，发布了 ChatGPT Plugins，用第三方插件作为桥梁，让大模型在较安全的环境下"看"外界数据。

插件集的功能相当于教会大模型如何使用工具，这会让大模型的功能得到重大扩展，能够检索实时信息、调用外部程序、代理用户进行操作等，也让大模型更容易拓展到各个行业的应用场景，对生产力将具有重大的促进作用。未来可以使 ChatGPT 以第三方插件为中介，自动调用外部的应用来完成用户指定的任务[1]，例如订酒店、叫外卖、在线购物、查询实时股票、发博客等。OpenAI

---

[1] 量子位. OpenAI 现场演示官方版 AutoGPT，自主调用外部应用完成任务 [EB/OL]. (2023-04-23)[2024-03-06]. https://baijiahao.baidu.com/s?id=1763957924530961213&wfr=spider&for=pc.

对这一功能进行了现场演示：用户给 ChatGPT 提供一张晚餐照片，ChatGPT 可以生成相应菜谱，接下来只需用户一个命令，ChatGPT 就能将这一菜谱所需的食材添加到买菜平台的购物车；如果用户还想分享买了什么，只需一句命令 ChatGPT 就可以直接链接到推特并发送推文，整个过程甚至不需要用户登录推特。ChatGPT 的插件集功能发布之后，许多插件已经上线，包括科学计算工具 Wolfram、食谱工具 Instacart、专业翻译工具 Speak 和旅游工具 Expedia 等。未来，AI 通用大模型还可能与行业大模型相结合，由通用大模型提供内容，行业大模型适配场景，从而赋能行业应用。这样，ChatGPT 未来可以变成一个 AI 平台、应用商店乃至"操作系统"，极大丰富了自身的功能，从而适应无数的应用场景。

可以预见的是，大模型的竞争未来必然更加激烈。在 ChatGPT 横空出世不到数月之后，国内已经出现百余个 AI 大模型，掀起"百模大战"。在国外，人工智能初创公司 Inflection AI 获得包括 OpenAI 合作伙伴微软在内的多家公司共 13 亿美元的股权融资，这可能是 OpenAI 的重要竞争对手。未来，大模型想要在激烈竞争中脱颖而出，除了提升基础模型能力基础，还要深耕行业的垂直应用，扩展应用场景。

AI 产业培育的关键启示

本章对 AI 产业生态培育的核心步骤进行了分析，关注了谷歌、脸书、英伟达、华为和 OpenAI 等具有代表性的企业案例。对于后来者而言，培育 AI 产业生态的关键在于算力和应用场景。AI 大模型催生了巨大的算力需求，这对 AI 芯片赛道及其生态培育而言是重要机遇。与此同时，目前 AI 落地的最大难题之一是缺乏应用场景，没有应用场景的支撑，AI 技术将难以兑现收益。在 AI 大模型的时代，未来的商业模式可能是 AI 通用大模型和行业大模型相结合来赋能行业应用，其中 AI 通用大模型提供内容，行业大模型适配场景。除开发 AI 及其硬件技术之外，寻找并深挖各行各业的 AI 应用场景，将是 AI 产业后来者赶超先行者的关键所在。

第十一章

工业互联网产业生态培育

从第三次科技革命开始，信息技术便踏上了快速发展和迭代的道路。而随着家用电脑、笔记本电脑、功能手机、智能手机等设备的普及，全世界开始逐渐进入互联互通的时代。从传统的 PC 互联网到移动互联网，再从移动互联网向未来的智能互联网迈进，我们看到了越来越多的个人、设备、物件被以不同的方式进行连接，互联网成了人们日常生活必不可少的组成部分。在设备和物件被不断连接、计算机的算力场景和算力水平不断得到扩展和提升的今天，生产领域的互联互通也开始随着技术的提升而不断成熟。与此同时，随着数字经济的发展，数字化进程也正推动着消费互联网向工业互联网拓展转变。

在展开介绍工业互联网的生态培育之前，我们首先应当明确工业互联网的定义范围。狭义的工业互联网指最开始提出的，仅仅局限在工业行业内部的工业互联网；而广义的工业互联网则是随着互联网的发展，拓展至包括非工业行业在内的各行各业的工业互联网。需要指出，本章我们讨论的是广义的工业互联网，即涉及各个产业生产的工业互联网（见图 11-1）。

图 11-1　工业互联网概念辨析

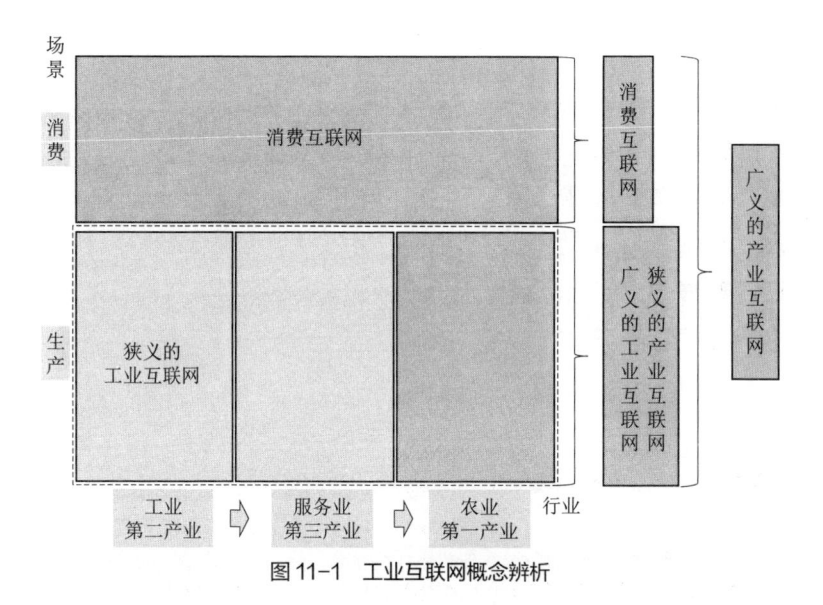

　　为了培育强大的工业互联网生态，首先，我们应当明确该行业在当前所处的位置，即发展工业互联网生态的背景及现状；其次，要在 VSPTO 的生态培育方法理论框架下，找到生态培育的具体路径；最后，要着眼于未来，把握工业互联网生态的发展趋势。接下来，本章将按照以上的三步论结构，对工业互联网的生态培育进行介绍。

工业互联网生态发展背景及现状

宏观环境

　　中国政府积极推动生产活动中的互联互通，以期为经济的发展注入更多的活力。在梳理了近几年的政策后，我们发现国家对互联网+产业模式体系的大力支持，早期更多的是讲"互联网+"的概念，如互联网+各类产业、互联网+制造业、互联网+金融业、互联网+医疗、互联网+物流、互联网+政务等，也就是互联网与这些领域融合发展。随着这种融合模式日趋成熟，"工业互联网"概念逐渐兴起，其目标总结起来就是使用互联网基础设施赋能各行各业，实现技术变革、效率提升和商业模式的创新。具体提到相关概念的政策文件列举如表11-1。

表11-1 国家有关工业互联网生态的政策文件汇总

时间	政策	相关内容
2015	《国务院关于积极推进"互联网+"行动的指导意见》	"互联网+"是把互联网的创新成果与经济社会各领域深度融合，推动技术进步、效率提升和组织变革，提升实体经济创新力和生产力，形成更广泛的以互联网为基础设施和创新要素的经济社会发展新形态。
2016	《国务院关于深化制造业与互联网融合发展的指导意见》	积极搭建支撑制造业转型升级的各类互联网平台，充分汇聚整合制造企业、互联网企业等"双创"力量和资源，带动技术产品、组织管理、经营机制、销售理念和模式等创新，提高供给质量和效率，激发制造业转型升级新动能。
2017	《国务院关于深化"互联网+先进制造业"发展工业互联网的指导意见》	工业互联网作为新一代信息技术与制造业深度融合的产物，日益成为新工业革命的关键支撑和深化"互联网+先进制造业"的重要基石，对未来工业发展产生全方位、深层次、革命性影响。工业互联网通过系统构建网络、平台、安全三大功能体系，打造人、机、物全面互联的新型网络基础设施，形成智能化发展的新兴业态和应用模式，是推进制造强国和网络强国建设的重要基础，是全面建成小康社会和建设社会主义现代化强国的有力支撑。

续表

时间	政策	相关内容
2020	国家发展改革委中央网信办《关于推进"上云用数赋智"行动培育新经济发展实施方案》	鼓励拥有核心技术的企业开放软件源代码、硬件设计和应用服务。引导平台企业、行业龙头企业整合开放资源，鼓励以区域、行业、园区为整体，共建数字化技术及解决方案社区，构建产业互联网平台，为中小微企业数字化转型赋能。
2021	工信部《工业互联网创新发展行动计划（2021—2023年）》	加快一二三产业融通发展。支持第一产业、第三产业推广基于工业互联网的先进生产模式、资源组织方式、创新管理和服务能力，打造跨产业数据枢纽与服务平台，形成产融合作、智慧城市等融通生态。
2022	《"十四五"数字经济发展规划》	以数据为关键要素，以数字技术与实体经济深度融合为主线，加强数字基础设施建设，完善数字经济治理体系，协同推进数字产业化和产业数字化，赋能传统产业转型升级，培育新产业新业态新模式。

从国家的相关政策文件演变可以发现，数字经济的发展，对于生产活动领域互联互通的诉求正在不断增加，工业互联网生态的重要性在政策文件中得到了充分的反映。具体来说，在最初的"互联网+"概念中，强调的更多是互联网技术与制造业的融合，是互联网对制造业转型升级的赋能。而随着ICT技术快速发展，数据生产要素出现，数字经济发展的深度和广度也极大扩张。相应地，工业互联网的发展也不再仅仅局限在制造业，还需要一个数字技术、数字平台、数据要素，以及各行业、各领域的人、机、物充分融合的工业互联网生态系统，来赋能万行万业的发展。

组织特征

数字与信息技术的高速发展率先在消费互联网领域引爆了蓬勃的创新与推广。顾名思义，消费互联网将互联网技术赋能C端的应用场景，由于能最直接地对接终端的消费者，消费互联网的形态清晰鲜明、可感可知、深入人心，是数字经济与数字生活的重要组成部分。中国在消费互联网领域后来居上，已经形成了蓬勃发展、具有中国创新特色的数字生态。但作为数字化转型的关键方向，工业互联网的组织特征，决定了它的落地似乎无法像消费互联网那样迅速（见表11-2）。

表11-2　数字经济转型：消费互联网与工业互联网的对比

	消费互联网	工业互联网
用户特征	个体用户，同质、标准化需求	企业用户，复杂、定制化需求
平台形态	双边平台	产业平台
连接层次	需求端的点状连接，对接提供者-消费者	供给端的链状连接，打通整条产业链
网络效应	强，赢者通吃	弱，百家争鸣

相比于消费互联网，工业互联网的连接层次也将得到极大的拓展与突破，更多地基于产业平台的模式，支撑一整条产业链上的全节点的赋能与融通，其连接层次从消费端的点状连接拓展至供给端的链状连接。正是因为如此，工业互联网也将对数字技术的深化发展提出更高的要求，同时也带来更为广阔、深入的发展前景。工业互联网不仅需要打造特色IT系统对产业链每个节点进行赋能，对IT技术的应用也提出了更复杂、更定制化的要求，还触及了生产制

造环节上生产设备的互联互通，即 IT（信息技术）层面与 OT（运营技术）层面的融合，这也是工业互联网对传统产业进行升级和变革的重点与难点（见图 11-2）。

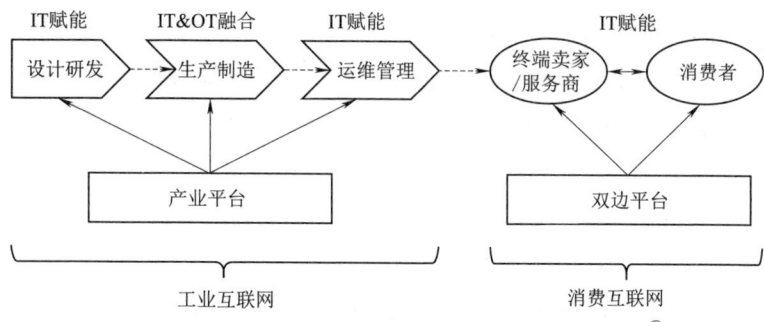

图 11-2　工业互联网和消费互联网的平台形态与连接层次[1]

基于上述介绍，从跨行业、跨领域的视角来看，当前的工业互联网平台大致可以分成两种。第一种平台深耕一个行业的多个领域，或专注于某个领域的多个行业，其"单跨"的程度较高；第二种则是跨行业和跨领域"双跨"层级均较高的集合型平台，这种平台对综合能力要求较高，被定义为"平台中的平台"。对于这两种平台，后文将分别展开介绍。

构建基础

从技术层面来看，生态构建的基础需要重点考虑行业技术的不确定性和行业应用的不确定性。对于工业互联网技术，一方

---

[1] 戎珂，康正瑶，詹姆斯·摩尔. 工业互联网落地的 3I 模型 [J]. 哈佛商业评论（中文版），2021.

面,其开放性适中,主要受限于行业自身的知识,有着"一米宽、百米深"的特点;另一方面,工业互联网平台应用市场非常广阔多元,因此对工业互联网企业而言,单凭自身的资源和优势是不足以去很好地生存的,更不用说构建工业互联网生态了。

从产业价值网络方面来看,新阶段的工业互联网生态构建应分为五个层次,分别为 OT 层、IaaS(基础设施即服务)层、PaaS(平台即服务)层、SaaS(软件运营服务)层和 KaaS(Kubernetes 即服务)层(见图 11-3)。其中,目前发展相对较为成熟,同时也是最易打通的是中间三层,即数字孪生智能底座 IaaS 层、云平台赋能中控 PaaS 层以及应用智能前台 SaaS 层。IaaS 层为工业互联网的发展提供了最基础的计算、存储以及网络基础设施。首先,智能化的工业生产需要强大的算力以支持快速的数据处理和分析,IaaS 能够为这些环节提供充分的云计算资源,并实现智能化的分配和管

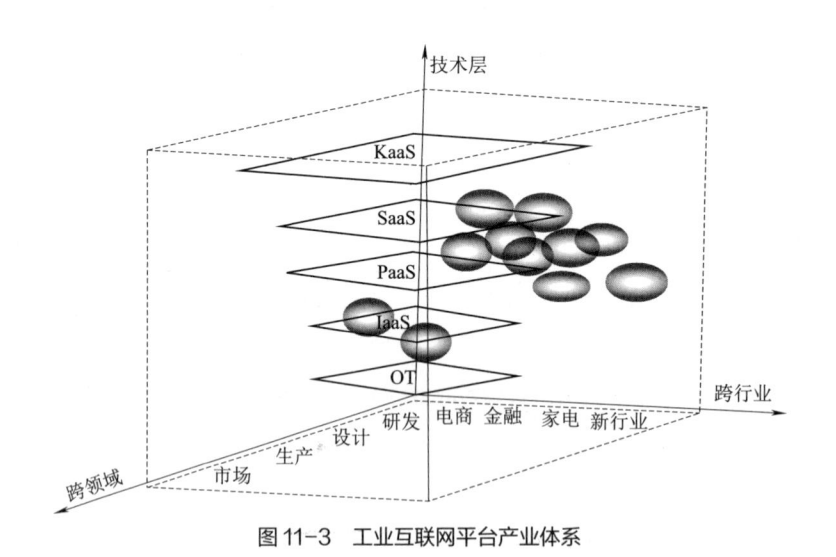

图 11-3 工业互联网平台产业体系

理。其次，工业互联网的 IaaS 能够提供云存储服务，以存储工业生产过程中生成的大量数据，并用于实时监控、分析和优化生产过程。最后，网络基础设施可以用于连接工业互联网应用和设备，并通过加密和访问控制等手段提供安全性服务，以确保工业互联网系统和数据的安全。

在云平台赋能的中控 PaaS 层，根据功能的不同，平台可以分为不同的类型。就企业内来说，主要是针对工厂内部数据分析的数字孪生平台，其功能是企业数据上云处理，实现工厂内外各类生产要素的泛在连接以及靠近边缘的计算分析，既包括各类消费产品的远程接入与数据预处理，也涉及工业生产过程中的工业设备、系统的互联互通和实时分析控制。以 PaaS 平台设计仿真、生产优化、管理运营等领域经验知识为背景，提供各类专业业务组件及预置解决方案模板，支撑快速构建面向特定工业场景的定制化工业 App。就企业间来说，主要是针对产业链上下游协同的工业互联平台。在产业链上游，通过平台开源社区以及服务集成智能调整供应管理。在产业链下游，系统工业集成商通过平台共同提出解决方案，解决用户现场的"最后一公里"难题。在这一层次，核心企业应将特定行业的经验知识以数字化模型或专业化软件工具的形式积累沉淀到平台中。如海尔基于自身大规模定制成功经验在卡奥斯 COSMOPlat 平台打造交互定制、精准营销、模块采购、智能生产、智慧服务等解决方案套件，快速赋能其他行业用户。

应用智能前台 SaaS 层是在互联网连接的基础上提供软件服务的应用模式。工业互联网的 SaaS 提供了针对各种行业和领域的应用软件，其功能包括生产中的智能规划与决策、设备监控与维护，以及供应链的管理等。这些软件应用可以帮助企业对生产中的海量数据进行管理、分析和可视化处理，实现生产过程的智能化和自动化，直接助力产业数字化；与此同时，SaaS层还能够集成一系列协作和共享工具，使企业内外部的相关人员可以实时协作、共享数据和信息。通过各类工业应用软件的落地，企业能够在产业数字化过程中直接应对不同场景的数字化需求。

然而当前全球范围内工业互联网仍处于起步阶段，原因在于OT层和KaaS层存在核心痛点，因此尚未成熟。在整个体系的最下层，是以运营技术为支撑的OT层。OT通过物联网技术将各种工业设备、传感器和控制系统连接起来，实现实时数据的采集和传输。这样可以实现设备之间的互联互通，提供实时监控和远程控制的能力。然而工业互联网中的机器互联绝非易事，在消费端的产品互联中，不同品牌、不同型号的存储器都可以在统一的接口（例如USB）上"即插即用"，但产品线上的机器却很难用相同的逻辑实现。当前的情况下，由于机器连接的协议标准等存在巨大差异，机器的替换往往意味着整个生产体系的调整和适应，这就极大降低了生产过程的改进效率。在这种情形下，由开放平台通信（open platform communications）基金会开发的通信协议和数据交换标准OPC UA（OPC统一架构）应运而生。OPC UA提供了一种统一的架构，允许不同供应商和系统进行无缝的集成。其定义的一组标准化的接口和规范，确保了机器设备之间，以及机器与系统之间能够实现数据传输和交互操作，并支持跨平台和跨编程语言的通信。但与此同时，OPC UA也是一个具有高度复杂性的协议，其开发难度极高，需要大量配套的人才和培训资源，不同企业的实现方式、实现程度参差不齐，这也带来了额外的兼容性挑战。在中国，NC-

Link（数控装备工业互联通信协议）是由中国机床工具工业协会正式发布的团体标准。NC-Link 平台围绕支持机床装备企业应用和推广 NC-Link 标准协议，构建面向制造产线、车间、工厂的数据服务基础设施，打破因工业设备通信接口相异造成的"信息孤岛"。[①]

在工业互联网技术体系的最上层，则是利用行业 know-how 提供技术解决方案，从而赋能具体应用场景的 KaaS 层。在 KaaS 层，工业互联网企业需要围绕自身核心能力，针对需要落地的具体应用场景，与各行业生态伙伴深入合作，融合各行业的生产 know-how 技术解决方案，实现百花齐放的工业互联网应用。由于各个行业都具有"一米宽、百米深"的特点，单凭一个通用平台显然无法解决所有问题，工业互联网生态要做的是在平台之上，整合深耕具体行业的众多伙伴，基于对各行业产业 know-how 的储备、理解与提炼，促使核心企业形成有一定通用程度的核心能力，并进一步将核心能力向外部开放，赋能其他企业。举例来说，海尔在工业互联网提出伊始便在不同的行业积累了大量的行业技术（know-how）和行业合作伙伴，因此可以很快向这些行业渗透，并努力推动这些行业在供应链不同领域的打通。其所搭建的卡奥斯 COSMOPlat 已经或正在孵化包括食联网、衣联网、日日顺物流、海乐苗等一系列跨行业的互联互通方案，为不同行业的中小企业提供服务＋解决方案，从而壮大自身的工业互联网。

从泛社区网络方面来看，工业互联网的生态构建基础包括实现企业未来产业价值而需要的潜在合作伙伴，以及支撑企业实现产业

[①] 中国机床工具工业协会.NC-Link 平台介绍[EB/OL].[2023-12-05].http://www.nc-link.org.cn/homepage.

价值，但又不直接创造产业价值的所有间接合作伙伴。具体来说，工业互联网的泛社区网络包括政府、高校、科研机构、金融资本、客户和社区等参与主体。以政府为例，在工业互联网生态的建设过程中，它可以制定相关政策和法规，为企业提供明确的方向和规范；投资和建设相关的基础设施和网络，为工业互联网提供支持和保障；通过设立专项基金、提供贷款和补贴等方式，支持企业的研发和技术引进。此外，政府还可以主动组织和推动产业合作，促进企业之间的合作与交流，包括建立工业互联网的示范项目和平台，推广先进的技术和成功的应用案例。政府的推广示范可以帮助企业了解工业互联网的优势和应用场景，激发企业的兴趣和参与度。

生命周期阶段

戎珂、石涌江（2014）提出，任何企业想要进入某一个行业构建工业互联网生态，都会遵循商业生态系统发展的生命周期规律，对行业生态的培育来说亦是如此。具体来说，生态的发展可以划分为五个阶段，即兴起、多元、聚集、巩固、更新（如图11-4所示）。但就目前的现实情况来看，绝大多数工业互联网平台生态都还处于兴起—多元阶段状态之间。跨行业和跨领域"双跨"层级均较高的集合型平台，例如华为的FusionPlant和海尔的卡奥斯COSMOPlat，针对"万物互联"的需求，都尝试提出了新的解决方案，并在平台上集合了不同行业和领域的合作伙伴。然而对于万物互联这一新兴需求，核心企业的认识和解决方案尚未成熟，生态合作伙伴也相对分散，实现仍需要进一步的发展。而"单跨"程度较高的企业，例如腾讯、科大讯飞、三一重工和陀曼等，深耕于某一领域的多个行业，或是某个行业的诸多领域，从而积累了大量的领域、行业

know-how，能够提出非常多元化的技术解决方案，进而满足不断变化的商业市场需求。因此，可以说该类型的工业互联网平台生态已经进入了多元的发展阶段。

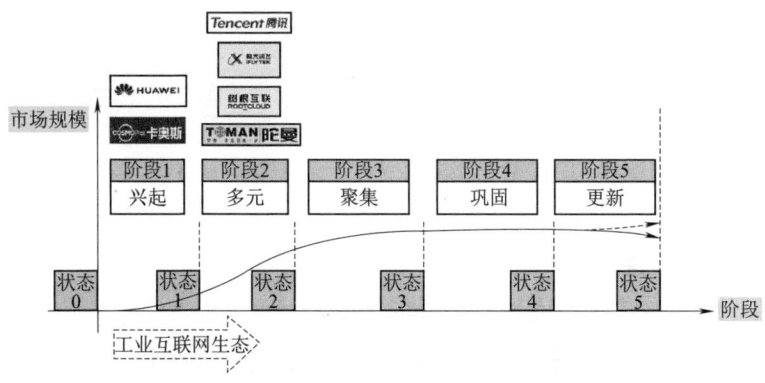

图 11-4　各行业工业互联网生态的生命周期阶段

工业互联网生态培育

生态培育理论机制

工业互联网生态的培育，同样需要遵循 VSPTO 理论。总的来说，核心企业在构建工业互联网生态的过程中，需要左手拿出愿景，右手拿出解决方案，并重视生态中不同层级、梯次分布的各类合作伙伴，集成生态伙伴的行业 know-how。用愿景打造生态信任，基于解决方案构建并完善工业互联网的运营模式，充分汲取平台之上合作伙伴的行业知识，并最终在动态演化过程中不断强化自身的工业互联网生态。

企业案例

前文提到，当前工业互联网平台生态正大致位于兴起到多元之间。对于跨领域、跨行业"双跨"程度均较高的集合型平台，也就是"平台的平台"来说，由于发展难度高、解决方案尚未成熟，它们正处于兴起阶段。其中，海尔的卡奥斯COSMOPlat连年占据工信部发布的《跨行业跨领域工业互联网平台名单》榜首，而华为的FusionPlant平台依托华为出众的数字技术能力，也拥有强劲的发展潜力，因此本节将对这两个平台重点展开介绍。而专攻领域或行业的"单跨"程度更高的平台，由于深耕多年积累了大量know-how，各企业在自身的比较优势领域或行业提出并迭代了各自优秀的解决方案，正处于多元化发展的阶段。对此，本节以跨行业程度较高的腾讯、科大讯飞，以及跨领域程度较高的三一重工和陀曼为案例进行介绍。

图11-5展示了各个工业互联网平台在领域（X轴）、行业（Y轴）以及层级（Z轴）三个维度所处的位置。华为和海尔作为跨领域、跨行业的"双跨"平台，都覆盖了领域和行业维度的平面区域。不同之处在于，华为凭借优秀的数字基础设施和数字技术方面的优势，更加专注于从IaaS、PaaS到SaaS的数字底座搭建，因此构成了图中由"领域—行业"平面所堆叠而成的长方体区域。海尔则利用深耕行业多年的深厚经验，聚焦于KaaS层的行业know-how集成与通用，构成了图中KaaS层跨领域和行业的矩形区域。四家"单跨"平台的企业则在图中显示为条状区域，其中，三一重工和陀曼分别在制造业和轴承行业进行供应链全链条的know-how赋能，因此在图中体现为KaaS层的跨领域横向条状区域。腾讯偏向于利用to C（面向客户）的经验和资源优势在供应链

中的市场环节提供全行业的 SaaS 应用，因此体现为图中 SaaS 层跨行业的纵向市场条状区域。科大讯飞则在 IaaS 层面对全行业的生产环节进行 AI 赋能，因此体现为 IaaS 层跨行业的纵向生产条状区域。

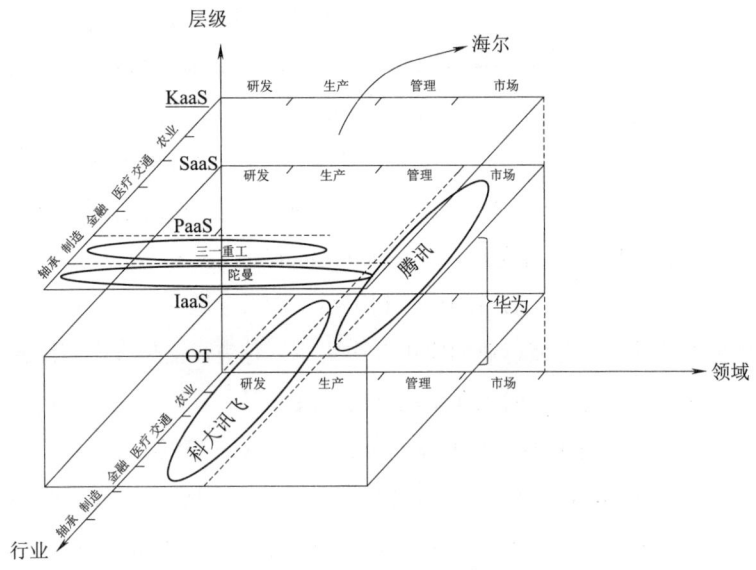

图 11-5 企业案例"单双跨"示意图

兴起阶段：华为、海尔

在兴起阶段，本节介绍的第一个企业是华为。作为 CT 起家的 ICT 厂商，除了 CT 领域的网络通信技术，华为 IT 领域的硬件、软件等技术都占据国内领军地位，而且华为已经成为世界领先的 ICT 基础设施提供商，为自身打造了赋能各行业的工业互联网生态基础。华为努力在 ICT 研发、设计、制造、销售等供应链各环节实现跨领域的扩张；同时，华为云开始向汽车、能源、金融、农业、文娱、教育、物流、医疗等多元行业扩张，进一步拓展华为工业互联网生态。

从战略愿景的角度来看，华为发展工业互联网 FusionPlant，定位做企业增量的智能决策系统，成为工业互联网的数字底座，帮助工业企业和实体经济构建发展新动能。它们聚焦行业领先的工业企业和多样的生态合作伙伴，坚持开放、合作、共赢的原则，聚焦以华为云为底座构建工业互联网使能平台 FusionPlant，与合作伙伴——工业企业——聚焦构建行业平台，联合为客户提供工业全场景解决方案，并将 ICT 技术融入工业企业，来帮助企业实现数字化、网络化、智能化。

从解决方案的角度来看，华为 FusionPlant 融合了华为成立 30 年来多项 ICT 技术，通过融合、利用相关技术领域的优势，针对工业业务场景，联合懂行业的应用合作伙伴、有集成交付能力系统的集成商等共同提供面向工业全场景的解决方案。具体来说，它们融合、利用相关技术领域的优势，聚焦"云、AI、联接"，联合行业伙伴和行业 know-how，共同打造满足工业企业需求的工业互联网全场景解决方案。同时，FusionPlant 具体包含工厂现场的连接管理平台、中心云的工业智能体和工业应用平台，共三大解决方案。举例来说，在电子行业，华为 FusionPlant 从商业化、信息化、产品化三方面支撑了长虹的战略转型变革，于长虹内部连接了 700 万个智能终端，建立机理模型 2500 个，开发工业应用 300 个；于外部将能力外放到服务区域，协同了 50 家上下游企业，1000 家相关开发者，产能地图覆盖 90% 的四川企业。[1] 此外，在采矿业，华为的

---

[1] 张顺茂. 融合 ICT 技术，构建实体经济新动能 [EB/OL]. [2023-12-23]. http://aii-alliance.org/upload/ 202006/0611_142416_727.pdf.

露天矿无人驾驶解决方案利用其自身的 ICT 技术优势，实现车（智能驾驶计算平台+感知系统+算法）、路（5G+V2X）、云（自动驾驶云服务、高精地图、智能卡调系统）技术协同，最终解决露天矿无人驾驶商用面临的安全、效率、可靠性等难题。

与此同时，华为还聚焦区域核心的优势产业集群，在泛社区网络层面建设工业互联网区域平台，服务辐射区域企业、政府、高校等，促进产业链的协同、推进智能制造及工业高质量发展。比如2018年，华为与广东省经济和信息化委员会、东莞市人民政府达成战略合作，推动"东莞智造云平台"、"工业互联网开放实验室"、双创基地在东莞落地，建设东莞工业互联网平台。[1]

从合作伙伴的角度来看，华为坚持开放、合作、共赢的生态，作为"智能世界"的黑土地，帮助合作伙伴快速融入当地生态。同时，依托产业云创新中心、整合华为云生态资源，通过集合自身技术优势，培育全国各区域各行业生态伙伴，提供数字使能服务，推动工业互联网落地与实践。具体来说，就是将各行业或领域的标杆企业发展为领袖合作伙伴，结合伙伴需求，推广工业互联网平台应用落地。举例来看，华为FusionPlant助力国家电网打造泛在电力物联网，以华为云为底座，引入了物联网、AI、云计算和边缘计算等创新技术，将配电网基础设施化繁为简，国家电网试点区域电网人均可维护设备数量提升90%，故障后抢修率下降50%。[2] 此外，

---

[1] 华为云. 华为工业互联网平台FusionPlant：融合ICT技术，构建实体经济新动能[EB/OL].(2019-02-21)[2023-12-23]. https://www.huaweicloud.com/news/2018/20190221154751569.html.

[2] 华为云. 华为张顺茂：华为工业互联网平台FusionPlant助力国家电网打造泛在电力物联网[EB/OL].(2019-05-28)[2023-12-23]. https://www.huaweicloud.com/news/2019/0528155721668.html.

华为企业云还与三一重工、树根互联形成三方战略合作，共同打造工业物联网云。

在泛社区网络层面，华为依托产业云创新中心，集合自身技术优势，提供全国各区域数字使能服务。依托华为云生态资源，培育FusionPlant生态，例如沃土云创计划是华为云开发者使能计划，并面向企业、高校、个人三个方向。从实践来看，华为与全国120个城市结为数字化转型"同路人"，依托产业云创新中心，为企业、高校等各类组织提供软件开发、人工智能、智能制造、物联网、AR/VR、智能网联汽车、区块链等数字使能服务；[1]依托华为云，为院校、政府、企业提供工业互联网核心技术学科的人才培养整体解决方案；积极承办GDE全球开发者大赛，为全球开发者搭建一个技术交流、创新共赢的开发者平台和生态，挖掘优秀创新应用，探索解决更多行业难题的最大可行性。

从生态信任的角度来看，华为秉持开放、合作、共赢的原则，给予生态伙伴充分的发展空间，将构筑并全面实施端到端的全球网络安全保障体系作为公司的重要发展战略之一，通过对5G网络、云、智能终端等进行隐私安全保护，为万物互联的数字世界筑起业务安全防线，从而与生态中的合作伙伴建立起善意信任。除此之外，华为作为国内ICT技术的佼佼者，过往已经在电信、终端和云计算等各个领域建立起了显著的先发优势，特别是在5G通信技术上甚至处于全球领先的位置，这为工业互联网生态中万物互联的需求提供了必要的坚实基础，同时也是华为具有引领工业物联网生态的潜

---

[1] 华为云.赋能云创新中心[EB/OL].(2013-12-05)[2024-03-06]. https://www.huaweicloud.com/partners/industrialcloud/urban.html.

能所在，这也为后续生态阶段中的能力信任建立提供了保障。

从生态运营的角度来看，华为的 FusionPlant 以打造高质量的工业数字底座为目标，围绕工业装备数字化、工业软件现代化和工业数据价值化来实现工业的智能化。一方面，华为利用其领先的 ICT 基础设施和智能终端的设计制造能力，充分助力工业领域生态伙伴的数字化转型；另一方面，它也将数字化赋能过程中的技术、方案等经验通过华为云充分分享，实现对伙伴和客户的经验赋能。截至 2022 年底，FusionPlant 工业互联网平台已经覆盖了钢铁、矿业、家电、汽车等 50 多个行业，服务工业企业超过 10 万家，开发者用户注册数量超过 34 万。[1]

尽管如此，华为在工业互联网生态上的构建仍然面临诸多挑战。以煤炭行业为例，从根技术上来说，自动化渗透率低、应用场景复杂多样、各家企业需要独立设计架构等开发难题在全球范围内都仍是痛点[2]，全方面综合掌握 AI 技术知识和采矿业行业 know-how 的人才也属于稀缺资源。此外，煤炭行业又包含了诸多细分专业，如何将产、学、研中的各个主体有效整合并促进通力合作，也是华为构建工业互联网生态时需要解决的关键问题。

另外一家建立集合型工业互联网平台的企业就是海尔。海尔的优势在于从最优实践（best practice）出发的强大制造经验与深耕多年的产业生态基础。作为家电制造业的龙头企业，多年来海尔在产品研发、产业生产、制造管理、物流仓储、市场营销等各个领域均

---

[1] 华为云. 双第一！华为 FusionPlant 为工业企业打造高质量发展的数字底座 [EB/OL].(2022-12-14)[2024-03-06]. https://bbs.huaweicloud.com/blogs/386517.

[2] 新华网. 众筹模式助力矿山迈入 AI 时代 [EB/OL].(2022-12-21)[2024-03-06]. http://www.xinhuanet.com/techpro/20221221/13079cf227c64af0b0199d389bf4117d/c.html.

积累了深厚的经验与资源，在制造业数字化转型方面也积累了实战经验。此外，海尔还尝试进军其他行业，包括服装、食品和房车等，集合优秀的行业合作伙伴，从而实现跨行业的万物互联目标。

在战略愿景方面，海尔作为家电行业的龙头企业，已经逐渐从做产品转型到赋能场景，再进化到打造生态。在工业互联网时代，海尔的战略愿景是"携手全球一流生态合作方持续建设高端品牌、场景品牌与生态品牌，构建衣食住行康养医教等物联网生态圈，为全球用户定制个性化的智慧生活"。海尔基于其在家电制造业深耕多年的数字化经验，结合开放创新的"人单合一"理念与小微创业管理机制，不断孕育新物种，打造出跨行业、跨领域的工业互联网生态。

为了打破行业间的壁垒，海尔在产业价值网络的解决方案是，通过建立卡奥斯 COSMOPlat 工业互联网平台，聚焦 KaaS 层的行业 know-how 集成与通用，一方面充分提炼、整合自身在制造业和相关优势行业的多年深厚经验，另一方面与各行各业的生态伙伴联合开发特定行业的 know-how，为工业互联网的跨行业、跨领域发展提供平台化、模块化的聚合能力支持。与此同时，发展优势领域，联合行业龙头伙伴，选择特定行业做深做透，搭建行业平台生态。目前，海尔已经在化工、农业、应急物资、能源、石材、模具、装备等 15 个行业建立起平台生态。[1]

对于泛社区网络的解决方案，海尔通过提供资金支持、创业培训、资源对接、创意交互等进行培育与助力。在资源聚合和创意

---

[1] 卡奥斯. 卡奥斯 COSMOPlat——创全球引领的世界级工业互联网平台[EB/OL]. [2023-12-23]. https://www.cosmoplat.com/platform.

共享上，海尔开放创新平台（HOPE 平台，Haier open partnership ecosystem）聚集来自全球的用户、企业、创业团队、高校、科研机构等多方智慧，共同解决难题。目前 HOPE 平台已经支持了多项创新性产品的研发与问世，包括 MSA 控氧保鲜冰箱、防干烧燃气灶等。在创业孵化上，海创汇作为海尔面向全球创业者打造的加速器平台，定位于"孵化创业家和新物种的创业创新生态平台"，旗下投资基金、全球加速器、加速营项目等为创业者提供一站式的创业服务。目前，海创汇已覆盖全球 12 个国家，布局 40 个加速器，培育项目 350 多个，总估值超过 2000 亿，并已成功孵化出 3 家上市公司、5 家独角兽企业、37 家瞪羚企业。[①]

在合作伙伴方面，通过实施开放创新的小微与生态链群管理机制，海尔打破传统企业的科层制结构，鼓励员工创业、自发连接更多生态伙伴，服务于广泛场景，并与多方共创提升工业互联网影响力。在食品行业，海尔的食联网生态品牌聚焦用户"做饭难"的痛点，结合海尔智慧家电能力，整合包括名厨、食材供应商、物流服务商等多方生态伙伴，形成了"北京烤鸭"等系列大师菜特色产品。在服装行业，海尔衣联网联合服装设计团队、纺织制造企业、洗护产品供应商等多方生态伙伴，打造覆盖"洗护存搭购"全场景的服装生态圈。

与此同时，在泛社区网络层面，海尔联合政府、产业联盟、国际组织等多方合作伙伴，通过共建园区、参与国内国际标准制定等方式推动工业互联网创造社会价值和国际影响力。以化工行业为

---

① 海创汇. 海创汇简介——全球创业者的加速器平台（ihaier.com）[EB/OL]. [2023-12-23]. https://www.ihaier.com/about2021/index.html?lang=cn.

例，海尔与山东省工信厅及化专办合作，联合打造了全国首个"工业互联网+化工园区"综合服务平台，牵头多方伙伴包括中国中化蓝星智云、浙江中控、华为等，建立山东省智慧化工创新发展联盟。[①] 截至 2020 年上半年，海尔已参与 68 项国际标准、550 余项国家及行业标准的制定、修订工作。[②]

在生态信任方面，海尔致力于携手各行各业的生态合作方为全球用户提供智慧生活的解决方案，并利用自身积累的强大制造经验与行业 know-how，以及深耕多年的产业生态基础赋能生态伙伴，以积累起善意信任。与此同时，卡奥斯 COSMOPlat 工业互联网平台也在这一过程中取得了一系列亮眼成绩。在软件开发方面，卡奥斯 COSMOPlat 获得了软件能力成熟度（CMMI）最高级别的 5 级国际认证，凭借全球顶级的软件成熟度和软件项目管理能力收获用户的充分信任。[③] 在数据安全方面，卡奥斯 COSMOPlat 与国际数据空间协会（IDSA）合作，确保用户拥有数据主权，实现数据的安全、可控交换，保护用户隐私的同时也提升了消费者信任。

在生态运营方面，卡奥斯秉持共享、共赢的生态合作理念，携手各行业、各领域合作伙伴共同融入"工业互联网"，为千行百业提供数字化转型解决方案，实现用户体验迭代、生态各方增值分享的双价值循环。针对不同类型的生态合作伙伴，卡奥斯 COSMOPlat

---

① 海尔.全国首个！智慧化工"产业大脑"上线啦！[EB/OL].(2021-08-26)[2023-12-23]. https://www.haier.com/press-events/news/20210830_167349.shtml.

② 凤凰商业.海尔携手世界最大物联网标准组织，将主导制订全球智慧家庭标准[EB/OL].(2020-09-10)[2023-12-23]. https://biz.ifeng.com/c/7zeYwRJsC92.

③ 卡奥斯.社会责任与信任中心[EB/OL]. [2024-03-06]. https://www.cosmoplat.com/responsibility.

也提供了差异化的合作计划。对于营销型合作伙伴，邀请销售能力出众的渠道合作伙伴加入 SaaS 产品"海云智造"，并与数字孪生行业的销售力量合作建设工业元宇宙；对于技术型的生态合作伙伴，则联合独立软件开发商，补充产品功能不足或共同组成解决方案，不断扩展工业互联网产品的深度和广度。

多元阶段：腾讯、科大讯飞、三一重工、陀曼

在跨行业程度较高的平台中，腾讯凭借其在消费互联网时代积累的强大 C 端流量和资源优势，深耕市场营销与应用领域，并赋能万行万业。

在战略愿景方面，腾讯依托先进的数字技术支持和 C 端优势，发布 SaaS 生态战略愿景"千帆计划"。腾讯千帆定位为"企业数字化转型的连接助手"，旨在建立"全球连接规模最大的产业互联网应用连接器"，腾讯将自身优秀的数字基础能力开放给伙伴，并联合 SaaS 伙伴共同打造面向各行业、各场景的产业互联网 SaaS 生态。

在解决方案方面，腾讯开放自身"一云多端"的能力，"一云"指腾讯云提供的云基础设施、AI 和大数据等数字技术支持，"多端"则代表腾讯基于多年来的 C 端优势布局，为企业提供 C2B 的端口连接能力，包括微信、QQ、企业微信、腾讯会议、腾讯广告等多维度产品，打通 B 端和 C 端。腾讯搭建"千帆企业 SaaS 市场"平台，引入不同层次的 SaaS 伙伴提供应对万行万业的 SaaS 应用解决方案。在泛社区网络层面，腾讯建立云启创新生态，在资本、业务、培训等领域推出多维度、多层次的能够与未来潜在合作伙伴进行资源整合、协同的解决方案。腾讯作为"生态共建者"，秉持"去中心化"理念，引入多样化生态伙伴。

在合作伙伴方面，腾讯建立一系列筛选、合作、共创的机制，引入多层次的生态伙伴进入千帆企业 SaaS 市场平台，共同提供面向万行万业的解决方案。同时，腾讯产业互联网深度融入各地区发展，助力当地龙头企业和中小企业数字化转型。在泛社区网络层面，腾讯积极联合政府、银行、传媒和高校等社会资源团体，通过提供补贴、进行技术培训、创办大赛等形式，支持共建产业互联网生态。

在生态信任方面，腾讯通过向合作伙伴开放自身优秀的数字基础能力，并集合、连接 SaaS 服务商，来共同构建面向万行万业的工业物联网生态。与此同时，腾讯还十分注重内部业务的转型实践，成功创造价值继而向外扩展，令外部市场在获得经验、消除信息不对称的前提下理解自己的理念，进而对自己产生信任。[①]

在生态运营方面，除了通过一云（腾讯云）和多端（微信、QQ、腾讯会议等）为伙伴提供基础设施、底层技术和 C2B 连接能力，腾讯还利用 SaaS 加速器项目为企业提供资源、培训服务等，支持 SaaS 厂商发展；利用 SaaS 技术联盟项目，集合并协同各大优秀的 SaaS 厂商相互取长补短，共同研究解决方案；利用 SaaS 臻选项目，为厂商提供线上和线下的销售渠道，从而发掘商机。

与腾讯类似，阿里巴巴凭借其在电商领域积累下来的雄厚实力和经验，依托阿里云，提出了"工业物联网+"解决方案，全面助力制造企业数字化转型，打造工厂内、供应链、产业平台全面协同的新基建。具体来说，其核心能力就是把工厂的设备、产线、产品、供应链、客户紧密地连接协同起来，为企业提供可靠的基础平台和上层丰富的工业应用，结合全面的产业支撑，助力企业完成数字

---

① 郝亚洲.连接：始于科技，成于信任 I 腾讯产业互联网笔记（二）[DB/OL].(2021-04-30)[2023-12-24]. https://www.sohu.com/a/463992124_625367.

化转型。[①]

除腾讯之外,同样在特定领域做跨行业工业互联网平台的还有科大讯飞,其推出的讯飞"顺风耳"图聆工业云平台,专注于语音、图像等 AI 技术,赋能各行业进行数字化与智能化升级。企业的战略愿景就是通过人工智能技术赋能传统工业各细分行业的个性化需求,使其实现数字化转型。具体到解决方案层面,就是利用企业自身的 AI 能力、工业大数据平台以及工业物联设备,围绕设备预测性维护、产品质检、人机交互、工艺参数优化等场景,对能源化工和机械制造等众多行业的数字化转型进行赋能。举例来说,科大讯飞的工业感知物联平台,能够利用其自研的听觉、视觉传感器,捕捉到"人耳"和"人眼"难以高效辨别的声音和图像信息,从而实现设备故障的及时诊断以及产品的高精度质检等。除此之外,其工业大数据平台为工业企业提供数据管理工具,实现多源异构数据汇聚融合,打破数据孤岛。工业 AI 能力平台则提供可直接调用的工业 AI 能力标准接口,帮助用户快速形成工业应用。

在深耕具体行业各个领域的工业互联网平台生态方面,就不得不提到三一重工和陀曼。

作为国内制造业的龙头企业之一,三一重工将自身积累的行业 know-how 与 5G 技术深度融合,打造从生产制造到运维管理的全链条跨领域工业互联网平台。从战略愿景角度来看,三一重工的目标是打造普适中国制造需求的工业互联网赋能平台,以机器为对象做万物互联,关注设备数字化管理,建立机器的数字模型,包括各种装备、机械等,同时以机器为中心,形成全生命周期管理。

---

① 阿里云.工业互联网平台+[EB/OL].[2024-03-06].https://www.aliyun.com/activity/iot/alinplat.

从解决方案的角度来看，三一重工依托树根互联研发的工业互联网操作系统"根云平台"，融合了大数据和人工智能等数字技术，将工厂打造成一个智能整体，从而成为制造业的通用工业互联网平台。首先，在研发设计环节，工厂搭建了全三维环境下的建模平台、工业设计软件，以及产品全生命周期管理信息系统，实现了数字研发协同。其次，在生产制造和运维管理环节，工厂在生产的各领域全链条会接入上千个数据点，通过算据、算法和算力的结合，为每一个环节和机器匹配最优的参数，最大限度地提升生产效率。最后，通过智能大脑FCC（工厂控制中心），将订单智能分解到各条生产线、各台机器设备甚至各个作业工人，从而使订单接收到完成交付的整个过程实现数据驱动，并通过5G技术赋能车间内的智慧物流。

从合作伙伴的角度来看，除了用树根互联的工业互联网平台赋能合作，三一重工还和中兴通讯达成战略合作协议，意图通过5G推动智能制造产业升级。三一重工与中国联通携手，加强企业基础通信和信息化领域的建设，成立"5G联合实验室"，赋能产品研发、销售和售后服务等各个领域。

从生态信任的角度来看，三一重工凭借其在制造业深耕多年积累的行业know-how，能够在数字化转型过程中充分给予生态合作伙伴专业经验的赋能。此外，与之合作的树根互联工业互联网平台也在2021年取得了CMMI最高等级的5级认证，展现出顶级的软件成熟度和管理能力。三一重工也凭借深厚的行业经验以及成熟的数字赋能技术，获得用户的能力信任。

从生态运营的角度来看，基于树根互联的工业互联网服务包含了IIoT（工业物联网）领域的智能制造、产品智能化以及产业链协同，在制造业行业的深耕范围涵盖了装备制造、钢铁冶金、汽车、电气等数十个工业细分板块。与此同时，企业也非常重视工业互联网生态的出海，为"一带一路"沿线众多国家提供了工业互联网服务及解决方案，极大扩展了国际市场。

另一家在特定行业深耕供应链各领域的企业是浙江新昌的陀曼。陀曼是一家专注于为齿轮和轴承制造行业的客户提供智能制造解决方案的企业，业务包括数控齿轮机床、自动化生产线以及智能制造软件（如陀曼智造平台）的研发、生产和销售，覆盖了供应链的各个领域。其战略愿景就是依托数字创新和数字技术的积累，打造轴承行业的工业互联网平台。解决方案就是利用"5G+工业互联网"的技术，结合深耕轴承行业近20年的行业know-how，定制开发了一套实用版的微型智能制造系统。该系统不仅可以实时监控每台生产设备的情况，还有效解决了轴承生产企业原机联网存在的数据传输"丢包"和Wi-Fi干扰等问题，大大提高了生产效率。特别地，陀曼在浙江新昌轴承行业的中小企业进行的智能制造成批推广，已经成了浙江智造的"新昌模式"。[①]

工业互联网生态发展趋势

生态类型

不同起始阶段、不同生态愿景、解决方案、伙伴决策会形成不同特征的生态，且都可以是成功的生态。工业互联网总体呈现

[①] 新华网."产业大脑+未来工厂"引领浙江新"智造"[EB/OL].(2021-12-23)[2023-12-24]. http://finance.people.com.cn/n1/2021/1223/c1004-32315180.html.

"百花齐放"的生态发展局面,涉及跨行业和跨领域的多元应用场景,正处于快速兴起后多元发展的关键阶段。基于前两节的分析,要想成功培育工业互联网的商业生态系统,应当从以下四种生态类型入手(见图11-6)。

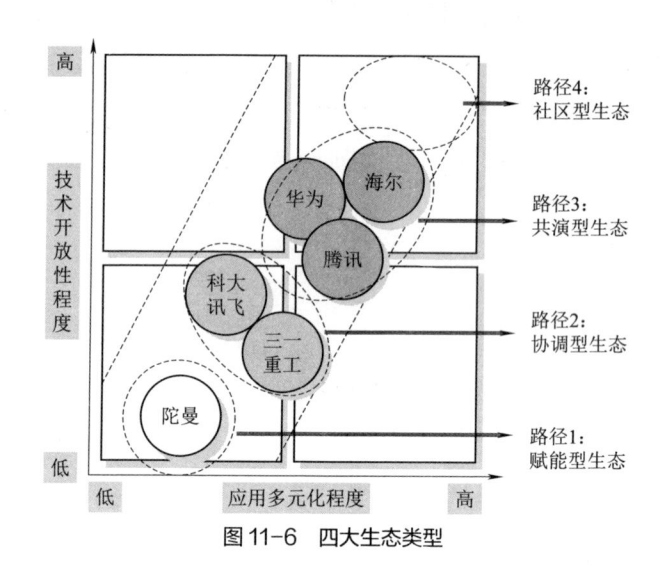

图 11-6 四大生态类型

赋能型生态的主要特点是以产品为核心,优点是培育周期短,主要依靠各主体的核心能力来提供相应产品,是一种传统商业模式,该生态模式下的企业无法成为生态型商业模式的核心企业,只能通过自己的优势产品去赋能生态,即成为未来工业互联网核心企业的资源池,因此利润空间小。相比赋能型生态,协调型生态在技术和应用层面空间更大,但产品周期较长,优点在于投资门槛较低、盈利能力最强和产品培育周期适中。共演型生态则是核心企业围绕授权 IP 或者核心技术服务的授权形成的生态企业内核,该生态类型的企业需要有工业互联网构建基础中的核心技术能力，支撑生态中的其他企业共同构建，与赋能型生态的区别在于，共演型生态企业的核心能力不可替代。社区型生态具有最高程度的技术开放以及应用范围，主要通过平台增值服务来盈利，因而盈利能力最弱。其产品应用基于共享共创理念，参与者可以根据不同目的贡献不同的能力，而相关的技术要求是核心企业需在技术创新方面起行业引领作用，生态伙伴可以参与使用并调优技术。

从前文的分析可知，由于工业互联网生态的发展阶段仍然处于兴起到多元之间的早期阶段，技术上尚存短板，应用场景也存在短缺和不成熟等问题，目前很难有企业达到社区型生态的水平。从具体的企业来看，海尔卡奥斯COSMOPlat秉承软件开源、硬件开放、增值分享"三位一体"的开源社区理念，聚焦9类用户8大开源场景，构建统一开发者生态，组织了工业App开发框架开源项目；[1]华为将华为云四大生产线（软件开发、数据治理、AI开发、数字内容开发）等核心技术开放给工业企业作为高质量发展的数字底座；腾讯也将自身优秀的数字基础能力开放出来，包括一云（云基础设施、AI和大数据等数字技术）和多端（C2B端口连接能力）等，构建起共演型生态；科大讯飞在平台上提供可直接调用的工业AI能力标准接口，帮助用户快速形成工业应用；三一重工与树根互联平台则提供了开发生态的代码、开发工具以及300多个开放接口[2]，构建起协调型生态；陀曼更多专注于为齿轮和轴承制造行业

---

[1] 季晓东. 启程"数字经济"新航道！卡奥斯领航前行 [EB/OL].(2022-11-15)[2024-03-06]. https://baijiahao.baidu.com/s?id=1749550370212152484&wfr=spider&for=pc.

[2] 人民邮电报. 树根互联连续三年上榜 Gartner 全球工业互联网魔力象限 [EB/OL].(2021-10-20)[2024-03-06]. https://www.cnii.com.cn/rmydb/202110/t20211020_316868.html.

的客户提供智能制造的解决方案,并构建起赋能型生态。

生态扩张

在当前工业互联网生态的发展过程中,合作伙伴收到了包括核心企业和政府在内的很多补助。但是,合作伙伴需要始终牢记,生态的市场机制才是其不断演化、持续健康发展的关键所在。很多生态补贴并不会是长期的,甚至很多生态治理下的利益分配也并不是一成不变的。合作伙伴需要抓住机遇,在拥抱工业互联网,享受接入工业互联网生态的早期利益的同时,积极在市场中进行竞争,打造自身的竞争优势。

从领域扩张的角度来看,产业跨界融合发展是大势所趋,企业"单打独斗"局限在供应链的某一生产环节或技术上,已经远远不能满足科技赋能行业发展的变化需求。未来工业互联网的发展,拥有极强集成能力的企业才有可能成为构建工业互联网平台的核心,这也是真正使工业互联网行业深化的重要路径。反之,如果没有核心企业串联工业互联网框架,那么赋能各行各业意味着所有企业自发地朝着一个目标发挥自己的能力,这显然不可能。

从行业扩张的角度来看,工业互联网的每个行业、每个领域、每个模块都需要高度差异化和专业化的知识、经验与解决方案,从而做精做深,这就需要大量细分的平台和小企业在各自深耕的行业领域,培养自身独特的、具有差异性优势的能力,它们是工业互联网最广泛,也是极其重要的参与者。同时,未来会出现数个跨行业、跨领域的综合型大平台,它们的模式不在于垄断各行业领域的解决方案,而在于培养、整合各行业、各领域的能力,成为"平台的平台"。

从区域扩张的角度来看，当前全球工业互联网发展均处于初期，因此并不存在海外竞争者明显强于国内竞争者的格局。在这种背景下，核心企业可以结合国内工业互联网生态构建的相关经验，采取积极的出海策略开拓更多的海外市场。包括全局复制型、局部引导型乃至政府带领型等的出海策略可以组合应用，而目标市场也不仅仅局限在数字基础设施较为完备的欧美市场，可以将更多的目标集中在"一带一路"沿线国家，带领合作伙伴共同出海。

工业互联网生态培育的关键启示

在当前工业互联网生态的培育中，虽然已经有不少企业依靠自身出色的数字技术和数字赋能能力对各行各业进行了赋能转型尝试，并通过建立平台整合优质资源，但总体而言，工业互联网的落地应用业务场景仍然有所缺失，多数企业的 OT 也极不成熟，从而导致这一生态的发展仍处于相对初期的阶段。

工业互联网生态的核心在于能力架构。能力架构是一个由主导平台和生态伙伴共同贡献自身技术、知识与经验且共同进化的能力池。主导平台的定位和作用是提供核心能力，包括高效的平台界面与运行机制，优势产业的共性技术与经验，人工智能、大数据等数字技术，结算、法务等支持性资源等。不同的主导平台可能具有不同侧重的核心能力。比如腾讯的核心能力主要在于 IT 层面，充分发挥其 AI、大数据等数字技术优势，做好传统企业数字化转型的"连接器、工具箱和生态共建者"。而海尔的核心能力主要在于其在制造业积累的深厚 know-how，并结合对于 OT 的成熟掌握和运用，从而将在家电制造领域的核心经验赋能到更多行业。

主导平台作为核心能力的整合者，支持和赋能生态伙伴，各行各业的生态伙伴在各个专精行业、领域所积累的独特数据、经验与技术，将形成专有能力，由大平台进一步做整合，二者形成"能力叠加迭代"的良性互动体系。图11-7进一步从两个维度总结了能力架构的动态发展方向：从单场景到多场景的动态发展，从现在到未来的动态发展。第一个维度侧重能力的结合，主导企业/平台的核心能力只能赋能于一个/数个场景，联合更多生态伙伴的专有能力后，将覆盖更多行业与领域，塑造更丰富的生态场景。第二个维度则描绘了能力的更新。主导平台与生态伙伴一般需要从一些既有成熟的行业领域入手，积累资源，壮大市场。随着

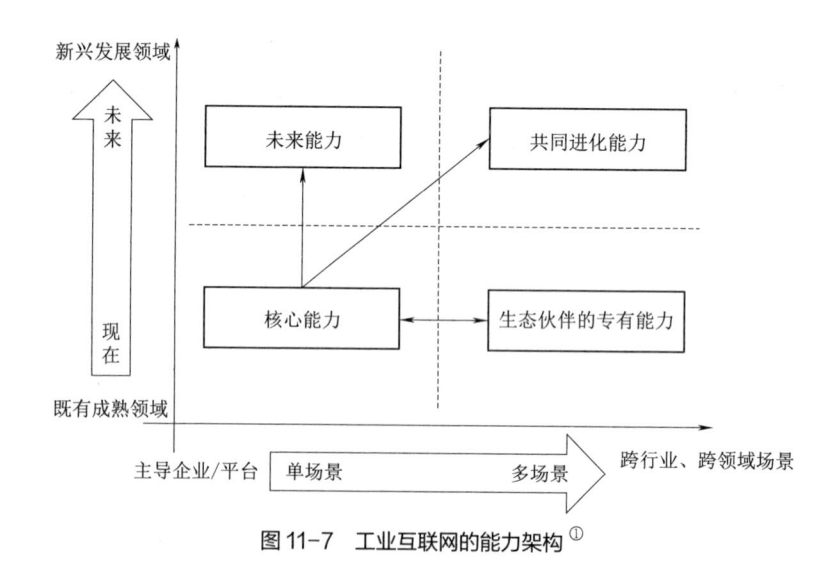

图11-7 工业互联网的能力架构[①]

---

① 戎珂，康正瑶，詹姆斯·摩尔. 工业互联网落地的3I模式[J]. 哈佛商业评论（中文版），2021.

能力交互与迭代，主导平台能够汲取伙伴的互补能力，形成更为综合的未来能力，平台将与其生态伙伴一起演化出共同进化能力，去开拓新兴的行业领域，以应对数字时代下技术与市场的不断变革与创新。

在未来，随着数字技术的发展和数据要素动能的不断释放，主导平台的 OT、IaaS、PaaS 和 SaaS 通用能力将整合成通用大模型的能力，通过行业专有数据的训练，通用大模型上可以生长出具体行业的大模型，即数字化的行业 know-how，进而赋能万行万业的产业数字化，进化为工业互联网生态的 2.0 版本（如图 11-8 所示）。

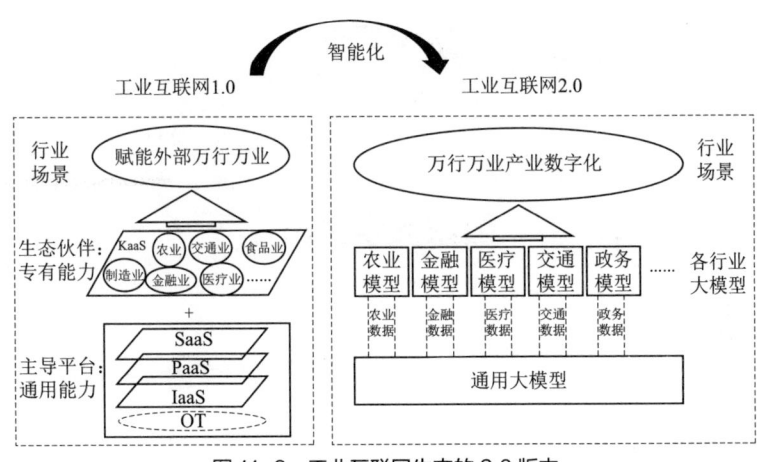

图 11-8　工业互联网生态的 2.0 版本

第十二章

国家数字生态

近年来，数字化浪潮正在重塑全球经济的发展格局，数字经济成了支撑各国经济持续稳定发展的重要引擎。在数字技术层面，2018年以来，中美之间的贸易摩擦迅速升级为中美贸易战，我国以计算产业为代表的高科技产业面临以美国公司为首的计算产业第一创新生态系统（硬件——英特尔、ARM，操作系统——Windows、安卓、Linux，数据库——甲骨文，云计算——亚马逊等）的"卡脖子"威胁，充分暴露了我国在关键数字技术领域的短板。因此，数字生态的发展不仅需要考虑"十四五"规划所提及的关键技术"自主可控、高效安全"，也需要考虑如何基于这些关键技术培育一个完整的产业创新生态。

基于此，我们需要构建一个以中国为主导的、关键技术自主可控的、开放国际化的数字生态。这有助于我国摆脱当前以美国为主导的全球第一计算产业生态的施压，有助于促进形成国内大循环为主体、国内国际双循环相互促进的新发展格局，是我国实现产业数字化、现代化的一大重要战略路径。一个国家所谓的国家数字生态，是由数字经济五个关键部分所组成的有机整体，这五个部分分别为：I（infrastructure，数字基础设施）、B（to B industrial platform，产业平台）、C（consumer platform，消费者平台）、D（data market，数据市场）、E（empowering，赋能数实融合）（见图12-1）。

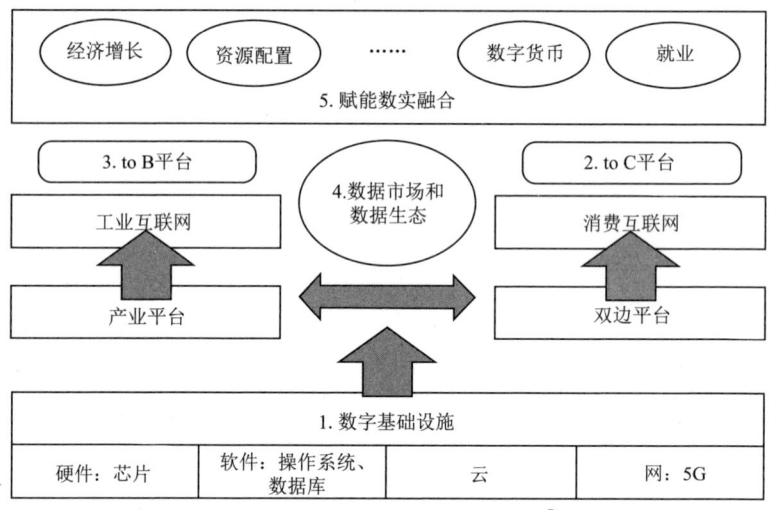

图12-1 数字生态的IBCDE框架[①]

为了有效培育我国的国家数字生态，我们依旧可以遵循"三步走"的生态培育策略：首先，确定我国面临的数字产业发展的国际环境及发展现状；其次，在VSPTO的生态培育方法理论框架下，找到数字生态培育的具体路径；最后，明确国家数字生态发展的未来趋势，牢牢把握建立生态优势的正确方向。

---

① Rong K. Research agenda for the digital economy[J]. *Journal of Digital Economy*, 2022, 1(1): 21-30.

国家数字生态发展背景及现状

宏观环境

随着 ICT 技术的飞速进步和各大数字平台的快速兴起，数字经济在全球范围内迅速成长，成了信息时代各国推动经济增长的重要经济形态。根据中国信息通信研究院（CAICT，简称中国信通院）发布的《全球数字经济白皮书》，2020 年，全球数字经济增加值规模达到 32.6 万亿美元，同比名义增长 3.0%，占 GDP 比重为 43.7%。在疫情持续冲击全球经济增长格局的背景下，面对数字经济地位的不断攀升，各国纷纷积极出台和调整相应政策，以应对数字时代的全新竞争。

美国的《先进制造业国家战略计划》，旨在大力推动以"工业互联网"和"新一代机器人"为特征的智能制造战略布局。作为工业 4.0 的倡导者，德国意欲主导智慧工厂等工业 4.0 标准制定，掌控智能制造的规则话语权。日本提出了《机器人新战略》、"社会 5.0 战略"等一系列战略措施支持智能制造的发展，以重塑本国制造业的竞争新优势。[①] 英国在《英国数字战略》中也提出要通过数字化创新来驱动社会经济发展，实现在创新技术背景下的跨行业合作，建立起新型供应链及商业模式，把英国建设成数字化强国。

在全球各国同步上演以数字经济为基础的激烈竞赛的情况下，

---

① 苗圩. 抓住新工业革命机遇 推动智能制造发展迈上新台阶 [EB/OL]. (2019-06-12) [2024-03-06]. http://www.cameta.org.cn/index.php?m=content&c=index&a=show&catid=324&id=1469.

为了应对全新的国际竞争格局并占据优势地位，我国也积极明确地提出并制定了数字中国战略、中国制造 2025、"十四五"数字经济发展规划等针对我国数字经济未来发展的一系列计划和措施（见表 12-1）。在国际竞争加剧、工业互联网和数据要素等机遇不断涌现的情形下，构建我国的国家数字生态刻不容缓。

构建基础

近年来，全球数字经济经历了高速增长和蓬勃发展，我国作为世界数字经济强国，也已经将发展数字经济作为一项重大的国家战略。为了加快推进"十四五"数字经济高质量发展，使我国赢得未来全球竞争的新优势，数字经济必须加强整体布局，从数字基建、产业平台、消费者平台、数据市场和赋能数实融合五个方面出发。未来要以数字基建为基石，以消费者平台和产业平台为数字经济供需两端的引擎，构建多层次多样化的数据市场，充分发挥数据市场的作用，并在赋能数实融合上进行有力的改革和保障，从而联结 IBCDE 畅通国内大循环，平衡国内国际双循环。

表 12-1　我国 IBCDE 相关政策

体系	政策文件	相关政策
数字基建	2021 年《"十四五"信息通信行业发展规划》	• 数字基础设施是发挥投资带动作用、促进形成强大国内市场、驱动新一轮内生性增长的新动能。系统布局新型数字基础设施，夯实数字社会新底座，对于满足人民美好生活需要、深化供给侧结构性改革、推动高质量发展具有重要意义。

续表

体系	政策文件	相关政策
数字基建	2022年《"十四五"数字经济发展规划》	• 加快建设信息网络基础设施。建设高速泛在、天地一体、云网融合、智能敏捷、绿色低碳、安全可控的智能化综合性数字信息基础设施。 • 推进云网协同和算网融合发展……推动智能计算中心有序发展，打造智能算力、通用算法和开发平台一体化的新型智能基础设施，面向政务服务、智慧城市、智能制造、自动驾驶、语言智能等重点新兴领域，提供体系化的人工智能服务。 • 有序推进基础设施智能升级。稳步构建智能高效的融合基础设施，提升基础设施网络化、智能化、服务化、协同化水平。高效布局人工智能基础设施，提升支撑"智能+"发展的行业赋能能力。
产业平台	2017年《国务院关于深化"互联网+先进制造业"发展工业互联网的指导意见》	• 到2025年，基本形成具备国际竞争力的基础设施和产业体系。覆盖各地区、各行业的工业互联网网络基础设施基本建成。工业互联网标识解析体系不断健全并规模化推广。形成3-5个达到国际水准的工业互联网平台。产业体系较为健全，掌握关键核心技术，供给能力显著增强，形成一批具有国际竞争力的龙头企业。基本建立起较为完备可靠的工业互联网安全保障体系。新技术、新模式、新业态大规模推广应用，推动两化融合迈上新台阶。 • 到2035年，建成国际领先的工业互联网网络基础设施和平台，形成国际先进的技术与产业体系，工业互联网全面深度应用并在优势行业形成创新引领能力，安全保障能力全面提升，重点领域实现国际领先。 • 到本世纪中叶，工业互联网网络基础设施全面支撑经济社会发展，工业互联网创新发展能力、技术产业体系以及融合应用等全面达到国际先进水平，综合实力进入世界前列。

第十二章 国家数字生态

续表

体系	政策文件	相关政策
产业平台	2021年《工业互联网创新发展行动计划(2021—2023年)》	• 到2023年，工业互联网新型基础设施建设建设量质并进，新模式、新业态大范围推广，产业综合实力显著提升。具体包括：新型基础设施进一步完善、融合应用成效进一步彰显、技术创新能力进一步提升、产业发展生态进一步健全，以及安全保障能力进一步增强。
消费者平台	2021年《"十四五"商务发展规划》	• 依托强大国内市场，促进贯通生产、分配、流通、消费各环节，推动形成国民经济良性循环。全面促进消费，推动传统消费与新型消费、商品消费与服务消费、城市消费与农村消费协调发展，促进线上线下消费融合发展，发展绿色、健康、安全消费，持续改善消费环境。
	2022年《国务院办公厅关于进一步释放消费潜力促进消费持续恢复的意见》	• 推进消费平台健康持续发展，加快健全消费品流通体系，增加就业收入提高消费能力，合理增加公共消费。
数据市场	2019年《中共中央关于坚持和完善中国特色社会主义制度 推进国家治理体系和治理能力现代化若干重大问题的决定》	• 健全劳动、资本、土地、知识、技术、管理、数据等生产要素由市场评价贡献、按贡献决定报酬的机制。
	2020年《中共中央 国务院关于构建更加完善的要素市场化配置体制机制的意见》	• 加快培育数据要素市场：推进政府数据开放共享，提升社会数据资源价值，加强数据资源整合和安全保护。 • 全面贯彻落实以增加知识价值为导向的收入分配政策，充分尊重科研、技术、管理人才，充分体现技术、知识、管理、数据等要素的价值。

续表

体系	政策文件	相关政策
数据市场	2021年《"十四五"大数据产业发展规划》	• 坚持数据价值导向和市场化机制，优化资源配置，充分发挥大数据的乘数效应，采好数据、管好数据、用好数据，激发产业链各环节潜能，以价值链引领产业链、创新链，推动产业高质量发展。
数据市场	2022年《中共中央国务院关于构建数据基础制度更好发挥数据要素作用的意见》	• 加快发展数据要素市场，做大做强数据要素型企业。提升金融服务水平，引导创业投资企业加大对数据要素型企业的投入力度，鼓励征信机构提供基于企业运营数据等多种数据要素的多样化征信服务，支持实体经济企业特别是中小微企业数字化转型赋能开展信用融资。
赋能数实融合	2020年3月17日国务院常务会议	• 对"互联网+"、平台经济等加大支持力度，发展数字经济新业态，催生新岗位新职业。依托工业互联网促进传统产业加快上线上云。
赋能数实融合	2020年《中共中央关于制定国民经济和社会发展第十四个五年规划和二〇三五年远景目标的建议》	• 建设现代中央银行制度，完善货币供应调控机制，稳妥推进数字货币研发，健全市场化利率形成和传导机制。
赋能数实融合	2021年《法定数字货币创新研究开放课题申请指南（2021年度）》	• 以"提升能力、破解难题、强化应用、构建生态"为目标，在法定数字货币理论体系、前沿技术、应用和功能创新等方面开展开放式创新研究。
赋能数实融合	2022年《"十四五"数字经济发展规划》	• 发展基于数字技术的智能经济，加快优化智能化产品和服务运营，培育智慧销售、无人配送、智能制造、反向定制等新增长点。完善多元价值传递和贡献分配体系，有序引导多样化社交、短视频、知识分享等新型就业创业平台发展。 • 充分运用新型数字技术，强化就业、养老、儿童福利、托育、家政等民生领域供需对接，进一步优化资源配置。

第十二章 国家数字生态 359

续表

体系	政策文件	相关政策
赋能数实融合	2023年《数字中国建设整体布局规划》	• 夯实数字中国建设基础：打通数字基础设施大动脉，畅通数据资源大循环。 • 全面赋能经济社会发展：做强做优做大数字经济，发展高效协同的数字政务，打造自信繁荣的数字文化，构建普惠便捷的数字社会，建设绿色智慧的数字生态文明。 • 强化数字中国关键能力：构筑自立自强的数字技术创新体系，筑牢可信可控的数字安全屏障。 • 优化数字化发展环境：建设公平规范的数字治理生态，构建开放共赢的数字领域国际合作格局。

根据中国信通院的估算，2022年，我国数字经济规模达到50.2万亿元，同比增加4.68万亿元，占GDP比重为41.5%，数字经济持续做大，在国民经济中的地位也更加稳固。[①] 良好的数字经济发展情况，也为构建我国的数字生态奠定了扎实的基础。

从数字基础设施上来看，首先，在芯片层面，为攻克核心硬件技术难题，突破国外芯片封锁，国产芯片厂商如华为、中国科学院计算所、天津飞腾、上海兆光、海思、中星微、ASR、紫光展锐、复旦微电子集团、寒武纪、平头哥等参与者互相合作、共享资源，实现了综合突破。其次，在创新软件产品上，构建了从操作系统（中国电子银河麒麟、华为鸿蒙）到数据库（传统数据库：武汉达梦、南大通用、人大金仓、神舟通用；云数据库：阿里云、腾讯云、百度云、华为云）再到应用软件（用友、金蝶、海尔、航天云网、

---

① 中国信息通信研究院.中国数字经济发展研究报告（2023年）[R/OL].(2023-04)[2023-12-24]. http://www.caict.ac.cn/kxyj/qwfb/bps/202304/P020230427572038320317.pdf.

宝信、树根互联、昆仑数据）的中国生态系统，建立统一标准，增强中国软件产业的创新活力、网络效应以及国际话语权。再次，在云的层面，中国龙头企业已开始奋力创新云和数据库产品，构建中国品牌云和数据库，目前主要有华为、阿里、海尔、腾讯、中国移动、百度、小米等公司。此外，部分企业如华为、腾讯还在企业云、数据库的平台上构建开源社区，激发国内国际信创产业活力，助力小微企业在工业互联网上繁荣茁壮，如中标麒麟与华为共同发布的基于欧拉操作系统的麒麟服务软件，赋能国内产业链条。最后，我国的信息基础设施全球领先。目前已经建成全球规模最大的光纤和第四代移动通信网络，第五代移动通信网络建设和应用加速推进。宽带用户普及率明显提高，光纤用户占比超过 94%，移动宽带用户普及率达到 108%，互联网协议第六版（IPv6）活跃用户数达到 4.6 亿。[1]

而对 to B 的产业平台来说，中国拥有突出的数字经济技术，世界级的平台型企业，可以为工业互联网的发展提供沃土。除了平台企业，传统的非互联网业企业也开始往工业互联网的领域迈进，比如海尔于 2017 年打造的卡奥斯 COSMOPlat 工业互联网平台，目前已经向除了工业以外的其他产业拓展；华为 FusionPlant 工业互联网平台同样开始辅助更多行业企业进行数字化转型。从国外的平台来看，西门子的 MindSphere 平台是一个开放式的物联网操作系统，为设备与企业间的系统连接提供了广泛的协议选项，以及优秀的开

---

[1] 中华人民共和国中央人民政府.国务院关于印发"十四五"数字经济发展规划的通知 [EB/OL].(2021-12-12)[2024-03-06]. https://www.gov.cn/gongbao/content/2022/content_5671108.htm?eqid=f41ef9280010e02e00000003645c9839.

发环境和工业应用，西门子的开放式平台服务（PaaS）能将实际物体连接到数字化环境，为其提供了一种基于云的解决方案，以帮助客户更好地管理工业资产。

从 to C 的数字平台上来看，中美两国的消费者平台巨头占据了全球的绝对优势份额。谷歌在互联网搜索市场的占有率高达 90%，脸书占据了全球社交媒体市场的 66%，整个世界的线上零售活动，亚马逊占比超过 1/3，其网络服务在全球云端基础设施服务中的占比同样超出 1/3。而在中国，微信和支付宝占据了绝大部分移动支付市场，微信的全球活跃用户量也已经超过 10 亿。[1]总的来看，中国在消费互联网阶段诞生了诸如百度、腾讯、阿里等巨头型的平台企业，帮助中国在消费互联网领域取得了强大的全球竞争力。

从数据市场的角度来看，自党的十九届四中全会首次把数据列为五大生产要素之一以来，我国加快推进数据治理的制度建设，党的十九届五中全会明确提出"建立数据资源产权、交易流通、跨境传输和安全保护等基础制度和标准规范，推动数据资源开发利用"。具体来说，我国数据治理兼顾数据安全与发展，在推动发展方面，也陆续出台了多项制度，推动数据要素市场的建设，鼓励数据开放共享与交易流通，并建成了以贵阳大数据交易所等为代表的，提供数据要素场内交易的一系列数据市场化交易平台。此外，数据市场的无序发展倒逼国家强化了数据安全治理，自 2016 年开始，我国数据安全相关的法律法规密集出台，在网络安全、个人信息主权与保护、数据分级分类管理等方面进行制度规范，已围绕《中华人民共和国网络安全法》、《中华人民共和国民法典》、《中华

---

[1] 联合国贸发会. 2019 年数字经济报告 [R].2019.

人民共和国数据安全法》和《中华人民共和国个人信息保护法》四部法律法规，以及《关于构建数据基础制度更好发挥数据要素作用的意见》（数据二十条）形成了数据安全治理的基本制度框架。

最后，从赋能数实融合的角度来看，最新的《中国数字经济发展白皮书》指出，中国数字经济规模占GDP的比例已从2005年的14.2%上升到2022年的41.5%。特别地，作为世界上最大的数字支付市场之一，中国已经成为金融技术或金融科技的国际先锋。因此，在数字经济时代，数字货币在中国已经得到了越来越多的推广。在数字经济条件下，中国的产业结构优化调整，创新创业活力四射，新业态、新模式层出不穷。中国信息通信研究院的数据显示，2018年中国数字经济领域就业岗位为1.91亿个，占全年总就业人数的24.6%，新业态就业人数的增速大大高于同期全国总就业规模增速。

生命周期阶段

国家数字生态的发展同样可以根据本书的理论划分为五个阶段，分别是兴起、多元、聚集、巩固和更新（如图12-2所示）。放眼当今世界，从数字基础设施来看，各个数字经济发展强国都在加速进行布局，包括美国的一众数字科技巨头企业、中国的"新基建"、欧盟的"数字欧洲计划"以及日本、韩国、新加坡的信息化基础设施等，总体呈现出多元化的发展趋势，而大部分的发展中国家，其数字基础设施建设还处于从0到1的兴起阶段。从消费平台的角度来看，全球的大型消费互联网平台几乎都集中在中美两国，代表性的如美国的亚马逊、易贝，中国的淘宝、京东等，经过长时间的发展，它们都已经形成了成熟的商业模式和解决方案，并占据了全球的绝对优势份额，逐渐进入聚集阶段。而从工业互联网、数据市场和赋能数实融合的角度来说，全球各个国家都在尝试提出解决方案，但在真正落地上还很不成熟，相关的制度和法律尚未健全，人工智能和劳动力就业之间的关系等新问题尚待解决。因此，综合数字生态的各个组成部分来看，全球的数字生态正处于兴起到多元之间的发展阶段。

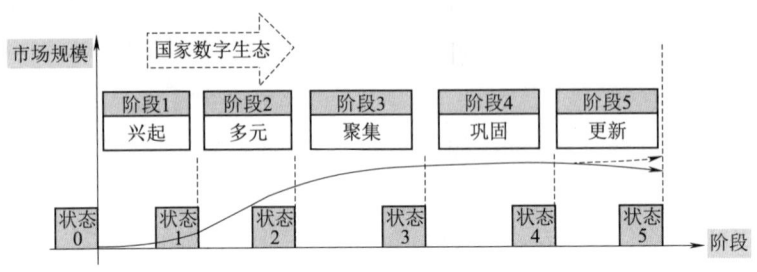

图 12-2　国家数字生态的生命周期阶段

中国的数字生态培育

战略愿景：自主、开放、兼容的数字生态

戎珂等人（2015）以及吴金希（2014）指出，产业生态不是基于单一的企业或者单一的产业，而是一个涉及不同层级、高度交互的利益主体的复杂系统。各类利益主体之间保持不同程度的信任是整个产业生态保持稳定和韧性的重要因素。在中美贸易摩擦期间，美国所制定的一系列政策已经对以美国为主导的全球计算产业生态的信任造成了冲击，不仅削弱了该生态的稳定性和韧性，且威胁到相关产业的全球分工。事实上，中国基于大体量的国内市场已经构建了一系列强大的 C 端双边平台和世界领先的应用生态，是以美国为主导的全球计算产业生态的重要贡献者之一。但在中美贸易战

期间，中国自身的计算产业发展同样暴露出两个非常明显的问题。

第一，在数字技术生态层面，中国在某些核心环节对国外技术有所依赖，关键技术（例如处理器芯片和操作系统）有待突破，没有形成自主可控、强大的技术生态。吴晓波和吴东（2018）指出，中国数字基础设施相关企业的创新能力和整体实力偏弱，缺乏关键核心技术。不同于高铁产业从引进、消化吸收再到自主再创新的成功经验，当前我国面临的国际政治经济环境日趋复杂，计算产业的技术引进氛围恶化，并进一步体现在美国对中国的围追堵截上。以芯片为例，华为基于 ARM 架构所研发的鲲鹏服务器芯片在中美贸易战期间遭受架构授权和产能供货的双重危机，而在服务器行业，美国英特尔的 x86 架构芯片在 2020 年第四季度的市场份额达到了 97.4%[1]，垄断地位难以被撼动。因此，对计算产业关键技术的突破，任重而道远。

第二，在数字平台生态和应用生态层面，中国企业的创新发展大多是基于美国公司主导的技术生态，自身技术生态的"产用峡谷"问题有待突破。杨升曦和魏江（2021）认为，与传统产业不同，产业生态中基于各类共性技术所搭建的数字平台往往拥有很强的网络效应和协调行为。在这种情况下，塞纳莫和桑塔罗（2013）指出，市场竞争中更容易形成"赢者通吃"的局面。如果无法在平台生态和应用层面的商业化应用中实现突破，那么技术生态的研发就没法实现开放式创新，形成内生增长的动力。比如，国内的华为鲲鹏芯片、麒麟操作系统、金蝶中间件、达梦数据库等在实际商业

---

[1] PassMark.CPU benchmarks over 1000000 CPUs benchmarked[EB/OL]. [2024-03-06]. https://www.cpubenchmark.net/market_share.html.

化应用的过程中还处于早期阶段,无法与美国主导的计算产业生态下的英特尔服务器处理器、Windows 操作系统、IBM 中间件、甲骨文数据库等在商业化应用中正面抗衡。因此,"产用峡谷"的突破同样不容忽视。

在这样的背景下,从国家数字生态的宏观视角来看,当前由美国主导、一家独大式的第一计算生态是不利于全球数字经济的健康发展的。事实上,任何一个国家都不应该成为全球数字生态的主导者,而是应该建立一个各个国家自主可控、高度多元化且又彼此开放兼容的数字生态系统。国家间应当打通数字基础设施,畅通国内以及国与国之间的数据要素循环,与此同时,各个国家各自建立起自立自强的数字技术创新体系,在维护彼此数字安全的前提下,提出多样化的国家数字生态解决方案,建立起开放、互补、包容和发展的健康数字生态系统,实现数字时代国际合作的开放共赢,最终实现"同一个世界,同一个数字生态"的目标。

解决方案

数字经济时代下,虽然关键数字技术很重要,但数字技术生态的建立更是实现技术优势、技术可持续迭代和技术被广泛应用的保证。我国的产业数字化和数字产业化不断推进,根据穆尔(1993)以及扬西蒂和莱维恩(2004)的理论,我们应当以整个产业生态为视角推动产业发展。依照从底层数字技术到场景应用的逻辑,数字生态可以分为数字技术生态、数字平台生态和数字应用生态三大层级。其中,数字技术生态主要指由硬(芯片)、软(操作系统和数据库等)、云(云计算)、网(物联网、5G)等构成的数字技术生态;数字平台生态主要指面向 C 端(消费端)的双边平台和面向 B 端(生产端）的产业平台等；数字应用生态则主要是在这些数字平台上开发的面向各类应用场景的 App 和解决方案。

首先，在数字基础设施的建设方面，要坚持核心技术的自主可控，坚持技术生态的开放共赢。中美科技战的教训是，如果没有自主可控的技术生态，那么在平台生态和应用生态层面做得再好，也是沙上建塔、丰墙峭址。因此，刘洋等人（2020）认为应当在美国持续打压的背景下，加强对数字基础设施的创新投入，大力扶持国内技术生态层面的相关企业，为其实现赶超提供国内的市场空间。目前，在产业政策层面，国家已经出台了信息技术领域的国产化替代和产业补贴等政策，这些政策起到了积极作用。比如，在传统服务器领域无法撼动英特尔的情况下，华为正基于鲲鹏和昇腾芯片，带领麒麟软件、金蝶、达梦、用友等国内生态领袖合作伙伴发展云＋人工智能服务器，开辟新的赛道以期实现弯道超车。同时，自主可控并不意味着自我封闭，美国的封锁并不意味着国际合作没有了空间。中国过去发展的经验表明，对外开放和对外合作对创新的促进作用明显，因此应该坚持以开放的心态接纳国际上志同道合的国家和企业共同构建第二生态。比如，俄罗斯的基础数学理论能力、欧洲的算法能力均可以成为第二生态中技术生态层面的重要部分。

在由生产和消费两端组成的数字平台层面，基于自主可控的核心技术推进生产和服务领域的互联互通，强化消费领域的移动互联，突破"产用峡谷"。杨升曦和魏江（2021）指出，由于计算产业生态中强大的网络效应和协调行为，第二生态需要坚持核心技术研发和开放式创新的齐头并进，这样才能更好地突破"产用峡谷"。因此，在第二生态技术生态不断提升的同时，还应积极基于技术生态搭建新的或者迁移旧的平台生态。就生产领域而言，国内著名工业互联网平台（例如，海尔卡奥斯 COSMOPlat、三一重工树根互联、航天云网、浪潮云、华为 FusionPlant 等）已经探索形成了多样的商业模式。比如，目前海尔积极推动工业互联网平台落地，已经打造了物联网生态品牌，诸如日日顺、海乐苗、食联网等应用场景，并开始尝试往海外推广。就消费领域而言，华为、小米等企业也在积极打造各种消费场景中所需的手机、电视、电脑等硬件平台。因此，随着华为等企业打造的技术生态不断成熟，以海尔卡奥斯 COSMOPlat 为代表的工业互联网和以华为、小米等为代表的移动互联设备完全可以迁移到第二生态，最终形成技术生态支撑平台生态商业化发展、平台生态反哺技术生态深入研发的良性循环局面。

在数据要素和数字应用层面，兼顾数据的安全与发展，建立多层次的数据要素市场体系；积极推动万行万业百花齐放、百家争鸣；推进生态出海，竞争全球数据生产要素。在平台生态赋能应用生态的过程中，促进解决方案在万行万业的国际化落地，进而更好地竞争并掌握全球数据生产要素，是形成全球竞争力的重要举措。冯振华和刘涛雄（2019）以及周迪等人（2019）都指出，由于强大生态网络效应的存在，平台生态本身具备趋向于垄断、减少差异化竞争的属性，进而可能损害应用生态层面创新创业的环境，最终让平台生态赋能应用生态的能力大打折扣。因此，提高平台生态的赋能水平，首先需要加强平台反垄断，以促进应用生态层面中小企业的创新。我国已经意识到了平台垄断对应用生态的负面影响，出台了《互联网平台反垄断指南》等政策文件。其次，数据作为一类生产要素，在经济增长的过程中发挥越来越重要的作用，也将成为第二生态竞争力的重要组成部分。通过鼓励应用生态中各类 App 和解决方案的国际出海，我国可以更好地利用全球数据生产要素，支撑起一个更加开放、国际化的第二生态。比如，根据移动应用数据分析公司 Sensor Tower 的数据，抖音的海外版 TikTok 多次登顶全球移动应用程序下载量和营收榜首，是利用全球数据生产要素的典范。

合作伙伴

发展数字生态国际化需要依托计算产业生态国际化构建的基础。从近年来的贸易摩擦中不难看出，中国企业需要打造第二个市场。首先，国产自主可控替代计划需要数字生态培育和国际化；其次，中国计算生态国际化是中国全面提高对外开放水平的一个体现；最后，计算产业的相关特征要求计算产业生态化，这需要更多伙伴加入和支持。

习近平主席在"一带一路"国际合作高峰论坛开幕式上的演讲中指出："我们要坚持创新驱动发展，加强在数字经济、人工智能、纳米技术、量子计算机等前沿领域合作，推动大数据、云计算、智慧城市建设，连接成 21 世纪的数字丝绸之路。"[1] 在数字丝绸之路的赋能下，各国将进一步增强在数字基建和数字技术上的开放互利共赢。在"一带一路"沿线国家的通信基础设施建设中，我们经常会看到华为、中兴等中国企业的身影；在阿里巴巴的帮助下，不少国家的跨境电商贸易迅速开展起来；而微信、微博等社交媒体也正在成为沿线一些国家人民生活中不可或缺的内容。[2]

---

[1] 中华人民共和国国家互联网信息办公室．习近平总书记论加快发展数字经济 [EB/OL].(2020-1-19)[2024-03-06]. http://www.cac.gov.cn/2020-01/19/c_1580982285394823.htm?from=timeline.

[2] 中华人民共和国国家互联网信息办公室．"数字丝绸之路"，共建共赢共享 [EB/OL].(2017-06-08)[2024-03-06]. http://www.cac.gov.cn/2017-06/08/c_1121099602.htm.

2021年10月30日，中国国家主席习近平在二十国集团（G20）领导人第十六次峰会上发表讲话，强调："数字经济是科技创新的重要前沿。……中国高度重视数字经济国际合作，已经决定申请加入《数字经济伙伴关系协定》，愿同各方合力推动数字经济健康有序发展。"[①] 该协定由新加坡、智利、新西兰三国于2020年6月12日线上签署，共包含16个模块，覆盖了数字经济的各个层面。在贸易方面，其致力于营造公平透明的竞争环境，推动成员国在电子支付方面的法规公布和标准统一，促进金融科技（FinTech）公司之间的合作；在数据问题方面，保证在个人信息得到充分保护的前提下，实现数据要素的跨边界自由流动；在人工智能方面，DEPA采用符合道德规范的"AI治理框架"，要求人工智能达到透明、公正和可解释的标准，并具有以人为本的价值观，进而确保缔约方对AI技术的合理使用。

除了DEPA，目前我国还正式提交了加入《全面与进步跨太平洋伙伴关系协定》（CPTPP）的申请，该协定以专门章节规定了电子商务相关规则，并在贸易便利化、个人信息保护、消费者保护等传统议题基础上，增加了跨境数据流动、计算设施本地化、电子传输零关税、数字产品非歧视待遇等规则。此外，我国与东盟十国、澳大利亚、日本、韩国、新西兰共同缔结的《区域全面经济伙伴关系协定》（RCEP）系目前全球覆盖人口总数最多、经济总量最大的自由贸易协定，其中也纳入了电子商务专章等数字经济相关规则。[②]

---

① 中华人民共和国中央人民政府. 团结行动 共创未来——在二十国集团领导人第十六次峰会第一阶段会议上的讲话[EB/OL].(2021-10-30)[2024-03-06].https://www.gov.cn/gongbao/content/2021/content_5651719.htm.
② 金杜研究院. 从国际规则视角看全球数字经济治理——中国的参与和企业的机遇[EB/OL]. (2022-05-12)[2024-03-06]. https://www.sohu.com/a/546378846_610982.

生态信任

当前，中国正在积极参与国际数据治理，因而构建国家层面的数字生态信任尤为重要。而扩展我国数字生态国际影响力并取得生态信任的一个重要举措，就是帮助数字经济落后的发展中国家和地区建立数字基础设施，为其提供数字转型能力。例如，我国企业在"一带一路"项目中协助沿线国家建设数字技术设施，提供数字化服务，并与相关国家合作培养数字人才。中国移动在非洲布局了丰富的数字基建项目，其中"2Africa"海底光缆将成为全球最长海缆，无缝连接亚、非、欧三大洲，助力非洲与全球的网络连接。[1]数字基建的援助与输出，能够充分帮助我国的数字生态建立起广泛的善意信任。

在共建数字基础设施的基础上，我国还可以在"一带一路"沿线国家开展电子商务、智慧物流等应用合作，并建立高效、共赢的数字贸易平台。与此同时，我国也可以借助5G、AI和物联网等数字技术的建设布局，在非洲提供智慧港口、智慧农业和智慧家居等应用场景的解决方案，从而逐渐实现应用场景、数字平台乃至整个数字生态解决方案的海外推广，收获能力信任，并通过持续的深度合作建立起关系信任。

我国也在积极寻求与数字经济强国通过合作建立信任的机会。例如《数字经济伙伴关系协定》的一个重要愿景就是加强各成员国间数字贸易合作并建立规范的数字贸易协定，协定涵盖电子商务便

---

[1] 中国移动国际. 倾听数字非洲最强音，中移国际期待与您在 AfricaCom 2022 见面 [EB/OL]. (2022-10-28)[2024-03-06]. https://mp.weixin.qq.com/s?__biz=MzI5MDI5MjIxMg==&mid=2247559757&idx=1&sn=f7322b424f3ae5db2c1d1aeb97e16044&chksm=ec2182d6db560bc03c22c9b3ceace334a67da1e58d2357596f5953b02124d0866f0e89b3fd68&scene=27.

利化、数据转移自由化、个人信息安全化等。2020年9月，中国在"抓住数字机遇，共谋合作发展"国际研讨会上提出《全球数据安全倡议》，建议"各国应以事实为依据全面客观看待数据安全问题，积极维护全球信息技术产品和服务的供应链开放、安全、稳定"，同时强调"各国应尊重他国主权、司法管辖权和对数据的安全管理权，未经他国法律允许不得直接向企业或个人调取位于他国的数据"。[1]

未来，中国需要进一步参与数据要素全球治理的规则，推动世界范围数据治理组织的建立，倡导发展主义，积极构建数字人类命运共同体。在组织层面，推进制度建设，完善组织机构，形成国际共识。

生态运营

在国际政治经济环境愈发复杂的情况下，呼吁建立一个开放、合作的国际化的数字生态，不仅有利于增强全球数字生态的韧性，也有利于中国的技术国家安全，更是中国创新走向世界和服务世界的一个窗口。放眼未来，要坚定不移地为建立国家数字生态制定持续、稳定的产业政策，同时生态利益相关者要有持之以恒的信念，大力去做好开放的国际化数字生态。

早在1993年，美国政府就公布了"国家信息基础设施行动计划"，支持发展信息产业，实施信息高速公路战略，大力扶持互联网等数字基础设施的建设，展示出了它建立第一计算产业生态的野心与决心。近十年间，美国又相继发布了《联邦大数据研发战略计

---

[1] 新华网.全球数据安全倡议（全文）[EB/OL]. (2020-09-08)[2024-03-06]. http://www.xinhuanet.com/world/2020-09/08/c_1126466972.htm?baike.

划》《国家网络战略》等一系列政策计划，继续在以数据要素为核心生产要素的数字经济时代巩固自身数字产业生态的头部位置。也正是凭借着先发优势和资源、人才的不断积累，美国成功建立起了从硬件到操作系统、数据库、云计算等的第一计算产业生态，并在全球占据了绝对的优势垄断地位。

但随着新一轮科技革命、产业变革以及以美国为核心的逆全球化国际形势发展，全球的数字经济格局也逐渐从"美国一极"开始初步向未来的开放化发展演进。我国一批数字企业包括字节跳动、华为等进军海外，形成数字经济的中国影响力，但目前中国企业在全球数据治理和数字经济参与方面仍面临挑战。一方面，随着中国科技实力的逐渐追赶，以美国为首的西方发达国家对中国数字经济企业进行打压，阻碍中国企业的海外数据合规化，全球各国在数据跨境治理和网络空间安全方面形成大国博弈的局势。另一方面，我国在数字经济的重点关键领域面临"卡脖子"难题，芯片、操作系统等关键领域尚被外资主导，这都给我国的数字经济出海和全球数据治理带来挑战，因此需要建立完善兼容整个国家数字生态系统的"硬、软、云、网"第二生态。

因此，一方面，要充分利用我国数据要素的存量和流量优势，在加强数据安全与隐私保护的前提下，优化跨境数据传输，增强数据要素的全球化流动和交互，推动我国数字经济企业在全球市场上建立比较优势；另一方面，在"硬、软、云、网"组成的数字技术体系上，加强基础研究和创新投入，提高我国在关键数字技术领域的自主研发能力，实现核心技术的自主可控，在此基础上通过数实融合过程的深化完成数字技术的逐步推广，并在积极寻求国际交流与合作的过程中充分吸收全球数字文明的优秀部分。

中国数字生态发展趋势

由于一个国家的数字生态是包含 IBCDE 各个环节的数字经济有机整体，涵盖了数字经济发展的方方面面，因此很难将具体国家的数字生态限定为某一种特定类型。由此，本节将重点介绍国家数字生态解决方案的未来推广。

在国家层面，数字生态的构建，能体现未来综合国力的战略性布局，有助于促进形成国内大循环为主体、国内国际双循环相互促进的新发展格局，是我国实现产业数字化、现代化的一大重要战略路径。

从数字基建上来说，中国要着力构建自主可控、开放兼容的计算产业第二生态。首先，要完善国家高精尖技术知识产权监测和预警防范机制。全面开展我国计算产业领域核心专利技术检索和被"卡脖子"的技术安全风险评估，并进一步协调好政府与市场、国内与国际在 IT 知识产权领域的联动合作关系，推动建立我国为主导的区域性、国际性知识产权合作组织。其次，引导提倡围绕新基建生态建设的可持续发展。政府在鼓励各地区继续提升自身（芯片、5G、云计算等）关键产业的技术创新应用水平之外，要加强各区域间的合作、产业之间的配合，并针对性地支持相关技术企业攻坚"卡脖子"技术。最后，加大扶持重点关联性生态型产业的力度，全面夯实数字经济基础。政府需要重点识别和扶持与计算产业相关联的生态型产业，包括电动汽车、工业互联网、大模型等未来以算力和数据为核心要素的战略性新兴产业。

从产业平台上来说，要重视底层设施标准建设，加强建设人才培养生态。一方面，要深入开展工业基础机理的研究，与各方创新联合体一起合作开发出适用范围更广的工业 App 应用于工业互联网，形成"爆品"工业 App，实现更大的数据价值。另一方面，要形成多方资源联动人才培养生态，构建校企师资双向流动机制，有效整合政产学研各方资源，建立政府、企业、联盟协同工作体系和工业发展咨询评估服务体系，最终形成以高校、龙头企业、行业协会为主体，全流程协作培训的产教融合科研训练中心，以行业竞赛和科研项目为主题拉动培训与实践水平，构建良好的校企师资双向流动机制。

从消费者平台来说，要理清平台类型分类治理，生态、技术治理思路要两手抓。具体来说，可以从生态反垄断和技术反垄断两方面来展开。随着平台企业生态规模的拓宽，市场势力逐渐增加。对于生态反垄断问题，核心在于平台的生态推广必须具有高度的创新性和差异性，重在突破行业上界（技术迭代更新、新产业的培育等），而不是盲目拓宽边界。反对平台滥用其生态优势"利己损人"，反对平台进行没有本质创新、扰乱市场秩序的生态扩张。另外，影响平台经济领域市场进入难易程度的因素有别于传统行业，技术壁垒是其中之一。因此，对于技术反垄断问题，核心在于在不损害创新环境的前提下，鼓励大企业对内进行更前沿的创新，对外发挥技术普惠性，对创新型中小企业进行扶持赋能。

从数据市场上来说，要构建多层次多样化数据市场交易体系，推动建立数据要素治理顶层格局。一方面，构建数据市场推动数据价值流通，并基于数据市场体系基本原则，从交易内容和交易模式两大维度出发，打造"多层次、多样化"的数据市场交易体系，鼓励场内交易，规范场外交易。另一方面，形成数据要素治理的顶层格局，以数据服务国家现代化治理，并积极参与国际数据要素治理，构建数字人类命运共同体，实现全方位的质量变革。

从赋能数实融合上来说，应着力推动数字产业化和产业数字化的协同发展，不断健全数字经济发展的法律和规则，并在数字货币等新兴产物以及就业市场的全新形势上提出更优的解决方案。要建设现代中央银行制度，完善货币供应调控机制，稳妥推进数字货币研发，有序开展可控试点，健全法定数字货币法律框架，健全市场化利率形成和传导机制。[①]要对"互联网+"、平台经济等加大支持力度，发展数字经济新业态，催生新岗位新职业，依托工业互联网促进传统产业加快上线上云。[②]

此外，从国际视角来看，我国的数字生态解决方案推广应该从形成系统化、标准化的数据治理"中国方案"，促进中国数字产品的平台出海和生态出海，推动构建数字人类命运共同体这三方面协调同步发力。

首先，形成系统化、标准化的数据治理"中国方案"，是参与国际数据要素治理的必要前提。中国目前的数据跨境治理理念是在保障数据安全的情况下，兼顾数据跨境流通的需要。在此基础上，中国需要进一步构建系统化的规则体系：在保障本国数据出境安全的情况下，促进数据跨境流通，探索安全、有序、多元的数据跨境流通治理模式；同时考虑以标准化数据产品的形式完善数据跨境流通的实践。

[①] 中华人民共和国中央人民政府.中华人民共和国国民经济和社会发展第十四个五年规划和2035年远景目标纲要[R/OL].(2021-03-13)[2024-03-06]. https://www.gov.cn/xinwen/2021-03/13/content_5592681.htm?eqid=9bb919dd00014d6d0000000364953b44.

[②] 经济日报.数字经济开拓就业新空间[EB/OL].(2020-04-06)[2024-03-06]. https://m.gmw.cn/baijia/2020-04/06/1301120213.html.

其次，要促进中国数字产品的平台出海和生态出海。一方面，要鼓励中国企业参与数据国际合作竞争，推动数据出海，重点推动数字经济领域的龙头企业进行实践探索，起到示范作用。另一方面，要争抢技术高地，突破数字领域关键技术，建设"硬、软、云、网"的中国计算产业生态，促进产业内和产业间的生态协同。中国数字产品的出海目前尚处于单军作战的阶段，未来需转变传统的出口产品思路，从单一相互独立的产品型出口向平台型出口进而向生态型出口的方向转变。形成软件带动硬件，硬件推广软件的整体战略，推动中国"硬、软、云、网"数字体系的平台出海和生态出海。

最后，要积极推动构建数字人类命运共同体。未来，中国需要进一步参与数据要素全球治理的规则，推动世界范围的数据治理组织的建立，倡导发展主义，积极构建数字人类命运共同体。在组织层面，推进制度建设，完善组织机构，形成国际共识；在理念层面，以共同的数据治理组织为依托，形成数字人类命运共同体的核心愿景。农业时代地球是圆的，工业时代地球是平的，而数据时代地球是更加立体且透明的。数据要素大大缩短了人与人之间的距离，甚至是不同国家、不同种族之间的距离，人类命运在数据时代联系得更加紧密，不同个体相互作用、相互依赖，共同构成数字人类命运共同体。这也是建立世界数据治理组织，推动国际数据治理统一规制的初心和使命。

国家数字生态培育的关键启示

一个国家的数字生态是由数字基础设施、消费平台、产业平台、数据市场、赋能数实融合等一系列全方位的数字经济层面要素所构成的有机整体。放眼全球，除了中美等数字经济强国在基础设施和消费平台上建立起一定的优势，其余方面在世界范围内都处于新兴阶段，显示出诸多可抢占先机的机遇。我国应当依托自身在数字基础设施建设上的能力优势，以及C端积累的丰富技术经验，不断扩展应用场景的落地范围，继而提出并推广国家数字生态的解决方案，实现对美国主导的第一计算产业生态的"突围"。

在这一过程中，既要坚定不移地坚持核心技术的自主可控，摆脱关键环节被"卡脖子"的窘境，也要寻求技术生态的开放共赢，构建人类数字命运共同体。在此基础上，我们应当基于自主可控的核心技术推进生产领域的万物互联，强化消费领域的移动互联，突破"产用峡谷"，与此同时加强平台反垄断，鼓励万行万业百花齐放、百家争鸣。

在数字中国建设规划"2522"框架中，我国政府提出要夯实数字基础设施（I）和数据资源（D）体系"两大基础"，推进数字技术、数据要素与经济、政治、文化、社会、生态文明建设"五位一体"深度融合（E），强化数字技术创新体系和数字安全屏障"两大能力"，优化数字化发展的国内国际"两个环境"。也就是说，IBCDE框架下的国家数字生态能够充分赋能国家治理的各个方面，以数字化的方式推动物质文明、精神文明、政治文明、社会文明和生态文明的全面建设，促进治理体系的精细化、人性化。因此，未来我们应在保障国家数字安全的前提下，大力发展核心技术自主可控、技术生态开放共赢的数字基础设施，强化消费、产业平台的赋能，推动数据要素市场建立以及全球数据治理规则的制定，开拓场景化数实融合的发展，最后使国家数字生态建设的"中国方案"推广到全球，令数字经济时代的进步与数字文明的红利真正惠及全人类。

05 未来趋势篇

在前文中，本书对商业生态的理论发展和现实应用进行了全面的介绍。那么，未来商业生态系统将有怎样的新发展趋势，又需要从哪些方面培育新一代的商业生态呢？从本章开始，本书将对人本化、数字化趋势下培育商业生态的未来战略进行畅想，其中第十三章关注对商业生态本质的革新，提出人本生态的发展新趋势，第十四章则关注商业生态所处环境的革新，探讨数字文明的未来发展方向。

第十三章

从商业生态到人本生态——海尔的探索

本章的主要内容是提出人本生态的发展趋势。个体作为整个经济社会最基础的主体,将参与到不同类型的商业生态中。如何让商业生态创造的价值与个人价值实现有机统一,最终反哺个人自身发展、激发个体创造力、实现个体价值,则是培育人本生态的核心。商业生态在扩张过程中,尽管可以基于各类生态治理的方式去平衡利益相关者的诉求,但是仍然会存在很多矛盾,这一点将在本章第一节详细分析。而这些矛盾最终又会落实到不同个体之上,从而导致个体价值、商业价值和社会价值之间存在冲突。本章第二节将基于这些矛盾和冲突,重点阐述人本生态的概念以及内涵,阐述人本生态在未来人类经济社会发展过程中的重要地位。

生态矛盾:整体与个体

商业生态系统的矛盾

商业生态系统能够很好地凝聚力量、协同创新、应对不确定性和复杂性，但不可否认的是，由于商业生态系统结构的复杂性和发展的动态性，生态发展中也出现了诸多矛盾和冲突。

第一，在商业生态系统的内部，各利益相关群体之间常常存在着复杂的矛盾。商业生态系统的建设和发展离不开吸引多方利益相关者加入生态、共同贡献。想象一下一个电子商务商业生态系统，这个生态不仅需要吸引卖家和买家，还包括物流服务提供商、支付服务商、营销合作伙伴等多方利益相关者。这些利益相关者在共同参与商业生态系统的过程中，不可避免地面临着目标、利益和行动上的不一致，从而产生矛盾。例如，卖家可能希望通过提高产品的曝光度和排名来增加销量，但这可能会带来针对其他卖家的不正当竞争问题，并损害消费者利益；物流服务提供商可能会希望以更低的成本在生态中提供服务，但这可能与平台的盈利模式相冲突；支付服务商可能需要采取更严格的安全措施，但这可能会拉长用户的支付流程，影响用户的购物体验。

因此，企业在引导建立商业生态系统时，往往需要针对商业生态系统内部不同层次的参与者，循序渐进地进行培育和治理。比如，华为在进行计算产业生态培育时，涉及的利益相关群体是相当多元的，不仅包括直接创造产业价值的行业价值网络，如行业领军企业、中小企业等，还需要集合大量其他类型的互补者的支持，比如培育初创企业网络和开发者社区，与高校、科研机构建设合作网络，加入政策/标准协会与行业协会、致力于影响行业标准，等等。在这种情况下，华为既需要建立一个一致、可信的生态愿景去凝聚各方参与者，又需要根据各利益相关者在生态中的定位、目标和诉求，设计不同的生态治理措施。可以说，如何协调生态系统内部各成员带来的矛盾，尽量避免内耗，提升各利益相关者之间的协调效益,是建设商业生态系统必须考虑的问题。

第二,对外部,商业生态系统需要平衡商业价值与社会价值的潜在矛盾。商业生态系统对外部的影响力大大超越了传统的供应链组织,不仅会带来更深远的社会影响,也会引发新的社会问题。特别是随着数字技术和数字经济的发展,越来越多的企业依托商业生态系统开展商业行为。由于商业生态系统的价值是由参与生态的各成员共同创造的,而这些互补的生态成员是商业生态系统重要的竞争力来源,从而导致传统的企业社会责任(CSR)概念在商业生态系统的情境下可能不再适用。在这一情境下,生态社会责任(ESR)的概念被提出(Yi et al., 2022)。生态社会责任涉及的主体更加复杂和多样,当去看一个商业生态系统带来的社会影响和需要承担的社会责任时,不仅要考虑每一个生态系统参与者带来的社会影响和社会效益,还不能简单地对这些个体的社会价值进行线性的汇总。因为不同生态参与者之间具有紧密的联系和互动,生态参与者还在生态整体层面受到生态治理机制的调节作用。当这些个体加入生态并通过生态共同创造商业价值时,如果生态层面具有有效的治理机制,各参与者能够互补、产生协同作用,那么整体的社会价值将被放大,带来社会价值的溢出效应;但是当生态整体缺乏系统性的管理、各生态参与者之间摩擦不断时,就可能会降低生态创造的价值,甚至给社会带来负外部性。

因此,一个商业生态系统如果想得到长期、可持续的发展,必须考虑如何平衡可能存在的商业价值和社会价值之间的矛盾。首先,生态系统需要建立系统的治理机制,对每个生态参与者的行为进行规范,避免可能造成的社会问题。例如,电商平台生态系统需要避免个体卖家出现售卖假货、欺诈等有损用户利益的行为,对此,淘宝平台出台了一系列措施，包括用户反馈、大数据追踪等，对售卖假货的卖家进行打击。又如抖音、微博等社交平台生态系统则需要建立规制，通过技术手段快速识别不当内容和有害信息，并阻断其传播。另一个案例与数字生态系统发展下用户的数据隐私问题有关。一直以来，相关企业对于移动应用程序收集用户数据的问题缺乏严格的规则和管制，而苹果公司自 iOS14 操作系统开始，出台了强制执行的应用程序追踪透明度（ATT）政策，禁止第三方应用程序在未经用户许可的情况下直接收集用户数据，从而保护了用户隐私。

与此同时，尽管商业生态系统的核心企业可以通过制定一些治理规则去解决上述的部分矛盾，但是需要意识到，很多时候核心企业的行为将产生负外部性，也需要得到规范。比如，虽然苹果公司对于用户的隐私保护出台了有效的政策，但是它自己的应用程序却不受此规则的限制，因此苹果公司被指责滥用其垄断地位。与此同时，苹果为其生态内开发者制定的规则一直饱受诟病，一方面，苹果 30% 的高额手续费受到了很多开发者的抱怨和抵制，它甚至被游戏开发者 Epic Games 提起诉讼；另一方面，苹果利用其市场地位，大力扶持苹果系的应用程序，这也对生态参与者造成了打击。同时，大家也越来越意识到商业生态系统的快速发展往往会带来更复杂的社会问题和矛盾，需要得到更广泛的监管和治理。比如针对商业生态系统逐渐发展壮大带来的垄断、不正当竞争等社会问题，美国、欧盟、中国等都针对大型互联网公司出台了一系列规范政策，以解决这些巨头生态的商业价值发展给社会价值带来的负面影响。除此之外，商业生态系统发展带来的社会矛盾还包括知识产权侵权、零工权益、劳动力替代、数字鸿沟问题等。解决这些矛盾需要生态核心企业、生态参与者、政府、行业协会等多方力量的参与和共同努力。

解决生态矛盾的核心：关注个人价值

无论是生态各方参与者之间的利益不一致，还是生态系统商业价值与社会价值的矛盾，都反映出个体的价值在当下的商业生态建设中急需被关注。比如当一个商业生态系统的运作没有尊重每一个生态参与个体的诉求和利益，没有调动它们参与的积极性时，就可能造成生态参与者之间的摩擦。而当商业生态的发展不去关心生态以外的其他"人"的利益时，它们就可能为了自身的商业利益去损害社会利益。因此，本书认为，解决生态系统诸多矛盾的核心方法是需要关注个人价值，采用兼顾整体和个体的生态治理视角。

兼顾个体价值与整体价值有助于商业生态系统的发展，这样商业生态系统既有自上而下的共同演化，又有自下而上的底层治理，从而实现个体价值、商业价值和社会价值的一体化。与此同时，大数据、人工智能、区块链、云计算等数字技术的发展进一步提升了个人价值的重要性。数字技术对于人的价值是一把双刃剑：一方面，数字技术为进一步发挥、放大个人价值提供了驱动力，基于先进数字技术的商业生态系统通过推出各种创新的数字产品和服务，提升了作为消费者个体的效用；另一方面，数字平台和数字基础设施大大降低了个体参与数字创新的成本，一个普通人也可以通过数字平台生态系统成为成功的电商卖家、软件开发者、内容创造者、视频博主等，这极大地促进了数字零工经济的发展。零工经济作为数字经济下的一种新兴业态，在创造工作岗位、增加弱势群体就业机会、增强劳动者技能等方面具有正向激励作用。

但与此同时，数字技术也可能对个体价值带来负面影响。同样以数字零工经济为例，越来越多担忧的声音开始出现，指出一些数字零工平台比如外卖平台、共享出行平台等没有为其平台上的零工，如外卖骑手、司机等提供必要的社会保障，零工作为劳动者的基本权益没有得到满足，而低技能、高强度的工作往往让他们的自身价值无法得到充分发挥，使他们的长期发展受限。人们也开始担心，随着数字技术的飞速发展，企业通过建立商业生态系统迅速迭代各种新兴的数字商业模式，这可能会进一步加大数字鸿沟，让诸如老年人、贫困地区居民等人群更难以适应数字经济的发展。

由此可见，商业生态系统的发展需要更加关注个人价值，这样才能进一步解决现存的各种矛盾、调和摩擦、弥合差距，实现个人价值、商业价值和社会价值的有机统一，可持续地促进生态系统的价值共创、共演。

人本生态：在商业生态中实现个体价值

从商业生态系统到人本生态系统

在这一情境下，未来商业生态系统的发展需要更加重视个人价值，传统的商业生态系统将逐渐向人本生态演变（Moore et al., 2022）。如图13-1所示，当下世界面临着来自地球和社会、人类、技术、商业发展的四重矛盾，面临诸多危机和亟待解决的问题，包括：如何才能在大力发展商业价值以满足人类需求的同时，避免破坏地球的自然环境？如何助推技术更好地服务人类和地球？如何在促进整体效率的同时，激发每个个体的潜能，实现人类层面的真正发展？

图13-1 当今世界的冲突与矛盾

采用人本生态的视角有助于将这些冲突关系转化为循环关系，实现地球和自然保护、人的潜能发挥、商业成功以及技术进步的同步发展（见图13-2）。当考虑到更多人的选择和潜能时，不但可以同时实现原本彼此之间存在矛盾和冲突的目标，还可以实现互相补益，形成良性循环和可持续发展。

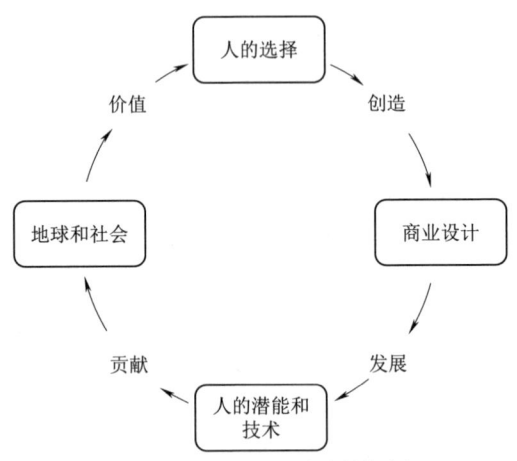

图13-2 人本生态：将冲突转换为循环

要实现这一循环，我们需要意识到作为个体的人的潜能具有全面性和可拓展性。当下无论是业界还是学界都更多地关注技术进步和各类商业模式的创新，成功的商业生态系统极大地促进了创新的产生和传播，无数新兴的技术、产品和商业模式通过商业生态系统的培育影响人们生活的方方面面。从第二次工业革命时代福特T型车的革新，到当下移动互联网时代智能手机应用程序的欣欣向荣，商业生态系统体现了协同发展、共享能力的巨大动力，使无数多样化的创新和运用成为可能，但我们需要看到，这些商业生态系统是有创造力的人在共同目的、愿景和目标上进行合作，最终目的是吸引、激励和连接更多的人，从而共同创造价值。

然而，这些个体的价值和创造力在很大程度上没有被经济学家和政策制定者所衡量和重视。社会对如何理解和衡量人的价值、如何促进人类发展和个人潜力的理解仍然滞后，而这正是建立一个成功的商业生态系统的命脉。比如许多数字企业在发展商业生态系统时，通过收集和分析用户数据来推动创新和个性化服务。然而，这些企业在追求商业价值时有时可能忽视了个人隐私和数据保护，个人的价值、权益在商业利益和技术进步面前被忽视，导致个人数据被滥用、泄露或未经充分授权。另一个例子是对员工权益的忽视，比如近年来外卖平台骑手的生存权益问题引起了一系列争议，平台在追求商业生态系统扩张和利润最大化时，忽视了骑手的价值和福利，平台为了降低用工成本，往往以非正式合同的方式雇用骑手，骑手没有稳定的劳动合同和保险福利，而且有的平台一味追求配送效率，针对骑手制定了各种严苛的规定，没有考虑骑手的工作强度和安全。这些做法虽然压低了配送费、提升了配送速度，给消费者带来了便利，但忽视了骑手的福利，是不可持续的。

因此，我们需要转换视角，将商业生态系统视为由人的价值驱动的人本生态系统。我们如果以这种视角去理解和构建商业生态系统，也许可以更多地了解、平衡和协调人的价值与商业生态系统的商业价值的关系。事实上，我们可以把商业生态系统视作一个自下而上的，鼓励人的价值、扩展人的潜能、促进人的发展的平台。通过这种方式，我们可以学习如何同时做到发展人和创造价值。

自穆尔首次提出商业生态系统这一概念至今，商业生态系统的研究已经发展了三十多年。然而长期以来，商业生态系统的研究更侧重于组织之间的关系。可以这样理解商业生态系统：商业生态系统是一个由相互作用的组织和个人组成的经济共同体。这个经济共同体为用户生产有价值的产品和服务，并使得客户也成为生态系统的成员。商业生态系统的成员还包括供应商、主要生产商、竞争对手和其他利益相关者。随着时间的推移，生态成员共同发展自己的能力和角色，并倾向于共同锚定一个一致的目标。那些担任领导角色的公司可能会随着时间的推移而改变，但生态系统领导者需要驱动成员朝着共同的愿景前进，以调整他们的角色和行为，并实现相互支持和共同演化（Moore，1993）。

本书认为，过去商业生态系统的研究过多地强调组织，而生态系统这一概念实际是包容的，可以包含多个维度。在这些潜在的多个维度中，人、人的价值，以及人创造和塑造未来的能力更应该被关注，因为人的价值和人的贡献对商业生态系统的发展、人类生活的未来起着决定性作用。未来的人类文明需要让每个人都参与进来，而不是依赖大型组织。因此，未来的研究需要从商业生态系统向人本生态系统演变。人本生态系统的研究是对过去商业生态系统研究的重要补充,而不是替代。人本生态系统以人的参与为中心,以生态系统中人的价值发展为中心,可以这样理解:人本生态系统关注人的价值,关注如何实现人的价值最大化,以及人的价值对更广阔环境的影响。

为了更好地理解人本生态系统,我们将从七个层次进行阐释。基于个人之间的交互关系,从最微观的个人到最宏观的整体生态,人本生态自下而上可以被划分为七大层次,分别是:个体自由发挥人的创造力,个体相互连接形成小型团体,个体协作形成自主的微型企业,微型企业组合形成灵活的联合体,进一步形成联盟,整合成为基础设施,形成生态品牌(见表13-1)。下一节将以海尔集团作为案例,进一步为大家阐述人本生态系统在企业组织里的具体应用,如图13-3所示。

表13-1 人本生态系统的七个层次

人本生态系统的七个层次		
1	个体	个体自由发挥人的创造力
2	小型团体	个体相互连接形成小型团体,共同创造商业价值、并提升人的价值
3	微型企业	不断吸引其他个体加入、合作,并形成自治的微型企业
4	联合体	微型企业之间组成灵活的联合体,以提供全流程解决方案
5	联盟	微型企业进一步形成具有总体目标、宗旨和愿景的联盟,共同行动、共塑未来
6	基础设施	形成并提供基础设施,支持微型企业共同创造价值,以应对更多重大挑战
7	生态品牌	形成生态品牌,具有全面的生态培育能力,目标是改变人类生活和社会

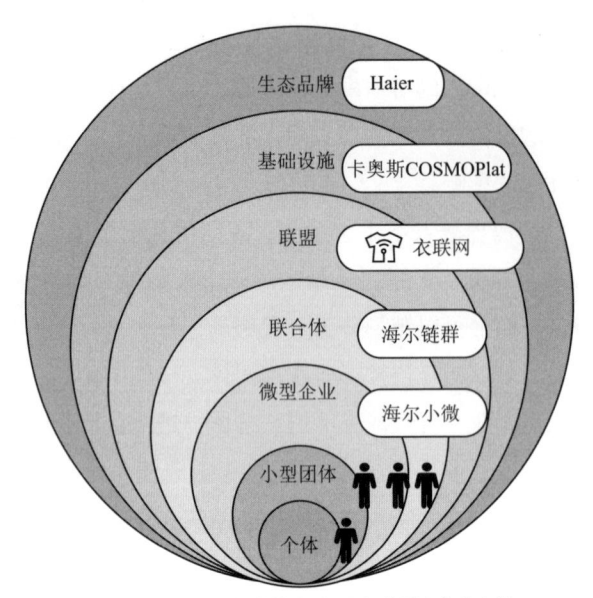

图13-3 人本生态的七个层次（以海尔为例）

海尔：建立人本生态系统

海尔是一家主营家电和电子消费品的跨国企业，总部在山东青岛。海尔的家电产业现名海尔智家，共拥有七个全球性品牌——海尔、卡萨帝、统帅、美国通用电气家电（GEA）、斐雪派克、AQUA和Candy。海尔设计、研发、制造和销售包括冰箱、空调、洗衣机、微波炉、手机、电脑和电视在内的家电产品。除家电产业以外，海尔目前也触及了其他领域的业务，包括智慧家庭场景、工业互联网、医疗健康等，其目标是成为全球领先的美好生活和数字化转型解决方案服务商。与此同时，海尔提出"人的价值第一"的发展宗旨，致力于打造一个提升人的潜能的平台，在这个平台上，员工、用户、合作方和广泛的社群成员都能加入价值共创共演，因此可以认为海尔正在尝试建设一个人本生态系统，这也是为什么要以海尔的实践探索为例，带领大家一起思考未来人本生态发展的趋势和机会。

海尔对人本生态系统的探索和创新不是对既有商业模式的简单补充，而是一种全新的尝试，将商业生态系统和人本生态系统完全融合起来。海尔的商业业务具有很大的体量和范围，它在不同地域、不同国家和文化中建立商业生态系统，业务在不同组织模式下运作，包括孵化创业公司、并购、现有主业转型等。与此同时，海尔也一直与外部知识主体保持合作，比如海尔模式研究院致力于与外部专家学者合作，创建自己的研究中心、实践中心和生态系统开发中心。而以人为本的思想贯彻了海尔商业生态系统的方方面面，形成统一。

海尔组织模式的核心概念是一个专有词语——"人单合一"，可以理解为将人与需求融合统一。海尔创始人、董事局名誉主席张瑞敏先生领导了基于"人单合一"的海尔组织模式的发展与变革，该模式认为每个个体都具有无限潜能，海尔的责任就是创造一种"每个人都是自主人"的氛围，孕育它，激发它，让每个人都与他人进行价值共创。在实践中，"人单合一"正是建立人本生态系统的基础，它创造了一种共创价值和共享价值的关系，把海尔员工和用户紧紧联系在一起。

在现代社会绝大部分规模化的商业组织中，组织结构往往是自上而下的金字塔形，控制权从来都没有被真正让渡到个体手中。相比之下，海尔组织模式更注重个人的创造力：创造一种氛围，使每个人的创造性潜能得以持续释放和充分发挥，进而与用户一起唤醒共创价值的更大潜能，共同进化。引用张瑞敏的话："任何形式的经典管理都具有控制属性,这不利于'每个人都是自主人'的促进和发展。"只有"每个人都是自主人",才能实现自主人之间的价值共创及其螺旋式上升,当这一点能实现时,商业生态系统和个人都会受益。下文将从人本生态系统的七个层次阐述海尔如何践行"每个人都是自主人"这一理念。

层次一:个体的创造力

海尔认为,每个人都具有巨大且无限的潜能,只不过他们还没有认识到,或者不敢相信,又或者尚不知如何发挥自己的潜能。因此,组织的责任就是帮助员工成长,为他们发挥潜能提供支持,从而服务用户、创造价值。海尔的目标不是招募天才,而是给每个人创造机会,让他们成为天才。海尔通过组织结构的改革,将控制权下放给员工,从而重新设计了员工在整个组织、整个生态系统中的角色,这样可以激发每个人的潜力,并鼓励他们领导自己,不断尝试创造性的想法,为生态系统的发展做贡献。

位于美国肯塔基州的 GEA 的现任领导者凯文·诺兰(Kevin Nolan)讲述过一个关于海尔如何关注个体创造力的故事。GEA 于 2016 年被海尔从美国通用电气收购,在被海尔收购前的最后几年,凯文·诺兰主导开发了一种太阳能和燃气双能源热水器。GEA 被收购之后,为了更好地了解海尔,他受邀在海尔总部工作了一年。在中国工作期间,他听说他的美国同事们决定叫停双能源热水器项目,并将剩余库存清仓。凯文·诺兰找到收购 GEA 的总负责人梁海山,试图说服他出面干预,挽救热水器项目。而梁海山只是说:"我们不这样做事。我想你还没理解人单合一。"也就是说,海尔并不希望通过高层的直接命令干预和控制业务的走向。凯文·诺兰由此理解,"人单合一"的核心不在于自上而下的控制和干预,而是要让当事人发现并相信自己有妥善处理问题的能力，然后他们自然会做出正确的决策。其要点不在于依赖哪个人的某个决策，而是让每个个体自主做出决策并不断自主优化，实现其充分发展。

层次二：个体相互连接形成小型团体

海尔"人单合一"的原则旨在促进个体与个体之间的连接，使之形成小型团体，从而以对个体价值的追求去驱动人的行动和创新。这里的"个体"既包括个体的员工与员工之间，又包括员工和每一个客户之间。海尔一直鼓励员工尽可能地成为"与客户零距离"的人，放弃先入为主的思维和措施，对客户产生共鸣和理解，从而与客户建立紧密的关系，并真正基于客户的需求去改进服务。与用户零距离并不限于一线的销售和服务员工，海尔内部设计了一系列措施，促使价值网络中其他部分的员工与顾客建立起紧密的关系，例如，研发团队的员工可以得到来自用户社群的反馈。

层次三：微型企业的形成

当员工之间进一步连接，产生互补的能力，并同样地朝着与客户零距离的方向努力时，就形成了一个微型企业，海尔内部的这样一个团队被称为"小微"（micro enterprise，ME）。海尔内部的工作都是通过这些自主的小微来完成的，为了能够发挥创造力和主动性，小微被授予三类决策权，以确保创造自由不会受到高层的影响。第一项是做重大的商业决策的权力，包括向谁提供什么产品、如何生产、与谁合作，以及如何定价等。第二项权力在于决定谁加入小微、如何分配角色，个人可以自由地离开当前团队加入其他团队，以匹配更有利于其创造性发展和表现的工作和队友。第三项是在成员之间分配财务收益的权力。如果一个小微通过提出创新性的解决方案获得了成功，其获得的利润可以相当大，而且不会被人为地设置上限。在一些情况下，小微的成员能决定将个人资金投入他们的小微，使之成为一种准股权。在海尔的中国业务中，小微系统已经建立得非常完善，集团内部有超过 4000 个小微，一个典型的小微可能由 10~15 人组成。

层次四：联合体的形成

不同小微之间形成横向联系，又可以自组织形成扁平化的、灵活横向协同的联合体，在海尔这被称为生态链小微群（简称链群）。在海尔，具有互补作用的小微可以通过签订双赢的增值收益分享协议，形成"链群合约"，从而自由、灵活地互相组合、连接，形成针对不同客户目标的链群。任何个体或者小微都可以作为一个链群的发起者，提出用户需求、目标和基本方案，并向集团内部的所有小微开放，其他小微则根据自身能力，承担该链群中的某个节点的任务，整个链群成员需要共同创造价值以满足用户需求，创造的增值在整个链群成员中分享。举个例子，假设一个主要承担销售任务、与客户对接的小微识别到了一些客户对于冰箱的保鲜功能具有更强的需求，并认为这是一个很好的市场机会，他们就可以发起一个针对该目标的链群，为实现该目标，这个链群需要包含市场调研、研发人员、工厂等多个节点，这些节点对所有小微开放，大家可以内部竞争、自由组合。

层次五：联盟与社区的形成

第五个价值创造的层次是小微和链群进一步整合，形成具有总体目标和愿景的联盟和社区。这一层次的社区和联盟不再局限在海尔内部，而是对外开放，吸引、支持广泛的个体和组织参与社区、共同建设生态。例如海尔食联网和衣联网就是融合了多个小微、链群团队的综合性主题联盟。其中，小微团队可以针对共同目标分享想法，协作解决问题，共同进入新市场，试验新产品，并共同制定该联盟的联合愿景。例如，衣联网关注现代生活中人与衣物的关系，提供包括"洗、护、存、搭、购、收"一系列围绕衣物的全流程服务，连接起了包括服装、家纺、洗护用品、物联网等十余个行业，形成联动。就洗涤衣物这方面举个例子，海尔与面料制造商、服装制造商和洗护用品公司合作，为面料设计了特殊的洗涤方法，在衣服上添加可洗、可机读的 RFID 标签，针对不同面料的洗涤方法被整合在海尔洗衣机的程序中，从而确保衣物得到最正确的洗护。

层次六：形成基础设施，促进边界拓展

在这些具有一致目标的联盟层次之上，海尔更希望创造一个环境，提供能够支持更广泛创造力的基础设施，从海尔内部、外部汇集更多想法和资源，以不断拓展生态的边界，从而进入更广泛的领域，解决更重要的问题。海尔卡奥斯 COSMOPlat 工业互联网正是致力成为这样一个基础设施平台，通过为工业企业提供数字化转型的解决方案和资源，目前已经支持了包括化工、能源、医疗、模具在内的十多个行业生态的发展。

层次七：打造生态品牌

海尔生态的终极目标是形成生态品牌。传统组织的品牌概念往往聚焦于特定的产品或服务，目的在于推广自己的产品或服务，而海尔打造生态品牌的目标正好相反，在于支持、培育更广泛的生态系统，协调更多的力量共创、共享生态的价值。海尔发现，这种建设生态系统的经验和能力是一种需要形成系统化框架、向外界分享的知识。海尔将致力于成为生态系统知识的综合提供商。

总结来看，海尔的案例体现了人本生态的多层次发展。

第一，海尔以全面、立体的个人为基本单元设计了人本生态系统，使个体的人互相连接、共创价值。人本生态系统中的人是开放的、无边界的，每个个体都被赋予了自主权，具有探索共创价值的无限可能性。

第二，在人本生态系统的设计中，海尔的职位和组织结构比如小微、链群等，能够帮助人们在相互合作时释放、发展、应用自己的创造力。

第三，海尔的人本生态系统由个人聚合为小微，小微聚合为链群，多个链群组成联合体和生态系统。

人本生态系统的未来发展和挑战

笔者也发现，当今商业世界，许多组织也正在局部地探索以人为本、以个体价值为导向的实践。一部分知识密集型产业开始以高度以人为本的组织形式去管理少部分做出重要知识贡献的员工，比如娱乐行业的创意提供者、科技行业的科学家和工程师等。硅谷的高科技公司也是如此，比如美国流媒体巨头网飞给予高层管理者高度的自主管理权，其目标是尽可能多地雇用顶尖的、有创造力的人，来提升"人才密度"，并认为顶级人才越多，所需要的管理控制就越少。但是这些以人为本的实践往往基于一个狭隘的假设：精英人士才可以进行自组织。精英阶层之外的大多数人的价值依然被忽视，他们仍然被局限在金字塔式的、全面控制的组织结构之中，以实现所谓企业产出的最大化。这种假设和做法非常狭隘、短视和脆弱，这样一个按职业分层的等级体系限制了大部分人创造价值的可能性。

幸运的是，当下数字平台、商业生态系统的发展，以及无处不在的信息技术和媒体的力量，都进一步推动了每个个体去追求自身作为人的价值。与此同时，以下因素也支持了个人潜能的持续拓展。第一，数字技术极大地弥合了时间和空间的区隔，人们可以轻松地通信、连接，接收到更广泛的教育资源，便捷地接入多样化的资源、进行创造性的探索。第二，个体之间的交流和分享更加便捷，人们可以相互学习，从而加速了知识和想法的交流和重组，促进每个个体产生更多创新性想法。第三，人类社会对于新知识的探索力度正在增大，无论是科学领域还是商业领域，人们都更加愿意为了未来的前景付出，因此带来更多机会探索新领域、发展新生活方式。第四，新技术与已有知识体系的结合不断碰撞出新的火花，人类社会的科学、社会、艺术等知识体系与计算机和管理科学相结合，不断进步，迸发无限的潜能。第五，当今人类社会对创新思想的需求使得创新成为社会发展的重要驱动力，各类型的组织都越来越欢迎有新思想和新观点的人。

例如，Web 3.0 的发展可能成为未来人本生态系统的一个杰出案例。Web 3.0 基于区块链等下一代互联网发展技术，强调建立一个更加去中心化、开放和可信赖的互联网环境，使个人能够更好地掌控自己的数据和数字身份，并实现更直接、去中介的交互和价值交换。传统的 Web 2.0 主要由大型科技公司控制和管理，而 Web 3.0 则推崇去中心化的架构，利用区块链和分布式技术，使个人能够更好地掌握和管理自己的数据、身份和数字资产，赋予个人更大的控制权和发展权，从而使每个个体都能够全面参与数字经济的发展，实现个人的全面赋能。

当然，要广泛地发展人本生态也会面临挑战，主要在于如何将人本生态的理念与万行万业的商业生态结合。笔者认为，未来商业生态的重点在于如何为各行各业的发展痛点提供高度差异化、定制化的解决方案,而人本生态的发展理念和层次结构可以启发企业构建商业生态,形成一套围绕"生态赋能,合作使能,个人发挥潜能"的培育思路和组织方式,如图13-4所示。生态最底层的是高度整合的基础设施和生态品牌,这样的生态具有多场景通用、可拓展、可进化的基础能力。而最上层,需要个体发挥潜能,与万行万业的需求相连接,鼓励个体、小型团队、微型企业发挥自身的能动性和创造力,对所在行业的痛点和需求进行深入考察、挖掘和创新,这样才能推出真正契合行业需求的解决方案;与此同时,需要有创造力的个体进行广泛的合作,对接不同环节、不同行业的伙伴,形成联合体和联盟,共创解决方案,服务更广泛的行业需求,形成万行万业、百花齐放的生态解决方案。

文旅行业　　农业　　教育　　家电制造　　纺织服装　　金融行业

挑战:如何赋能万行万业

个人发挥潜能		
个体	小型团体	微型企业

合作使能	
联合体	联盟

生态赋能	
基础设施	生态品牌

图13-4　人本生态的未来挑战

由此可见，未来的生态系统培育将更多地融入以人为本的理念，如何将培育商业生态系统和人本生态系统融合、统一，是未来企业和社会发展的重要方向。在此，本书进一步畅想，人本生态系统的发展也将为VSPTO生态培育决策方法论带来新的启示。在战略愿景设计、解决方案提出、生态合作伙伴拣选、生态信任构建、生态系统运营这五个维度，培育人本生态系统都将面临变革的新需求和新契机。

第一，现阶段商业生态系统培育的愿景设计往往以组织为单位，考虑生态中组织的整体利益，这可能造成对个体诉求的忽略甚至损害。未来人本生态系统的愿景构建需要尊重和重视所有个体的价值，考虑生态中个体的诉求和利益。第二，在解决方案的提出方面，以人为本的价值观将促使生态更多地关注个体消费者的异质性需求，解决方案的设计将向着个性化、多元化的趋势发展；与此同时，人本生态系统的解决方案也将更多地面向如何长期发展、实现人的价值，从而突破关注短期商业利益的局限。第三，在生态合作伙伴选择方面，人本生态系统将更加强调个体作为生态伙伴的价值，诸如开发者社区、开源社区等突出个体创造力的生态伙伴的重要性将越发凸显。第四，在生态信任构建方面，当生态核心企业想建设人本生态系统时，需要重视构建与个体的纽带、搭建自下而上的信任。比如核心企业需要完善治理理念，传达对生态中个体消费者和个体生态伙伴的关怀，从而搭建起善意信任；核心企业也需要推出有效的解决方案并制定合理的治理机制，切实为个体提供价值，以此构建能力信任；与此同时，人本生态的培育是一个长期的过程，能否促进生态中人的长期成长、帮助其实现个人价值，将决定生态的关系信任能否形成。第五，在生态系统运营方面，核心企业需要将以人为本的观念落实到运营的每一步，不同的生态运营团队需要结合人的价值导向，重塑团队的目标和战略。

总的来说，当个体的潜能得到持续的拓展时，所有人的价值都应该得到尊重和承认，被关注、被纳入商业生态系统的发展。本书相信，这种全新的、以人为本的人本生态系统将在技术进步的浪潮中成长起来，与商业生态发展的大趋势融合，真正作用到每一个人，实现个体价值、商业价值和社会价值的共同发展、和谐统一。

第十四章

源于工业文明,迈向数字文明

在数字技术和数字经济的驱动下，人类社会将从工业文明向数字文明演变。本书前面的章节已经从企业、行业、国家等视角出发，通过理论分析和典型案例分析全面介绍了商业生态、数字生态等的培育方法，并提出从商业生态到人本生态的发展趋势。本章侧重商业生态所面临的环境变化，将从微观、中观、宏观的视角系统介绍工业文明向数字文明演变的背景和方向，阐释传统商业生态将向人本生态等新型生态演变的背景。

工业文明向数字文明演变的背景

经过三次工业革命[①]，工业经济飞速发展，但地球和人类社会都面临着危机。德国著名社会学家乌尔里希·贝克（Ulrich Beck）提出"风险社会"的概念，他认为，随着工业化、现代化、全球化

---

① 三次工业革命分别使世界进入"蒸汽时代"、"电气时代"和"信息时代"。

的深化，社会正在从一个传统工业社会向一个崭新的"风险社会"转变（Beck，1992）。目前典型的社会风险包括传染病风险、环境污染风险、气候问题、逆全球化趋势、AI带来的潜在风险等。在工业文明中，商业模式和商业生态强调经济利益，企业普遍追求利润最大化，不太重视 ESG（环境保护、社会责任、公司治理）和员工的全面发展。而且企业容易陷入内卷和恶性竞争，恶性竞争导致企业创新的动机不足，行业发展受阻。

如何在发展经济的同时实现更充分的个人发展，完成更完善的组织治理、更高效的社会治理，打造更美好的自然环境呢？数字技术和数字经济是解决这个问题的关键所在。具体来说，应该利用数字技术发展数字经济，进而推动数字文明，利用数字文明构建人类命运共同体。数字技术正在高速发展，而且其影响也在不断增强，它以各种方式深度融入人类经济、政治、文化、社会和生态建设的各个领域，推动人类进入全新的数字文明时代。

从 2014 年开始，世界互联网大会乌镇峰会已经成功举办了 9 次，携手构建网络空间命运共同体已经成为世界多国的共识。2015 年，中国国家主席习近平出席第二届世界互联网大会开幕式时，在主旨演讲中强调："网络空间是人类共同的活动空间，网络空间前途命运应由世界各国共同掌握。"[1] 2022 年，在世界互联网大会乌镇峰会上，各国围绕"共建网络世界　共创数字未来——携手构建网络空间命运共同体"主题开展沟通合作、共话未来。2022 年 7 月 12 日，为了进一步加强国际合作，世界互联网大会国际组织成立。国家主席

---

[1] 新华网. 习近平出席第二届世界互联网大会开幕式并发表主旨演讲 [EB/OL]. (2015-12-16)[2024-03-06]. http://www.xinhuanet.com/politics/2015-12/16/c_1117480771.htm.

习近平向世界互联网大会成立致贺信,强调:"网络空间关乎人类命运,网络空间未来应由世界各国共同开创。"[①] 由此可见,目前世界多国开始认识到人类文明的发展趋势——从工业文明向数字文明演变,而且大家深刻意识到,数字文明时代是一个全新的需要各国携手共建的时代。

工业文明向数字文明演变的方向

借鉴相关文献(Roscoe, 2020;姚聪聪, 2022;宋雪飞和张韦恺镝, 2022),我们提出数字文明的定义:指以数据为关键生产要素,以5G、人工智能、云服务等数字技术为支撑,以满足人们的数字需求为目的,人们在数字化生存场域从事生产、生活的现代社会文明。数字文明具有数字化生产方式和数字社会制度。根据微观、中观、宏观的视角,我们可以从五个层面来透视文明的变迁:个人、企业、产业、社会、世界(individual、firm、industry、society、world)(戎珂, 2022)。因此,从工业文明向数字文明演变,人类文明有以下五个演变方向。

个人层面——人本化

在个人层面,数字文明更加重视个人的全面发展,将进一步释放个人的潜能。上一章也强调了传统商业生态向人本生态演变的趋势,这说明个人在企业等组织中将发挥越来越重要的作用。数字技

[①] 中国政府网. 习近平向世界互联网大会国际组织成立致贺信[EB/OL].(2022-07-12)[2024-03-06]. https://www.gov.cn/xinwen/2022-07/12/content_5700649.htm.

术在推动企业转型、产业升级、经济增长的同时，也会赋能个人发展。而且数字人才也是数字经济发展的人力支撑。近些年，ICT技术的快速发展使个人能够访问、学习和自由组合几乎无限的资源、产品和服务。很多数字平台也在全球范围内不断增强和扩展个人潜力，促进个人的创新创业。未来，通过数字技术促进个人发展和激发个人创造力的组织形式是主流。在数字文明时代，应该坚持以人为本，把增进全社会福利作为数字化的出发点和落脚地，缩小数字鸿沟，促进个人全面发展，提高人们的获得感、幸福感。

在数字文明新时代，数字技术的发展将赋能个人发展，催生互联网零工经济等新模式。其中，互联网零工经济是个人发挥聪明才智、提升自身技能、实现自身价值的一个重要途径。首先，互联网、大数据、人工智能（大型语言模型等）、VR、物联网、云计算等技术不断发展，固定的办公地点、办公时间、工作岗位已不再是劳动者参与劳动的必要选项。技术的发展使劳动者的工作时间、地点、方式更加灵活，提升了劳动者的自我时间支配能力。其次，互联网信息技术的普及解决了零工经济的技术难题，使得零工经济的门槛下降，从而有更多从业者进入各大零工经济领域。互联网汇聚了更多的就业机会，从而提高了零工从业者与劳动力需求方之间的匹配效率。互联网零工经济实际上也是共享经济在人才市场的体现，而且随着知识技能分享的逐渐普及，未来专业技能服务、内容创作、创新等领域零工经济将迎来更蓬勃的发展。根据2019和2020年的《中国共享经济发展年度报告》，共享经济参与者数量从2018年的7.6亿上升到2019年的8亿左右，其中零工数量也不断攀升。

随着数字文明新时代到来，未来商业生态组织也将更加重视个人的福利和发展，传统的商业生态将逐渐向人本生态演变（穆尔、戎珂、张瑞敏，2022）。人本生态是一个以人类价值观为特征的商业生态系统。相对于传统商业生态，人本生态的愿景加入了人类价值观（人的本性、美德和美好生活等），因此人本生态强调以人为本，更加注重个人的潜能和发展，有利于促进全社会每个人的创新。人本生态这种商业生态系统是人类潜力和人类发展的平台，连接人们，促进人们共同创造价值。

企业层面——生态化

在企业层面，数字化驱动组织模式从供应链模式或平台模式向生态模式演变，也驱动传统的商业生态向人本生态演变（Moore et al.，2022；戎珂等，2023）。穆尔（1993）开创性地提出了商业生态系统的概念：商业生态系统是由相互作用的组织和个人共同支撑的一个经济共同体，是整个商业世界的有机组织。他认为，这个经济共同体为客户提供有价值的商品和服务，成员包括客户、供应商、主要生产者、竞争者和其他利益相关者。与传统的供应链型企业相比，生态系统这种新型组织形式具有不同的组织架构、互动机制和治理结构（Parente et al.，2019；戎珂等，2018）。

在数字文明时代，企业竞争优势越来越依赖于创新生态，企业之间的竞争将上升为生态之间的竞争，越来越多的企业会从产品战略过渡到平台战略，并升级到生态战略。具体来说，传统经济中企业往往采取产品战略，网络经济的出现促使企业采用平台战略，而以云计算、人工智能、大数据等新兴技术为驱动力量的数字经济则要求企业从平台战略转型到生态战略。戎珂等人（2018）提出的STEP模型全面介绍了企业从平台战略到生态战略演变的特征，强调企业需要在用户结构、交易层级、商业赋能和绩效评价四方面进行革新。在数字经济时代，商业生态系统的动态化、嵌入化和国际化三个趋势将进一步增强（戎珂等，2018；2023）。其中，动态化是商业生态的核心趋势，也是其应对外部环境急剧变化的必要条件。在数字经济时代下，商业生态系统会加速演变，动态趋势更加突出。

产业层面——数字化

在产业层面，为了实现可持续发展，企业要拥抱数字文明，向数字化方向演变。在数字技术快速发展、多国政府大力推动数字战略、疫情倒逼企业数字化转型等背景下，全球数字经济快速增长，已经成为促进经济恢复、推动经济高质量发展的新动能。全球数字经济发展有三大特征。第一，在发展规模方面，全球数字经济规模持续快速增长。根据《全球数字经济白皮书（2022年）》，2021年全球47个国家的数字经济规模快速增长，已经达到约38万亿美元，在GDP（国民生产总值）中的占比进一步提升，已经接近GDP的一半。其中，中国数字经济规模位居世界第二。第二，在发展方向方面，全球高度重视数字技术创新，数字化转型也在不断深化和拓展，例如数字化转型由效率变革向价值变革拓展，越来越多产业互联网平台出现。第三，在生产要素发展方面，数据要素成为数字经济的关键生产要素，各国纷纷探索对数据要素价值的开发，全球的数据要素市场建设也进入了一个新阶段，这个新阶段具有多主体共建、竞争加速、多种定价方式出现等特征。

中国作为数字经济第二大国，高度重视数字经济战略，因此数字经济长期保持高速增长，数字经济成为经济动力变革、效率变革、质量变革的重要推动力。面向未来，习近平总书记指出："要站在统筹中华民族伟大复兴战略全局和世界百年未有之大变局的高度，统筹国内国际两个大局、发展安全两件大事，充分发挥海量数据和丰富应用场景优势，促进数字技术与实体经济深度融合，赋能传统产业转型升级，催生新产业新业态新模式，不断做强做优做大我国数字经济。"[1]党中央先后提出实施网络强国战略和国家大数据战略。随着数字技术的快速发展，与数字经济相关的硬、软、云、网、AI大模型等数字基础设施快速普及，数字产品和服务的需求也极速扩大，这些都推动了新产业、新市场和新财富的出现，因此数字产业化和产业数字化为经济增长注入了新的动力和活力（戎珂和黄成，2022）。以AI大模型技术为例，在ChatGPT问世以后，中国的AI大模型也如雨后春笋般涌现，比如百度文心一言、华为盘古大模型、腾讯混元大模型和阿里通义大模型等，目前中国已经开发了100多个AI大模型。具体来说，数字经济推动经济高质量发展有以下主要途径：一是提升全社会资源配置效率，数字经济通过赋能传统产业转型升级，助力其实现产业数字化；二是培育经济增长新动能，例如，数字技术能通过降本增效赋能企业。此外，数字技术的普及使得企业管理扁平化、自动化、智能化，从而节约了很多的管理、人工等成本，同时数字技术提高了市场信息分析等能力，提高了企业运营效率（戎珂和黄成，2022）。

2015—2022年中国数字经济、GDP及三次产业的增速如图14-1所示，数字经济的增速长期高于GDP增速。2020年，在

---

[1] 中华人民共和国中央人民政府.习近平主持中央政治局第三十四次集体学习：把握数字经济发展趋势和规律 推动我国数字经济健康发展[EB/OL].(2021-10-19)[2024-03-06]. https://www.gov.cn/xinwen/2021-10/19/content_5643653.htm.

全球疫情冲击下，我国数字经济在逆势中实现了加速腾飞，依然保持 9.7% 的高速增长，有效支撑了我国经济社会的恢复。根据《中国数字经济发展研究报告（2023 年）》，2022 年我国数字经济继续保持高速增长，规模超过 50 万亿元，同比名义增长超过 10%，占 GDP 的比重超过 40%。

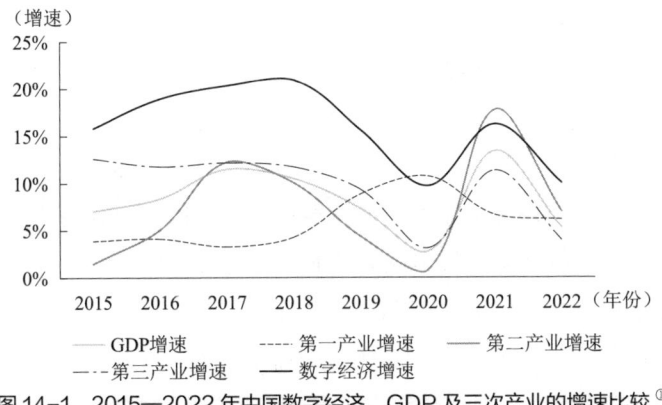

图 14-1　2015—2022 年中国数字经济、GDP 及三次产业的增速比较[1]

社会层面——智能化

在社会层面，数字文明的发展将加速社会治理智能化。数字经济和数字技术的发展不仅仅影响经济领域，也逐渐赋能社会治理领域，推动社会治理现代化、数字化、智能化，加速数字社会的出现和发展（周迪和施新伟，2022）。随着数字技术的快速发展和普及，数字治理已经成为一种行之有效的治理手段。总体来看，数字技术和数字经济提升社会治理水平体现在很多方面：增强数字化服务能

---

[1] 作者根据公开数据制作此图，数据来源为中国国家统计局、中国信通院。

力和精细化管理水平、快速应对突发事件、促进可持续发展。

首先，数字技术和数据应用可以促进数字政府建设，加快公共服务数字化（周迪和施新伟，2022）。数字政府不仅可以促进国家治理体系现代化，还有利于数字经济健康发展。在数字经济时代，大数据、云计算、AI、区块链等技术将赋能数字政府建设，数据将在社会治理中扮演越来越重要的角色。这些数字技术和数据将使得数字政府从简单的"网上政务"转向系统的"数字化运营"，数据中台和技术中台等将打通政务内部各部分的数据壁垒，促进数据开放和协同，从而提升政府服务的效率，打造服务型政府。

其次，数字技术和数据应用还能在社会突发事件中发挥很好的治理作用，促进多主体参与社会治理。下面以新冠肺炎疫情防控为例。国内疫情防控很多成果的取得，与大数据分析、AI等新兴技术密不可分。大数据分析和AI等技术被广泛应用到了疫情检测、防控救治、复工复产、资源分配等场景，使得疫情防控智能化。这些技术不仅可以加强疫情防控、抑制疫情传播，还可以实现精准防控，促进复工复产，尽量降低疫情防控给人民生活生产带来的负面影响。这些都体现了数字技术和大数据在突发事件治理中的重要作用，政府和公众通过在线数字平台的共同应对可以更好地解决社会问题。数字共治以数字平台为基础，强调平台型政府的构建，既包括政府对突发事件的有效应对和信息公开，也包括民众的积极参与和及时反馈，最终形成强有力的数字赋能、数字协调、数字动员和数字治理能力。在平台型政府模式下，数字政府领导数字平台和民众共同形成数字共治能力，为中国国家治理体系的现代化提供动力，也为疫情治理、共同富裕、"双碳"发展等目标的实现凝聚全社会的合力。

最后，数字技术和数据应用可以赋能环境治理，改善生态环境，促进绿色发展。当前，在各国环保实践中，通过制定环境规制政策引导工业绿色发展已经成为普遍措施。但从实施效果来看，如果一味依赖强制措施，短期可能取得较好成效，但成效的可持续性较弱（郑石明和何裕捷，2021）。如果在加强环保立法的同时，也兼顾环保宣传、公众参与等软制度措施，那么环境保护将取得更好、更持续的成效（李振等，2020）。在数字化如火如荼的时代，平台企业可以在政府实施的环保软制度中发挥重要作用，比如，在推动数字化转型中强调环保理念和绿色发展方向，使环保文化根植企业和全社会。

世界层面——新国际化

在世界层面，数字文明的发展将推动数字经济（数字生态）的新国际化。数字时代也是全球化的时代，平台和商业生态的出海将是重要趋势（戎珂等，2022）。当前正值世界百年未有之大变局，世界格局正在发生巨变，中美竞争等给生态国际化带来重大挑战。而且当前我国数字经济发展还存在关键环节不可控、数字生态与国际不兼容等问题。面对数字经济新时代，提升数字经济的开放水平，加强国际合作，制定和实施大国复兴的数字战略，对实现第二个百年奋斗目标和中华民族伟大复兴具有重要意义。在数字时代，中国企业走出去、构建海外创新生态系统将面临新的制度性差异等特殊挑战，需要研究相关理论和政策问题（陈衍泰等，2018）。因此，未来需要更加关注中国的创新型平台以及商业生态如何出海的问题。

随着数字技术的发展，平台企业成长迅速，在数字经济的国际化中扮演了重要的角色。平台型跨国企业的发展给整个全球经济带来了剧烈的变化,打破了企业的传统结构,改变了企业之间的互动方式,也变革了消费者获取商品、服务和信息的传统方式和传统观念,重塑了全球产业格局。根据数据统计公司 Statista 2021 年的报告,按市值计算的全球前 10 大公司中,有 7 家是平台型的跨国公司,包括苹果、微软、亚马逊、谷歌、脸书、腾讯控股、阿里巴巴集团。

过去的研究大多关注数字技术与数字经济对于企业国际化的正面作用。与提供实物商品的企业相比,数字企业可能会具有较低的外来者劣势,能更快地实现国际化(Coviello, Kano, Liesch, 2017)。数字企业具有轻资产基础、很低的运输和通信成本等有利条件,这使它们能够在另一个市场迅速复制原有的商业模式。因此,数字企业很可能有机会实现"生而全球化"。也有学者认为,数字企业的数字能力,如硬件基础设施的全球覆盖、互联网平台技术、数字品牌透明度和连接性,促进了其国际化进程(Jean & Kim, 2020)。企业进行数字化转型扩大了跨国公司的潜在地理边界,其自身能够获得更多的信息,降低协调成本,并加速知识传播(Hagsten & Kotnik, 2017)。

然而,最近的研究发现,数字企业跨越地理边界的能力可能被高估了(Verbeke & Hutzschenreuter, 2021),并不是所有的数字企业都能顺利地将用户网络覆盖至全球市场。很多企业在全球化过程中面临数字经济全球化的悖论,即"生而全球化"的机会与难以适应外国市场的挑战并存。

数字经济的国际化是一种新的国际化。与传统行业的国际化相比,数字经济的国际化涉及更多元的利益相关者,因此商业生态系统理论可以为数字经济国际化提供启发(Cha, 2020)。基于商业生态系统理论,数字经济的国际化需要建立生态系统,这涉及以下三大维度（戎珂等，2022）。

第一，用户维度。支撑许多数字企业成功的关键是企业与用户的持续互动，与用户进行商业模式的共同创新和共同进化。用户的参与和用户规模带来的网络效应对平台企业的成功至关重要。传统的国际商务理论往往指出，跨国公司需要理解不同国家用户群体的品味和偏好。然而，生态系统理论进一步强调，数字跨国企业不仅需要识别用户的行为，还需要与用户共同创造、共同创新。例如，中国的社交媒体巨头腾讯在推出新业务时，经常先推出一个功能有限、尚不完善的产品，然后利用用户的反馈来进行完善，最终创建一个成功的产品。因此，数字跨国企业进入新的市场时通常会缺乏必要的用户基础、网络和对当地用户生活方式的深入了解。

第二，互补者维度。对数字生态系统来说，互补者至关重要。数字企业往往超越了传统供应链结构的界限，需要创造多元的互补者网络，以获得必要的补充产品和服务，动态地支持产品的生产、交付和共同创新（Kapoor & Lee，2013）。比如，"饿了么"从食品配送服务平台发展为一个"数字生活服务平台"。除了订餐之外，用户还可以通过"饿了么"获得他们日常生活所需的几十种服务，从洗车到家庭装修，从婚礼策划到宠物护理（Liu & Williamson，2021），而这些服务需要"饿了么"与大量互补者的共同创新和共同发展。因此，与本地竞争者相比，数字跨国企业由于缺乏当地网络、对当地行业的深度了解以及合法性，可能在吸引互补者方面遇到阻碍。

第三，制度维度。数字跨国企业需要与当地的制度进行必要的互动。制度可以划分为正式制度和非正式制度，具体包括政治方面、法律方面（如经济自由化、监管制度）和社会方面（如道德规范、对创业的态度）等（Peng, Wang, & Jiang, 2008）。许多数字企业的商业活动高度依赖其与当地制度的成功互动和整合。例如，阿里巴巴与中国地方政府共同合作，助力淘宝村电商业务在各地落地。当地政府需要投资建立当地淘宝服务中心，招募中心的工作人员，为商户们提供政策性补贴。除此之外，政府还需要为当地政府官员和有电商创业意识的村民提供电商业务培训。因此，数字跨国企业在新的市场可能面临制度合法性危机，例如，优步在韩国等国家的海外业务受到很多阻碍，甚至被当地法律禁止。

因此，基于商业生态系统视角，数字经济的国际化可能在用户、互补者、制度三个维度面临着生态性整合责任（LoEI）（戎珂等，2022）。具体来说，生态性整合责任包括三个维度：用户整合劣势、互补者整合劣势及制度整合劣势。用户整合劣势指平台生态在本地市场整合用户网络的成本；互补者整合劣势指与为平台生态提供必要的互补产品和服务的互补者进行必要的互动所产生的相关成本；制度整合劣势则来自与当地制度的必要互动。用户整合劣势与互补者整合劣势可以通过企业战略层面的决策得到解决，制度整合劣势则涉及意识形态、市场制度以及国际政治等多方面的问题，企业层面很难解决。

总之，在数字时代，数字企业制定可行的国际化战略需要考虑用户整合劣势、互补者整合劣势以及制度整合劣势，应该重视如何在国外市场有效地建立一个丰富的本地生态系统（戎珂等，2022）。数字企业需要建立一系列机制，实现与当地用户的深度整合。而且数字企业需要通过深度整合的方式与制度进行互动，以寻求构建生态系统的制度支持。此外，它还可以尝试通过并购或合资加快建立一个有竞争力的本地生态系统。

参考文献

[1] Adner, R. & Kapoor, R. (2010). Value creation in innovation ecosystems: how the structure of technological interdependence affects firm performance in new technology generations. *Strategic Management Journal*, 31, 306-333.

[2] Adner, R. (2006). Match your innovation strategy to your innovation ecosystem. *Harvard Business Review*, 84(4), 98-107.

[3] Adner, R. (2017). Ecosystem as structure an actionable construct for strategy. *Journal of Management*, 43(1), 39-58.

[4] Armstrong, M. (2006). Competition in two-sided markets. *The RAND Journal of Economics*, 37(3), 668-691.

[5] Beck, U.(1992). *Risk society: towards a new modernity*. London: Sage Publications.

[6] Benitez, G. B., Ayala, N. F., & Frank, A. G. (2020). Industry 4.0 innovation ecosystems: an evolutionary perspective on value cocreation. *International Journal of Production Economics*, 228, 107735.

[7] Bi, K., Xie, L., Zhang, H., Chen, X., Gu, X., & Tian, Q. (2023). Accurate medium-range global weather forecasting with 3D neural networks. *Nature*, 1-6.

[8] Birley, S. (1985). The role of networks in the entrepreneurial process. *Journal of Business Venturing*, 1(1), 107-117.

[9] Blasi, S. & Sedita, S. R. (2020). The diffusion of a policy innovation in the energy sector: evidence from the collective switching case in Europe. *Industry and Innovation*, 27(6), 680-704.

[10] Casadesus-Masanell, R. & Campbell, N. (2019). Platform competition: Betfair and the UK market for sports betting. *Journal of Economics & Management Strategy*, 28(1), 29-40.

[11] Ceccagnoli, M., Chris, F., Peng, H., and Wu, D. (2012). Cocreation of value in a platform ecosystem: the case of enterprise software. *MIS Quarterly*, 36 (1), 263-290.

[12] Cha, H. (2020). A paradigm shift in the global strategy of MNEs towards business ecosystems: A research agenda for new theory development. *Journal of International Management*, 26(3), 100755.

[13] Chesbrough, H. & Rosenbloom, R. S. (2002). The role of the business model in capturing value from innovation: evidence from Xerox Corporation's technology spin-off companies. *Industrial and Corporate Change*, 11(3), 529-555.

[14] Clarysse, B., Wright, M., Bruneel, J., & Mahajan, A. (2014). creating value in ecosystems: crossing the chasm between knowledge and business ecosystems. *Research Policy*, 43(7), 1164-1176.

[15] Coviello, N., Kano, L., & Liesch, P. W. (2017). Adapting the uppsala

model to a modern world: Macro-context and microfoundations. *Journal of International Business Studies*, 48(9), 1151-1164.

[16] Dias Sant'Ana, T., de Souza Bermejo, P. H., Moreira, M. F., & de Souza, W. V. B. (2020). The structure of an innovation ecosystem: foundations for future research. *Management Decision*, 58(12), 2725-2742.

[17] Faissal Bassis, N. and Armellini, F. (2018). Systems of innovation and innovation ecosystems: a literature review in search of complementarities. *Journal of Evolutionary Economics*, 28(5), 1053-1080.

[18] Ferdows, K. (1997). Making the most of foreign factories. *Harvard Business Review*, 75(2), 73.

[19] Gawer, A., Cusumano, M. A. (2002). *Platform leadership: How Intel, Microsoft, and Cisco drive industry innovation*. Boston: Harvard Business School Press.

[20] Gawer, A. and Cusumano, M. A. (2014). Industry platforms and ecosystem innovation. *Journal of Product Innovation Management*, 31(3), 417-433.

[21] Giddens, A. (2003). *Runaway world: how globalization is reshaping our lives*. New York: Routledge.

[22] Gueler, M. S. and Schneider, S. (2021). The resource-based view in business ecosystems: a perspective on the determinants of a valuable resource and capability. *Journal of Business Research*, 133, 158-169.

[23] Hagiu, A. and Halaburda, H. (2014). Information and two-sided platform profits. *International Journal of Industrial Organization*, 34, 25-35.

[24] Hagsten, E., & Kotnik, P. (2017). ICT as facilitator of internationalisation in small-and medium-sized firms. *Small Business Economics*, 48(2), 431-446.

[25] Hannon, B. (1997). The use of analogy in biology and economics: from biology to economics, and back. *Structural Change and Economic Dynamics*, 8(4), 471-488.

[26] Iansiti, M. & Levien, R. (2004a). Strategy as ecology. *Harvard Business Review*, 82(3), 68-126.

[27] Iansiti, M. and Levien, R. (2004b). *The keystone advantage: what the new dynamics of business ecosystems mean for strategy, innovation, and sustainability*. Boston, MA: Harvard Business School Press.

[28] Iansiti, M. and Richards, G. L. (2006). The information technology ecosystem: structure, health, and performance. *Antitrust Bulletin*, 51(1), 77-110.

[29] Jean, R. J. B. & Kim, D. (2020). Internet and SMEs' internationalization: the role of platform and website. *Journal of International Management*, 26(1), 100690.

[30] Kahle, J. H., Marcon, R., Ghezzi, A., and Frank, A. G. (2020). Smart products value creation in SMEs innovation ecosystems. *Technological Forecasting & Social Change*, 156, 120024.

[31] Kapoor, R. and Lee, J. M. (2013). Coordinating and competing in ecosystems: how organizational forms shape new technology investments: coordinating and competing in ecosystems. *Strategic Management Journal*, 34(3), 274-96.

[32] Lambert, D. M. & Cooper, M. C. (2000). Issues in supply chain management. *Industrial Marketing Management*, 29(1), 65-83.

[33] Li, J., Chen, L., Yi, J., Mao, J. and Liao, J. (2019). Ecosystem-specific advantages in international digital commerce. *Journal of International Business Studies*, 50, 1448-1463.

[34] Lin, Y., Zhou, L., Shi, Y. J., & Ma, S. H. (2009). 3C framework for modular supply networks in the Chinese automotive industry. *International Journal of Logistics Management*, 3, 322-341.

[35] Liu, G., & Rong, K. (2015). The nature of the co-evolutionary process: complex product development in the mobile computing industry's business ecosystem. *Group & Organization Management*, 40(6), 809-842.

[36] Williamson, P. J. & Liu, Z. (2021). *Why it's time to think about copying chinese innovators*. Ivey Business Journal.

[37] Moore, J. (1993). Predators and prey: a new ecology of competition. *Harvard Business Review*, 71: 75-86.

[38] Moore, J. F., Rong, K. & Zhang, R. (2022). The human ecosystem. *Journal of Digital Economy*, 1, 53-72.

[39] Moore, J. F. (1997). *The death of competition: leadership and strategy in the age of business ecosystems*. New York: Harper Business.

[40] Moore, J. F. (1996). *The death of competition: leadership and strategy in the age of business ecosystem*. Chichester: Wiley & Sons.

[41] Parente, R., Rong, K., Geleilate, J. M. G. & Misati, E. (2019). Adapting and sustaining operations in weak institutional environments: a business ecosystem assessment of a Chinese MNE in Central

Africa. *Journal of International Business Studies*, 50, 275-291.

[42] Peng, M. W., Wang, D. Y., & Jiang, Y. (2008). An institution-based view of international business strategy: A focus on emerging economies. *Journal of International Business Studies*, 39(5), 920-936.

[43] Rochet, J. C. & Tirole, J. (2003). Platform competition in two-sided markets. *Journal of the European Economic Association*, 2003, 1(4), 990-1029.

[44] Rong, K. & Shi, Y. (2015). *Business ecosystems: constructs, configurations, and the nurturing process*. London: Palgrave Macmillan.

[45] Rong, K. Hou, J., Shi, Y. and Lu, Q. (2010). from value chain, supply network, towards business ecosystem (BE): Evaluating the BE concept's implications to emerging industrial demand. *2010 IEEE International Conference on Industrial Engineering and Engineering Management*, Macao, China, 2010, 2173-2177.

[46] Rong, K., Hu, G., Lin, Y., Shi, Y. and Guo, L. (2015). Understanding business ecosystem using a 6C framework in Internet-of-Thingsbased sectors. *International Journal of Production Economics*, 159, 41-55.

[47] Rong, K., Lin, Y., Li, B., Burstrom, T., Butel, L. & Yu, J. (2018). Business ecosystem research agenda: more dynamic, more embedded, and more internationalized. *Asian Business & Management*, 2018, 17(3): 167-182.

[48] Rong, K., Lin, Y., Shi, Y. and Yu, J. (2013). Linking business ecosystem lifecycle with platform strategy: A triple view of technology, application and organisation. *International Journal of*

Technology Management, 2013, 62(1), 75-94.

[49] Rong K, Shi Y, Yu J. (2013). Nurturing business ecosystems to deal with industry uncertainties. *Industrial Management & Data Systems*, 113(3), 385-402.

[50] Rong, K., Wu, J., Shi. Y. & Guo, L. (2015). Nurturing business ecosystems for growth in a foreign market: incubating, identifying and integrating stakeholders. *Journal of International Management*, 21(4), 293-308.

[51] Rong, K. (2022). Research agenda for the digital economy: an IBCDE framework. *Journal of Digital Economy*, 1(1), 20-31.

[52] Rong, K., Kang, Z., & Williamson, P. J. (2022). Liability of ecosystem integration and internationalisation of digital firms. *Journal of International Management*, 28(4), 100939.

[53] Rong, K., Liu, Z., & Shi, Y. (2011). Reshaping the business ecosystem in china: case studies and implications. *Journal of Science and Technology Policy in China*, 2(2), 171-192.

[54] Sherer, S. A. (2005). From supply-chain management to value network advocacy: implications for e-supply chains. *Supply Chain Management*, 10(2), 77-83.

[55] Shi, Y. & Gregory, M. (1998). International manufacturing networks—to develop global competitive capabilities. *Journal of Operations Management*, 16(2), 195-214.

[56] Shi, X., Luo, Y., Hou, H., Rong, K., & Shi, Y. (2022). Exploring the process of business ecosystem emergence from value chains: insights from the Chinese mobile phone industry. *Management and*

Organization Review, 18(1), 4-42.

[57] Srai, J. S. & Gregory, M. (2008). A supply network configuration perspective on international supply chain development. *International Journal of Operations & Production Management*, 28, 386-411.

[58] Srinivasan, M., Mukherjee, D. & Gaur, A. S. (2011). Buyer-supplier partnership quality and supply chain performance: moderating role of risks, and environmental uncertainty. *European Management Journal*, 29(4), 260-271.

[59] Suarez, F. F. (2005). Network efects revisited: the role of strong ties in technology selection. *Academy of Management Journal*, 48 (4), 710-720.

[60] Verbeke, A., & Hutzschenreuter, T. (2021). The dark side of digital globalization. *Academy of Management Perspectives*, 35(4), 606-621.

[61] Walshe, B. (2015). Arm community; a brief history of arm. [Online] Available at: https://community.arm.com/arm-community-blogs/b/architectures-and-processors-blog/posts/a-brief-history-of-arm-part-1 (Accessed: 6th July, 2023).

[62] Williamson, P. J. & Meyer, A. D. (2012). Ecosystem advantage: how to successfully harness the power of partners. *California Management Review*, 55(1), 24-46.

[63] Wulf, A. and Butel, L. (2017). Knowledge sharing and collaborative relationships in business ecosystems and networks-a definition and a demarcation. *Industrial Management & Data Systems*, 117(7), 1407-1425.

[64] Yi, J., Li, J. & Chen, L. (2023). Ecosystem social responsibility in international digital commerce. *Journal of International Business Studies*, 54, 24-41.

[65] Zhang, Y. and Gregory, M. (2011). Managing global network operations along the engineering value chain. *International Journal of Operations & Production Management*, 31(7), 736-764.

[66] Zhu, F. & Iansiti, M. (2012). Entry into platform-based markets. *Strategic Management Journal*, 33(1), 88-106.

[67] Zhu, S., & Shi, Y. (2010). Shanzhai manufacturing-an alternative innovation phenomenon in China: its value chain and implications for Chinese science and technology policies. *Journal of Science and Technology Policy in China*, 1(1), 29-49.

[68] Zott, C. & Amit, R. (2008). The fit between product market strategy and business model: implications for firm performance. *Strategic Management Journal*, 29(1), 1-26.

[69] 陈健, 高太山, 柳卸林, 等 (2016). 创新生态系统：概念、理论基础与治理. 科技进步与对策, 33(17), 153-160.

[70] 陈衍泰, 夏敏, 李欠强, 等 (2018). 创新生态系统研究：定性评价、中国情境与理论方向. 研究与发展管理, 30(4), 37-53.

[71] 何诚颖, 闻岳春, 常雅丽, 等 (2020). 新冠病毒肺炎疫情对中国经济影响的测度分析. 数量经济技术经济研究, 37(05), 3-22.

[72] 李鑫, 闫雪梅, 高媛媛, 等 (2022). FPGA发展现状和行业应用分析. 信息通信技术与政策, 337(07), 65-72.

[73] 李允尧, 刘海运, 黄少坚 (2013). 平台经济理论研究动态. 经济学动态, 07, 123-129.

[74] 李振, 吴柏钧, 潘春阳 (2020). 探索"减排—增长"的双赢发展之路——基于中国环境政策评估文献的分析. 华东理工大学学报(社会科学版), 35(05), 110-122.

[75] 刘启, 李明志 (2008). 双边市场与平台理论研究综述. 经济问题, 07, 17-20.

[76] 彭芳兰 (2021). 中美冲突背景下华为智能手机业务竞争战略研究. 对外经济贸易大学.

[77] 戎珂, 陆志鹏 (2022). 数据要素论. 北京：人民出版社.

[78] 戎珂, 王勇, 康正瑶 (2018). 从平台战略到生态战略的 STEP 模型. 哈佛商业评论, 10, 109-114.

[79] 戎珂, 黄成 (2022). 推动数字经济高质量发展. 中国社会科学报, 2022-06-30(001).

[80] 戎珂, 柳卸林, 魏江, 等 (2023). 数字经济时代创新生态系统研究. 管理工程学报, 37(06), 1-7.

[81] 戎珂, 施新伟, 周迪 (2021). 如何建立计算产业第二创新生态？. 科学学研究, 39(06), 973-976.

[82] 宋铁成, 宋晓勤 (2018). 移动通信技术. 北京：人民邮电出版社.

[83] 宋雪飞, 张韦恺镝 (2022). 共享数字文明的福祉——习近平关于发展数字经济重要论述研究. 南京大学学报(哲学·人文科学·社会科学), 59(03), 5-13.

[84] 王福祥 (2021). 创新生态系统视角下华为智能手机技术创新赶超路径研究. 哈尔滨理工大学.

[85] 魏江, 刘嘉玲, 刘洋 (2021). 新组织情境下创新战略理论新趋势和新问题. 管理世界, 37(07), 182-197+13.

[86] 吴晓波, 许宏啟, 杜朕安, 等 (2019). 感知的环境不确定性对企

业商业模式创新的影响研究：高管连带的调节作用．管理工程学报, 33(04), 216-225.

[87] 姚聪聪 (2022). 数字文明的多重面相与建构路径．思想理论教育, 03, 44-50.

[88] 应瑛, 刘洋, 魏江 (2018). 开放式创新网络中的价值独占机制：打开"开放性"和"与狼共舞"悖论．管理世界, 34(02), 144-160+188.

[89] 余江, 丁禹民, 刘嘉琪, 等 (2021). 深度数字化背景下开源创新的开放机理、治理机制与启示分析．创新科技, 11, 13-20.

[90] 张钹, 朱军, 苏航 (2020). 迈向第三代人工智能．中国科学：信息科学, 50(09), 1281-1302.

[91] 张小宁 (2014). 平台战略研究评述及展望．经济管理, 36(03), 190-199.

[92] 郑石明, 何裕捷 (2021). 制度、激励与行为：解释区域环境治理的多重逻辑——以珠三角大气污染治理为例．社会科学研究, 04, 55-66.

[93] 周迪, 董雪峰, 吴悠然, 等 (2019). 短视频行业的平台定位模型研究——以抖音、快手为例．研究与发展管理, 31(05), 37-50+159.

[94] 周迪, 施新伟 (2022). 数字政府建设：数据共享与数字共治．人民网．http：//theory.people.com.cn/n1/2022/0623/c148980-32454196.html.

后记

正如本书自序所言，本人长期深度关注商业生态系统研究，十几年来对全世界成功或失败培育商业生态系统的典型企业开展了跟踪研究，并与其中一些企业开展了实质性的联合研究，或为其提供战略咨询，逐渐构建起商业生态系统的结构、演化、培育等理论。这些年，我在商业生态系统领域发表了一系列学术文章，也在清华大学的课堂上持续分享了这些研究，但一直遗憾没有把这些知识通过更普惠的方式提供给更广大的读者。

数字技术逐步深度嵌入经济、社会、文化、政治、生态文明建设的各个领域，深刻改变了人们的生产和生活方式。我越来越确定，人类正迎来一个新的文明时代，我称之为"数字文明时代"。面对中美贸易摩擦，以及中美在数字经济领域的竞争愈演愈烈，中国企业更需要商业生态系统的力量来实现创新驱动和提升国际竞争力。在本书研创过程中，我的合作者施新伟博士和我的团队成员——黄成、田晓轩、王杰鑫、吕若明、王恩泽、李谭卉一、杨甜茜、郝飞、董雪峰、杨帅帅、康正瑶、周迪、李博、寇宏伟、杜薇等，对本书做出了重要贡献，在此一并表示感谢。此外，非常感谢周建武、刘杰、郭京申、梁冰和翁航等行业专家和相关单位对本书的指导和支持。

展望未来，新时代的不确定性因素越来越多，商业生态培育将面临新的挑战。具体来说，第一，未来商业生态培育需要考虑"新环境"——后摩尔时代。后摩尔时代指微处理器性能约每两年就能翻一番的"摩尔定律"失效之后的时代，它将导致深刻的技术变局和产业变局，商业生态培育有责任探索如何应对这些变局。第二，未来商业生态培育需要融入"新格局"——生态国际竞争加剧。随着数字经济的战略地位不断提升，中美之间乃至世界各国之间的数字生态竞争将进一步加剧，国际竞争格局可能发生剧变。第三，未来商业生态培育需要重视"新要素"——数据。数据作为数字经济的关键生产要素，数据产业生态的培育对于数据市场及数字经济发展至关重要。第四，未来商业生态培育需要构建"新组织"——产业互联网。产业互联网是互联网经济的下半场，商业生态培育要更加关注传统产业的数字化转型。此外，随着大模型的广泛应用，通用大模型和行业大模型的强大能力组合也将对产业互联网的生态结构、商业模式等产生巨大影响。总之，数字文明时代已经展现出许多新特征，包括个人层面的人本化、企业层面的生态化、产业层面的数字化、社会层面的智能化和世界层面的新国际化。新时代的新特征也可能驱使传统商业生态系统向数字生态、人本生态等新生态模式演变。

虽然未来面临很多新挑战，但我们仍希望，本书提出的"商业生态系统培育方法论"能在新的时代继续为企业应对新挑战做出贡献。这是因为，生态系统作为一个成员流动比产业联盟更灵活，囊括范围又广于产业链的商业组织形态，更有利于企业应对时代变迁带来的挑战。换言之，本书提出的"商业生态系统培育方法论"在一定程度上仍然适用于数字文明时代的企业需求。诚然，考虑到商业生态系统的理论覆盖范围较广，而且其实践也在不断变化，本书难免存在一些不足。笔者希望携手学术界、企业界、政界等更广大的伙伴深耕商业生态系统的培育和演变，助力中国数字生态繁荣发展。

戎珂

清华大学，明斋

2023年9月